मेरे तो गिरधर गोपाल

(मीरा-वाणी)

ओशो

डायमंड बुक्स

संपादन	:	स्वामी चैतन्य कीर्ति
सहयोग	:	डॉ. गिरिराजशण अग्रवाल
संयोजन	:	स्वामी योग अमित स्वामी प्रेम राजेन्द्र
संकलन	:	मा योग प्रज्ञा, मा अमृत मुक्ति
प्रकाशक	:	**डायमंड पॉकेट बुक्स (प्रा.) लि.** X-30, ओखला इंडस्ट्रियल एरिया, फेज-II नई दिल्ली-110020
फोन	:	011-41611861, 40712100
फैक्स	:	011-41611866
ई-मेल	:	sales@dpb.in
वेबसाइट	:	www.dpb.in
संस्करण	:	**2019**

Mere To Girdhar Gopal in Hindi
Originally published as 'Maine Ram Ratan Dhan Payo' Ch 1-5 in Hindi under the author name Bhagwan Shree Rajneesh.

अनुक्रम

ओशो

ऐसा संयोग कभी-कभी ही घटित होता है, जब अस्तित्व और भगवत्ता किसी व्यक्ति में स्वयं को पूर्णता में अभिव्यक्त करती है। ओशो में भगवत्ता की अभिव्यक्ति इस विरल संयोग की नवीनतम कल्पना है।

'ओशो ' आज एक उत्सव का नाम है। वे मनुष्य के सौभाग्य का पर्याय हैं। चेतनाओं के भाग्योदय का निमित्त हैं वे। वे एक सुअवसर हैं। उनको चूकना परम दुर्भाग्य है- उन्हें उपलब्ध करना और उनको उपलब्ध होना जीवन की सार्थकता एवं परम धन्यता!

असंख्य प्रकार के सत्यान्वेषकों को अलग-अलग भिन्न-भिन्न अनुकूल बोध और मार्गदर्शन देने की क्षमता उन्हीं की प्रज्ञा में है। इतने विराट् और विशाल समूह को मुक्ति-पथ पर ले जाने का उत्तरदायित्व उन्हीं की करुणा में है। प्रज्ञा और करुणा का ऐसा मिलन अभूतपूर्व है-अद्वितीय है!

ओशो कहते हैं :

'मैंने किसी से प्रेरणा नहीं ली। हाँ, जब पूर्व का अवतरण हुअ, जब मेरा अंतर-प्रकाश से भर गया, तब मैंने जाना कि ऐसा ही बुद्ध को हुआ था; तब मैं पहचाना कि ऐसा ही महावीर को हुआ था; तब कबीर में भी मुझे वही झलक मिली और जीसस में और जरथुस्त्र में और लाओत्से में। लेकिन मैं उनका गवाह हूँ, वे मेरे प्रेरणास्रोत नहीं हैं। इस बात को मैं बहुत स्पष्ट कर देना चाहता हूँ। उनकी प्रेरणा पाकर मैं यहाँ नहीं पहुँचा हूँ। यहाँ पहुँचकर मैंने उनकी गवाही दी है कि हाँ वे ठीक हैं। मैंने उनको मानकर ठीक नहीं जाना है। जाना पहले है, फिर उनको ठीक कहा है। मैं उनका प्रमाण हूँ, उनका गवाह हूँ, उनका साक्षी हूँ। अब मैं कह सकता हूँ कि वे ठीक हैं।'

प्रेम की झील में नौका-विहार

1

बसौ मेरे नैनन में नंदलाल।
मोहनि मूरति साँवरी सूरति, नैना बने बिसाल।
मोर मुकुट मकराकृति कुंडल, अरुण तिलक सोहे भाल।
अधर सुधारस मुरली राजति, उर वैजंति माल।
छुद्र घंटिका कटितट सोभित, नूपुर सबद रसाल।
मीरा प्रभु संतन सुखदाई, भक्त बछल गोपाल।

हरि मोरे जीवन-प्राण आधार।
और आसिरों नाहिं तुम बिन, तीनू लोक मँझार।
आप बिना मोहि कछु न सुहावै, निरखौ सब संसार।
मीरा कहै मैं दासि रावरी, दीज्यौ मति बिसार।

मेरे तो गिरधर गोपाल, दूसरो न कोई।
जाके सिर मोर-मुकुट मेरो पति सोई।
छाड़ि दई कुल की कानि, कहा करि है कोई।
संतन ढिंग बैठि-बैठि लोकलाज खोई।
अँसुवन जल सींचि-सींचि, प्रेम-बेल बोई।
अब तो बेलि फैलि गई, आनंद फल होई।
भगत देख राजी हुई, जगत देख रोई।
दासी मीरा लाल गिरधर, तारो अब मोहि।

प्रेम की झील में नौका-विहार

आओ, प्रेम की एक झील में नौका-विहार करें। और ऐसी झील मनुष्य के इतिहास में दूसरी नहीं है, जैसी झील मीरा है। मानसरोवर भी उतना स्वच्छ नहीं है।

और हंसों की ही गति हो सकेगी मीरा की इस झील में। हंस बनो, तो ही उतर सकोगे इस झील में। हंस न बने तो न उतर पाओगे।

हंस बनने का अर्थ है : मोतियों की पहचान आँख में हो; मोती की आकांक्षा हृदय में हो। हंसा तो मोती चुगे!

कुछ और से राजी मत हो जाना। क्षुद्र से जो राजी हो गया, वह विराट् को पाने में असमर्थ हो जाता है। नदी-नालों के पानी से जो तृप्त हो गया, वह मानसरोवरों तक नहीं पहुँच पाता; जरूरत ही नहीं रह जाती।

मीरा की इस झील में तुम्हें निमंत्रण देता हूँ। मीरा नाव बन सकती है। मीरा के शब्द तुम्हें डूबने से बचा सकते हैं। उनके सहारे पर उस पार जा सकते हो।

मीरा तीर्थंकर है। उसका शास्त्र प्रेम का शास्त्र है। शायद 'शास्त्र' कहना भी ठीक नहीं।

नारद ने भक्तिसूत्र कहे: वह शास्त्र है। वहाँ तर्क है, व्यवस्था है, सूत्रबद्धता है। वहाँ भक्ति का दर्शन है।

मीरा स्वयं भक्ति है। इसलिए तुम रेखाबद्ध तर्क न पाओगे। रेखाबद्ध

तर्क वहाँ नहीं है। वहाँ तो हृदय में कौंधती हुई बिजली है। जो अपने आशियाने जलाने को तैयार होंगे, उनका ही संबंध जुड़ पाएगा।

प्रेम से संबंध उन्हीं का जुड़ता है, जो सोच-विचार खोने को तैयार हों; जो सिर गँवाने को उत्सुक हों। उस मूल्य को जो नहीं चुका सकता, वह सोचे भक्ति के संबंध में, विचारे; लेकिन भक्त नहीं हो सकता।

तो मीरा के शास्त्र को शास्त्र कहना भी ठीक नहीं। शास्त्र कम है, संगीत ज्यादा है। लेकिन संगीत ही तो केवल भक्ति का शास्त्र हो सकता है। जैसे तर्क ज्ञान का शास्त्र बनता है, वैसे संगीत भक्ति का शास्त्र बनता है। जैसे गणित आधार है ज्ञान का, वैसे काव्य आधार है भक्ति का। जैसे सत्य की खोज ज्ञानी करता है; भक्त सत्य की खोज नहीं करता। भक्त सौंदर्य की खोज करता है। भक्त के लिए सौंदर्य ही सत्य है। ज्ञानी कहता है : सत्य सुंदर है। भक्त कहता है : सौंदर्य सत्य है।

रवींद्रनाथ ने कहा है : ब्यूटी इज़ ट्रुथ। सौंदर्य सत्य है। रवींद्रनाथ के पास भी वैसा ही हृदय है जैसा मीरा के पास; लेकिन रवींद्रनाथ पुरुष हैं। गलते-गलते भी पुरुष की अड़चनें रह जाती है; मीरा जैसे नहीं पिघल पाते। खूब पिघले। जितना पिघल सकता है पुरुष, उतना पिघले; फिर भी मीरा जैसे नहीं पिघल पाते।

मीरा स्त्री है। स्त्री के लिए भक्ति ऐसे ही सुगम है, जैसे पुरुष के लिए तर्क और विचार।

वैज्ञानिक कहते हैं : मनुष्य का मस्तिष्क दो हिस्सों में विभाजित हैं। बाएँ तरफ जो मस्तिष्क है, वह सोच-विचार करता है; गणित, तर्क, नियम, वहाँ सब शृंखलाबद्ध हैं। और दाईं तरफ जो मस्तिष्क है, वहाँ सोच-विचार नहीं है; वहाँ भाव है; वहाँ अनुभूति है। वहाँ संगीत की चोट पड़ती है। वहाँ तर्क का कोई प्रभाव नहीं होता। वहाँ लयबद्धता पहुँचती है। वहाँ नृत्य पहुँच जाता है; सिद्धांत नहीं पहँचते।

प्रेम में कोई विधि नहीं होती, विधान नहीं होता। प्रेम की क्या विधि और क्या विधान! हो जाता है बिजली की कौंध की तरह। हो गया तो हो गया। नहीं हुआ तो करने का कोई उपाय नहीं है।

पुरुषों ने भी भक्ति के गीत गाए हैं, लेकिन मीरा का कोई मुकाबला नहीं है; क्योंकि मीरा के लिए, स्त्री होने के कारण जो बिलकुल सहज है, वह पुरुष के लिए थोड़ा आरोपित-सा मालूम पड़ता है। पुरुष भक्त हुए, जिन्होंने

अपने को परमात्मा की प्रेयसी माना, पत्नी माना; मगर बात कुछ अड़चन-भरी हो जाती है। संप्रदाय है ऐसे भक्तों का, बंगाल में अब भी जीवित ज़ो पुरुष हैं, लकिन अपने को मानते है कृष्ण की पत्नी। रात स्त्री-जैसा शृंगार करके, कृष्ण की मूर्ति को छाती से लगाकर सो जाते हैं। मगर बात में कुछ बेहूदापन लगता है। बात कुछ जमती नहीं। ऐसा ही बेहूदापन लगता है जैसे कि तुम, जहाँ जो नहीं होना चाहिए, उसे जबरदस्ती बिठाने की कोशिश करो, तो लगे।

पुरुष पुरुष है; उसके लिए स्त्री होना ढोंग ही होगा। भीतर तो वह जानेगा ही कि मैं पुरुष हूँ। ऊपर से तुम स्त्री के वस्त्र भी पहन लो और कृष्ण की मूर्ति को हृदय से भी लगा लो—तब भी तुम भीतर के पुरुष को इतनी आसानी से खो न सकोगे। यह सुगम नहीं होगा।

स्त्रियाँ भी हुई हैं, जिन्होंने ज्ञान के मार्ग से यात्रा की है, मगर वहाँ भी बात कुछ बेहूदी हो गई। जैसे ये पुरुष बेहूदे लगते हैं और थेड़ा-सा विचार पैदा होता है कि ये क्या कर रहे है! ये पागल तो नहीं हैं;—ऐसे ही 'लल्ला' कश्मीर में हुई, वह महावीर जैसे विचार में पड़ गई होगी; उसने वस्त्र फेंक दिए, वह नग्न हो गई। लल्ला में भी थोड़ा-सा कुछ अशोभन मालूम होता है। स्त्री अपने को छिपाती है। वह उसके लिए सहज है। वह उसकी गरिमा है। वह अपने को ऐसा उघाड़ती नहीं। ऐसा उघाड़ती है तो वेश्या हो जाती है।

लल्ला ने बड़ी हिम्मत की, फेंक दिए वस्त्र। असाधारण स्त्री रही होगी; लेकिन थोड़ी-सी अस्वाभाविक मालूम होती है बात। महावीर के लिए नग्न खड़े हो जाना अस्वाभाविक नहीं लगता; बिलकुल स्वाभाविक लगता है। ऐसी ही बात है।

मीरा में जैसे सहज उद्भावना हुई है भक्ति की, कहीं भी नहीं है। भक्त और भी हुए हैं, लेकिन सब मीरा के पीछे पड़ गए, पिछड़ गए। मीरा का तारा बहुत जगमगाता हुआ तारा है। आओ इस तारे की तरफ चलें। अगर थोड़ी-सी भी बूँदें तुम्हारे जीवन में बरस जाएँ, मीरा के रस की, तो भी तुम्हारे रेगिस्तान में फूल खिल जाएँगे। अगर तुम्हारे हृदय में थोड़े-से भी वैसे आँसू घुमड़ आएँ, जैसे मीरा को घुमड़े और तुम्हारे हृदय में थोड़े-से राग बजने लगें जैसे मीरा को बजे, थोड़ा-सा सही! एक बूँद भी तुम्हे रंग जाएगी और नया कर जाएगी।

तो मीरा को तर्क और बुद्धि से मत सुनना। मीरा का कुछ तर्क और बुद्धि से लेना-देना नहीं है। मीरा को भाव से सुनना, भक्ति से सुनना, श्रद्धा की आँख से देखना। हटा दो तर्क इत्यादि को, किनारे सरका कर रख दो।

थोड़ी देर के लिए मीरा के साथ पागल हो जाओ। यह मस्तों की दुनिया है। यह प्रेमियों की दुनिया है। तो ही तुम समझ पाओगे, अन्यथा चूक जाओगे।

बहुत बार मौके आए, जब मैं मीरा पर बोलता; लेकिन टालता गया। क्योंकि मीरा पर बोलना कुछ कठिन है। महावीर पर बोलना बहुत आसान है। बुद्ध पर बोलना बहुत आसान है। पतंजलि पर बोलना बहुत आसान है। मीरा पर बोलना बहुत कठिन है। क्योंकि यह बात बोलने की है ही नहीं; यह बात तो होने की है। यह भाव की है। मीरा गुनगुनाई जा सकती है, मीरा पर बोलो क्या? मीरा गाई जा सकती है, मीरा पर बोलो क्या? मीरा नाची जा सकती है, मीरा पर बोलो क्या?

इसलिए तुमसे कहता हूँ: आओ, इस गौरीशंकर पर चढ़ें—प्रेम के गौरीशंकर पर! इस ऊँचाई पर पंख फैलाएँ! केवल वे ही उड़ पाने में समर्थ होंगे, जो तर्क का बोझ एक तरफ हटाकर रख देंगे।

मीरा के पास तुम्हें देने को बहुत कुछ है। मीरा एक मेघ है, जो बरस जाए तो तुम तृप्त हो जाओ।

तरानों में मुहब्बत का तराना ले के आया हूँ
फ़सानों में हक़ीक़त का फसाना ले के आया हूँ
तलाशे बर्के-आदम सोज़ में निकला हूँ जन्नत से
जलाने ही को आख़िर आशियाना ले के आया हूँ
ज़माने से अलग हूँ अहले सोहबत के लिए लेकिन
नया हक्को-अमल का इक ज़माना ले के आया हूँ
उठो तय दो जहाँ की मंज़िलें एक गाम में कर लें
जनूने अर्शो-पैमाँ वालहाना ले के आया हूँ।

उठ, जाग!

उठो तय दो जहाँ की मंज़िलें एक गाम में कर लें!

मीरा के साथ सारी यात्रा एक कदम में हो सकती है। तर्क बहुत कदम लेता है, क्योंकि विधि से चलता है। मीरा छलांग है।

उठो तय दो जहाँ की मंज़िलें एक गाम में कर लें!

इसलिए तुमसे कहता हूँ कि आओ, एक ही कदम में यह यात्रा हो सकती है।

जनूने अर्शो-पैमाँ वालहाना ले के आया हूँ

मीरा मस्ती से भरी हुई एक शराब लिए खड़ी है। उसका रसास्वादन

करो। मीरा शराब है—पीओ। समझो कम—पीओ ज्यादा। उसका तराना प्रेम का तराना है।

मुझे मौका दो कि मैं तुम्हारे हृदय की वीणा को थोड़ा बजा सकूँ। तो ही तुम समझ पाओगे।

ये मीरा के जो वचन हम सुनेंगे, चर्चा करेंगे, गुनगुनाएँगे, डूबेंगे—इन वचनों में ऊपर से कोई तारतम्य नहीं है। ये तो भक्त की अनुभूतियाँ हैं। लेकिन भीतर बड़ा तारतम्य है। ऊपर-ऊपर कुछ न दिखाई पड़ेगा कि इनमें क्या संबंध है। मीरा ने कोई रामचरितमानस नहीं लिखा है कि शुरू किया बालकांड से और चले। ये तो भाव की आराजक अभिव्यक्तियाँ हैं। जब उठा भाव, गाया। जैसा उठा, वैसा गाया। फिर यह लोगों के सामने भी गाई गई बातें नहीं हैं। ये तो उस परम प्यारे के सामने गाए गए गीत हैं। इन गीतों में सुधार भी नहीं किया गया है। कवि लिखता है तो खूब सुधार-संशोधन करता है। ये तो कच्चे, कोरे, वैसे-के-वैसे जैसे खदान से निकले हीरे निकलते हैं—तराशे नहीं गए—बेतराशे, अनगढ़!

मीरा को फिकर नहीं है आदमियों की कि इनमें, गीतों में भूल-चूक लगेगी, काव्य के नियम पूरे होंगे कि नहीं, मात्राएँ ठीक बैठती हैं कि नहीं; इस सबका कोई हिसाब नहीं है।

तुम जब अपने प्रेमी के सामने गीत गाते हो तो यह सब थोड़े ही फिक्र रखते हो! प्रेमी तुम्हारा परीक्षक थोड़े ही है! प्रेमी के सामने जब तुम गीत गाते हो, तो तुम यह थोड़े ही सोचते हो कि गीत भाषा की दृष्टि से, मात्रा-छंद की दृष्टि से—पूरा है या नहीं! इतना ही देखते हो कि मेरा हृदय इस गीत में उँडल रहा है या नहीं। जब शराब से भरी हुई प्याली हो ता प्याली का आकार कौन देखता है—किस आकार की है।

तो तुम पीओगे तो समझोगे। और तारतम्य भी मिलेगा। लेकिन तारतम्य ऐसा रहेगा, ऊपर-ऊपर से दिखाई नहीं पड़ेगा। जैसे एक गुलाब की झाड़ी पर बहुत-से गुलाब के फूल खिले हैं, ऊपर से तो कोई जुड़े दिखाई नहीं पड़ते। कोई छोटा है, कोई बड़ा है। और अगर माली कुशल रहा हो तो कोई सफेद है, और कोई लाल है और कोई पीला है। सब अलग-अलग ढंग के खिले हैं। लेकिन सब एक ही जड़ से जुड़े हैं। वही जड़ तुम्हें दिखाई पड़ जाए तो तुम मीरा के साथ हो लोगे।

इसके पहले कि हम मीरा के शब्दों में उतरें, मीरा के संबंध में कुछ

बातें समझ लेना जरूरी हैं।

पहली बात : मीरा का कृष्ण से प्रेम मीरा की तरह शुरू नहीं हुआ। प्रेम का इतना अपूर्व भाव इस तरह शुरू हो भी नहीं सकता। यह कहानी पुरानी है। यह मीरा कृष्ण की पुरानी गोपियों में से एक है। मीरा ने खुद भी इसकी घोषणा की है, लेकिन पंडित तो इसको टाल जाते हैं; यह बात को ही कह देते है कि किंवदंती है, कथा-कहानी है। मैं ऐसा न कह सकूँगा। मैं पंडित नहीं हूँ। और हजार पंडित कहते हों तो उनकी मैं दो कोड़ी की मानता हूँ। मीरा खुद कहती है उसे मैं स्वीकार करता हूँ। सच-झूठ का मुझे हिसाब भी नहीं लगाना है। बात के इतिहास होने-न-होने से कोई प्रयोजन भी नहीं है। मीरा का वक्तव्य, मैं राजी हूँ। मीरा जब खुद कहती है तो बात खतम हो गई। फिर किसी और को इसमें और प्रश्न उठाने का प्रश्न नहीं उठाना चाहिए। और जो इस तरह के प्रश्न उठाते हैं, वे मीरा को समझ भी न पाएँगे।

अँग्रेजी में एक शब्द है: 'देजावुह' इसका अर्थ होता है : पूर्वभव की स्मृति का अचानक उठ आना। कभी-कभी तुम्हें भी देजावुह होता है।

कल रात ही एक युवा संन्यासी मुझसे बात कर रहा था। उसने बार-बार मुझे पत्र लिखे, वह बड़ा परेशान था। परेशानी होगी ही। उसे कई बार ऐसा लगता है यहाँ इन गैरिक वस्त्रधारी संन्यासियों के साथ उठते-बैठते, कि जैसे पहले भी वह कभी ऐसी ही स्थिति में रहा है—पहले कभी किसी जन्म में। इससे बड़ी बेचैनी भी हो जाती है। कभी-कभी तो कोई घटना उसे ऐसी लगती है कि बिलकुल फिर से दोहर रही है। तो बेचैनी स्वाभाविक है। और पश्चिम से आया युवक है तो बेचैनी और स्वाभाविक है। उसने बहुत बार मुझे लिखा। कल वह विदा होने को आया था। अब वह जा रहा है वापिस, तो मुझसे पूछने लगा : आपने कभी कुछ कहा नहीं कि मैं क्या करूँ? मुझे बार-बार ऐसा लगता है। तो उसे मैंने कहा कि देजावुह, यह पूर्वभव का स्मरण एक वास्तविकता है। बेचैन तो करेगी, इससे तर्क का कोई संबंध नहीं जुड़ता है।

हम यहाँ नए नहीं हैं। हम यहाँ प्राचीन हैं; सनातन से हैं। ऐसा कोई समय न था, जब तुम न थे, ऐसा कोई समय न था, जब मैं न था। ऐसा कोई समय न था, न ऐसा कोई समय कभी होगा—जब तुम नहीं हो जाओगे। रहोगे, रहोगे, रहोगे। रूप बदलेंगे, ढंग बदलेंगे, शैलियाँ बदलेंगी—अस्तित्व शश्वत है। जो शाश्वत है, वही सत्य है; शेष सत्य जो बदलता जाता है, वह तो केवल आवरण है। जैसे कोई वस्त्र बदल लेता है। तो रामकृष्ण ने मरते वक्त कहा :

रोओ मत, क्योंकि मैं केवल वस्त्र बदल रहा हूँ। और रमण ने मरते वक्त कहा–जब किसी ने पूछा कि आप कहाँ चले जाएँगे, आप कहाँ जा रहे हैं, हमें छोड़कर कहाँ जा रहे हैं–उन्होंने कहा : बंद करो यह बकवास! मैं कहाँ जाऊँगा! मैं यहाँ था और यहीं रहूँगा। जाना कहाँ है। यही तो एक मात्र अस्तित्व है।

रूप बदलते हैं। बीज वृक्ष हो जाता है। गंगा सागर बन जाती है; सागर सूरज की किरणों से चढ़कर मेघ बन जाता है, मेघ फिर गंगा में गिर जाता है। फिर गंगा सागर में गिर जाती है। मगर एक जल की बूँद भी कभी खोई नहीं है; जल उतना ही था, जितना सदा से था। और एक आत्मा कहीं खोई नहीं है।

तो मैंने उस युवक से कहा : बिलकुल घवड़ाओ ना। हो सकता है, मेरे पास तुम कभी अतीत में न भी बैठे हो; यह हो सकता है, क्योंकि यह अनंत है जगत। यह हो सकता है कि मेरा तुमसे मिलना कभी न हुआ हो, लेकिन फिर भी यह बात पक्की है कि मेरे-जैसे किसी आदमी से तुम्हारा मिलना हुआ होगा। तुमने किसी बुद्ध की आँखों में झाँका होगा। तुम किसी सदगुरु के चरणों में बैठे होओगे। फिर वह कौन था, मौहम्मद था कि कृष्ण कि क्राइस्ट, इससे कोई फर्क नहीं पड़ता; क्योंकि सदगुरुओं का स्वाद एक है और उनकी आँखों का दृश्य एक है।

तो कभी-कभी अगर तुम बुद्ध के साथ रहे हो ढाई हजार साल पहले, तो मेरे पास बैठे-बैठे एक क्षण को तुम अभिभूत हो जाओगे। एक क्षण को लगेगा : यह तो फिर वैसे ही कुछ हो रहा है, जैसे पहले हुआ है। एक क्षण को यहाँ से तुम विदा हो जाओगे और अतीत का दृश्य खुल जाएगा। कोई पर्दा जैसे पड़ा था। और अचानक तुम पाओगे : यह तो वही हो रहा है, जो पहले हुआ। शायद कभी ऐसा भी हो सकता हैं कि तुमसे जो शब्द कहूँ, वे ही शब्द तुमसे बुद्ध ने भी कहे हों। और यह भी संभव है कि कभी तुम मेरे साथ भी रहे हो। सभी कुछ संभव है। इस जगत में असंभव कुछ भी नहीं है।

मीरा ने कहा : मै ललिता थी। कृष्ण के साथ नाची, वृंदावन में कृष्ण के साथ गाई। यह प्रेम पुराना है–मीरा यही कह रही है–यह प्रेम नया नहीं है। और इसकी शुरूआत जिस ढंग से हुई, वह शुरूआत भी करती है साफ कि पंडित गलत होंगे, मीरा सही है। और पंडित कितने ही सही लगें, फिर भी सहीं नहीं होते, क्योंकि उनके सोचने का ढंग ही बुनियाद से गलत होता है।

वे प्रमाण माँगते है। अब प्रमाण क्या? किसी अदालत की सील-मोहर लगी हुई कोई फाइल मौजूद करे मीरा, कि कृष्ण के समय में थी? कहाँ से प्रमाणपत्र लाए? गवाह जुटाए? अंतरभाव पर्याप्त है। और उसका अंतरभाव प्रमाण है।

मीरा छोटी थी, चार-पाँच साल की रही होगी, तब एक साधु मीरा के घर मेहमान हुआ और जब सुबह साधु ने उठकर अपनी मूर्ति-कृष्ण की मूर्ति छुपाए था अपनी गुदड़ी में--निकालकर जब उसकी पूजा की तो मीरा एकदम पागल हो गई। देजावुह हुआ। पूर्वभव का स्मरण आ गया। वह मूर्ति कुछ ऐसी थी कि चित्र-पर-चित्र खुलने लगे। वह मर्ति जो थी-- शुरूआत हो गई, फिर से कहानी की निमित्त बन गई। उससे चोट पड़ गई। कृष्ण की मूरत फिर याद आ गई। फिर वह साँवला चेहरा, वे बड़ी आँखें, वे मोर-मुकुट में बँधे वे बाँसुरी बजाते कृष्ण! मीरा लौट गई हजारों साल पीछे अपनी स्मृति में। रोने लगी। साधु से माँगने लगी मूर्ति। लेकिन साधु को भी बड़ा लगाव था अपनी मूर्ति से; उसने मूर्ति देने से इनकार कर दिया। वह चला भी गया। मीरा ने खाना-पीना बंद कर दिया।

पंडितों के लिए यह प्रमाण नहीं होता कि इससे कुछ प्रमाण है देजावुह का। लेकिन मेरे लिए प्रमाण है। चार-पाँच साल की बच्ची! हाँ, बच्चे कभी-कभी खिलौनों के लिए भी तरस जाते हैं, लेकिन घड़ी-दो-घड़ी में भूल जाते हैं। दिन-भर बीत गया, न उसने खाना खाया, न पानी पीया। उसकी आँखों से आँसू बहते रहे। वह रोती ही रही। उसके घर के लोग भी हैरान हुए कि अब क्या करें? साधु तो गया भी, कहाँ उसे खोजें? और वह देगा, इसकी भी संभावना कम है।

और वह कृष्ण की मूरत जरूर ही बड़ी प्यारा थी, घर के लोगों को भी लगी थी। उन्होंने भी बहुत मूर्तियाँ देखी थीं, मगर उस मूर्ति में कुछ था जीवंत, कुछ था जागता हुआ, उस मूर्ति की तरंग ही और थी। जरूरं किसी ने गढ़ी होगी प्रेम से; व्यवसाय के लिए नहीं। किसी ने गढ़ी होगी भाव से, किसी ने अपनी सारी प्रार्थना, अपनी सारी पूजा उसमें ढाल दी होगी। या किसी ने, जिसने कृष्ण को कभी देखा होगा, उसने गढ़ी होगी। मगर बात कुछ ऐसी थी, मर्ति कुछ ऐसी थी कि मरा भूल ही गई। इस जगत को भूल ही गई। वह तो उस मूर्ति को लेकर रहेगी, नहीं तो मर जाएगी। यह विरह की शुरूआत हुई-चार-पाँच साल की उम्र में!

रात उस साधु ने सपना देखा। दूर दूसरे गाँव में जाकर सोया था। रात

सपना आया : कृष्ण खड़े हैं। उन्होंने कहा कि मूर्ति जिसकी है, उसको लौटा दे। तूने रख ली, बहुत दिन तक; यह अमानत थी; मगर यह तेरी नहीं है। अब तू नाहक मत ढो। तू वापिस जा, मूर्ति उस लड़की को दे दे; जिसकी है उसको दे दे। उसकी थी, तेरी अमानत पूरी हो गई। तेरा काम पूरा हो गया। जहाँ तक तुझे पहुँचना था, वहाँ तक पहुँचा दिया; अब बात खत्म हो गई।

मूर्ति उसकी है, जिसके हृदय में मूर्ति के लिए प्रेम है। और किसी मूर्ति? साधु तो घबड़ा गया। कृष्ण तो कभी उसे दिखाई भी न पड़े थे। वर्षों से प्रार्थना-पूजा कर रहा था, वर्षों से इसी मूर्ति को लिए चलता था, फूल चढ़ाता था, घंटी बजाता था, कृष्ण कभी दिखाई न पड़े थे। वह तो बहुत घबड़ा गया। वह तो आधी रात भागा हुआ आया। आधी रात आकर जगाया और कहा कि मुझे क्षमा करो, मुझसे भूल हो गई। इस छोटी-सी लड़की के पैर पड़े, इसे मूर्ति देकर वापिस हो गया।

यह तो चार-पाँच साल की उम्र की घटना घटी, इससे फिर से दृश्य खुले; फिर से प्रेम उमगा; फिर यात्रा शुरू हुई। यह मीरा के इस जीवन में कृष्ण के साथ पुनर्गठबंधन की शुरूआत है। मगर यह नाता पुराना था। नहीं तो बड़ा कठिन है। कृष्ण को देखा न हो, कृष्ण को जाना न हो, कृष्ण की सुगंध न ली हो, कृष्ण का हाथ पकड़कर नाचे न होओ—तो लाख उपाय करो, तुम कृष्ण को कभी जीवंत अनुभव न कर सकोगे। इसलिए जीता सदगुरु ही सहयोगी होता है।

तुम भी कृष्ण की मूर्ति रखकर बैठ सकते हो, मगर तुम्हारे भीतर भाव का उद्रेक नहीं होगा। भाव के उद्रेक के लिए तुम्हारी अंतरकथा में कोई संबंध चाहिए कृष्ण से: तुम्हारी अंतरकथा में कोई समानांतर दशा चाहिए।

मीरा का भजन तुम भी गा सकते हो; लेकिन जब तक कृष्ण से तुम्हारा कुछ अंतरनाता न हो, तब तक भजन ही रह जाएगा, जुड़ न पाओगे। हृदय-हृदय न मिलेगा, सेतु न बनेगा।

वह चार-पाँच वर्ष की उम्र में घटी छोटी-सी घटना—सांयोगिक घटना—और क्रांति हो गई। मीरा मस्त रहने लगी, जैसे एक शराब मिल गई। दो वर्ष बाद पड़ोस में किसी का विवाह हुआ, और यह सात-आठ साल की लड़की ने पूछा अपनी माँ को: 'सबका विवाह होता है, मेरा कब होगा? और मेरा वर कौन है?'

और माँ ने तो ऐसे ही मजाक में कहा, क्योंकि वह उस वक्त भी कृष्ण

की मूर्ति को छाती से लगाए खड़ी थी—कि तेरा वर कौन है?—'यह गिरधर गोपाल! यह गिरधर लाल! यही तेरा वर है! और क्या चाहिए? यह तो मजाक में ही कहा था! माँ को क्या पता था कि कभी-कभी मजाक में कही गई बात भी क्रांति हो सकती है। और क्रांति हो गई।

और कभी-कभी कितनी ही गंभीरता से तुमसे कहा जाए, कुछ भी नहीं होता, क्योंकि तुम्हारे भीतर कुछ छूता ही नहीं। हो तो छुए। बीज को पत्थर पर फेंक दोगे तो अंकुरित नहीं होता; ठीक भूमि मिल जाए तो अंकुरित हो जाता है। वह ठीक भूमि थी। माँ को भी पता नहीं था; सोचती थी कि बच्चे का खिलवाड़ है; कृष्ण एक खिलौना है। मिल गए हैं इसको। सुंदर मूर्ति है; माना। तो नाचती-गुनगुनाती रहती है—ठीक है— अपने उलझी रहती है; कुछ हर्जा भी नहीं है। मजाक में ही कहा था कि तेरा तो और कौन पति! ये गिरिधर गोपाल हैं, ये नंदलाल है।

मगर उसका मन उसी दिन भर गया। यह बात हो गई। कभी-कभी संयोग महारंभ बन जाते हैं—महाप्रस्थान के पथ पर। उसने तो मान ही लिया। वह छोटा-सा भोला-भाला मन! उसने मान लिया कि यही उसके पति हैं। फिर क्षणभर को भी यह बात डगमगाई नहीं। फिर क्षणभर को भी यह बात भूली नहीं।

असल में बचपन में अगर कोई भाव बैठ जाए तो बड़ा दूरगामी होता है। यह बात बैठ गई। उस दिन उसने अपना सारा प्रेम, कृंष्ण पर उड़ेल दिया। जितना तुम प्रेम उड़ेलोगे, उतने ही कृष्ण जीवित होते चले गए। पहले अकेली बात करती थी, फिर कृष्ण भी बात करने लगी। पहले अकेली डोलती थी, फिर कृष्ण भी डोलने लगे। यह नाता भक्त का और मूर्ति का न रहा; भक्त और भगवान का हो गया।

और इसके बाद कुछ घटनाएँ घटीं, जो खयाल में ले लेनी चाहिए, जो महत्त्वपूर्ण हैं।

मीरा पर जिन लोगों ने किताबें लिखी हैं, वे सब लिखते हैं : दुर्भाग्य से मीरा की माँ मर गई, जब वह बहुत छोटी थी। फिर उसके बाबा ने उसे पाला। फिर बाबा मर गए। फिर ससुर ने उसकी सँभाल की। और फिर ससुर भी मर गए। फिर पिता ने उसकी देख-भाल की, फिर पिता भी मर गए। ऐसी पाँच मृत्युएँ हुईं। जब मीरा कोई बत्तीस-तेंत्तीस साल की थी, तब तक उसके जीवन में जो भी महत्त्वपूर्ण व्यक्ति थे, सभी मर गए। जिनको भी उसने चाहा

था और प्रेम किया था, वे सब मर गए।

जो लोग मीरा पर किताबें लिखते हैं, वे लिखते हैं : 'दुर्भाग्य से।' क्योंकि मृत्यु को सभी लोग दुर्भाग्य मानते हैं। लेकिन यही तो मीरा के जन्म का कारण बना। जितना भी प्रेम कहीं था, वह सब सिकुड़ता गया। सारा प्रेम गोपाल पर उमड़ता गया। माँ चल बसी। उतना प्रेम जो माँ से उलझा था, वह भी गोपाल के चरणों में रख दिया। फिर बाबा ने पाला, फिर बाबा चल बसे; उनसे प्रेम था, वही गोपाल के चरणों में रख दिया। ऐसे संसार छोटा होता गया, सिकुड़ता गया और परमात्मा बड़ा होता गया। तो मैं नहीं कह सकता 'दुर्भाग्य से; मैं तो कहूँगा 'सौभाग्य से।' क्योंकि मृत्यु का मेरे लिए कोई ऐसा भाव नहीं है, मृत्यु के प्रति कि वह कोई आवश्यक रूप से अभिशाप है। सब तुम पर निर्भर है। मीरा ने उसका ठीक उपयोग कर लिया। जहाँ-जहाँ से प्रेम उखड़ता गया, एक-एक प्रेम-पात्र जाने लगा, वह अपने उस प्रेम को परमात्मा में चढ़ाने लगी।

अंतिम सूत्र था—पिता का रहना। पिता भी चल बसे। पाँच मृत्युएँ हो गईं सतत्। जगत् से सारा संबंध टूट गया। उसने ठीक उपयोग कर लिया। जगत् से टूटते हुए संबंधों को जगत् के प्रति वैराग्य बना लिया। और जगत् से जो प्रेम मुक्त हो गया, उसको परमात्मा के चरणों में चढ़ा दिया। वह कृष्ण के राग में डूब गई।

और इन मृत्युओं ने एक और सौभाग्य का काम किया, कि इन्होंने एक बात दिखा दी कि इस जगत् में सब क्षणभंगुर है; अगर प्यारा खोजना हो तो शाश्वत में खोजो। यहाँ कुछ अपना नहीं है। यहाँ भरमो मत, अपने को भरमाओ मत! यहाँ सब छूट जाने वाला है। यहाँ मृत्यु-ही-मृत्यु फैली है। यहाँ मरघट है। यहाँ बसने के इरादे मत करो। यहाँ कोई कभी बसा नहीं।

अपनी आँख से देखा सबको जाते उसने। बत्तीस-तेंतीस साल की उम्र कोई बड़ी उम्र नहीं। जवान थी। जवानी में इतनी मौत घटीं कि मौत का काँटा उसे ठीक-ठीक साफ-साफ दिखाई पड़ गया कि जीवन क्षणभंगुर है। और तब उसका मन यहाँ से विरक्त हो गया। जो यहाँ से विरक्त है, वही परमात्मा में अनुरक्त हो सकता है।

तुम दोनों राग एक साथ नहीं पाल सकते हो। तुम दो नावों पर एक साथ सवार नहीं हो सकते हो।

तो जब मैंने तुमसे कहा, 'आओ, प्रेम की झील में नौका-विहार को

चलें।' तो मैं तुमसे यह कह रहा हूँ : अब तुम अपनी संसार की नाव से उतरो, अब परमात्मा की नाव बनाओ। 'आओ प्रेम के गौरीशंकर पर चढ़ें –'तो मैं तुमसे यह कह रहा हूँ– अपनी अँधेरी घाटियों से लगाव छोड़ो; वहाँ मृत्यु के सिवाय और कोई भी नहीं है।'

जिन्हें तुमने घर समझा है, वह मरघट हैं। जिन्हें तुमने अपना समझा है, साथ हो गया है दो क्षण का राह पर–सब अजनबी हैं। आज नहीं कल सब छूट जाएँगे। तुम अकेले आए हो और अकेले जाओगे। और तुम अकेले हो। इस जगत् में सिर्फ एक ही संबंध बन सकता है–और वह संबंध परमात्मा से है; शेष सारे संबंध बनते हैं और मिट जाते हैं। सुख तो कुछ ज्यादा नहीं लाते हैं। सुख की तो केवल आशा ही रहती है; मिलता कभी नहीं है। अनुभव तो दु:ख-ही-दु:ख का होता है।

ये जो पाँच मृत्युएँ थीं, ये पाँच सीढ़ियाँ बन गईं। और एक-एक मृत्यु मीरा को संसार से विमुख करती गई और कृष्ण के सन्मुख करती गई। इधर पीठ हो गई संसार की तरफ–कृष्ण की तरफ मुँह हो गया। धीरे-धीरे, पहले तो मीरा घर में ही नाचती थी–अपने कृष्ण की प्रतिमा पर; फिर बाढ़ की तरह उठने लगा प्रेम, फिर घर उसे नहीं समा सका। फिर गाँव के मंदिरों में, साधु-सत्संगों में, वहाँ भी नाचने लगी। फिर प्रेम इतना बाढ़ की तरह आना शुरू हुआ कि उसे होश-हवास न रहा। वह मगन हो गई, वह तो लीन हो गई, वह कृष्णमय हो गई। स्वभावत: राजघराने की महिला थी, प्रतिष्ठित परिवार से थी, परिवार को अड़चन आई। परिवार को अड़चन सदा आ जाती है। समाज में हजार तरह की बातें चलने लगीं, क्योंकि यह लोक-लाज के बाहर थी बात।

तुम सोच सकते हो, राजस्थान पाँच सौ साल पहले–जहाँ घूँघट के बाहर स्त्रियाँ नहीं आती थीं; जिनका चेहरा कभी लोग नहीं देखते थे। फिर राजघराने की–तो और कठिन थी बात। और वह रास्तों पर नाचने लगी। साधारणजनों के बीच नाचने लगी। यद्यपि वह नाच परमात्मा के लिए था, फिर भी घर के लोगों को तो 'नाच' नाच था; उनको तो कुछ फर्क नहीं था। फिर उसके निकटतम जो लोग थे, वे जा चुके थे। उसका देवर गद्दी पर था। जहाँ-जहाँ मीरा उल्लेख करेगी कि राणा ने जहर भेजा, कि राणा ने साँप की पिटारी भेजी, कि राणा ने सेज पर काँटे बिछवा दिए–उस राणा से याद रखना, उसके देवर की तरफ इशारा है। उसके पति तो चल बसे थे।

उसके देवर था विक्रमाजीत सिंह। वह क्रोधी किस्म का युवक था। दुष्ट प्रकृति का युवक था। और उसकी यह बरदाश्त से बाहर था। और उसे मीरा की प्रतिष्ठा भी बरदाश्त के बाहर थी। मीरा इतनी प्रतिष्ठित हो रही थी, दूर-दूर से लोग आने लगे थे। साधारणजन तो आते थे ही उसके दर्शन को, संत-साधु, ख्याति उपलब्ध लोग भी दूर-दूर से मीरा की खबर सुनकर आने लगे। वह सुगंध उड़ने लगी थी। वह सुगंध कस्तूरी की तरह थी। जिनके भी नासापुटों में थोड़ा अनुभव था कस्तूरी की गंध का, वे चल पड़े थे।

यह बड़ी हैरानी की बात है। देश के कोने-कोने से लोग आ रहे थे, लेकिन परिवार के अंधे लोग न देख पाए। असल में इन लोगों का आना उन्हें और अड़चन का कारण हो गया, मीरा की प्रतिष्ठा उनके अहंकार को चोट करने लगी। जो राणा गद्दी पर था, वह सोचता था कि मुझसे भी ऊपर कोई मेरे परिवार में हो, यह बरदाश्त के बाहर है। फिर हजार बहाने मिल गए। और बहाने सब तर्कयुक्त थे—उनमें कभी भूल नहीं खोजी जा सकती—कि यह साधारणजनों से मिलने लगी है; घूँघट उघाड़ दिया है; रास्ते पर नाचती है; नाच में कभी वस्त्रों का भी ध्यान नहीं रह जाता। यह अशोभन है। यह राजघराने की महिला को शुभ नहीं है।

लेकिन जो कहानियाँ हैं, वे ख्याल में लेना। जहर भेजा और मीरा उसे कृष्ण का नाम लेकर पी गई। और कहते हैं, जहर अमृत हो गया! हो ही जाना चाहिए। होना ही पड़ेगा। इतने प्रेम से, इतने स्वागत से अगर कोई जहर भी पी ले तो अमृत हो ही जाएगा। और अगर तुम क्रोध से, हिंसा से, घृणा से, वैमनस्य से अमृत भी पीओ तो जहर हो जाएगा।

खयाल रखना, ऐसा इतिहास में हुआ या नहीं, मुझे प्रयोजन नहीं है। मैं तो इसके भीतर की मनोवैज्ञानिक घटना को तुमसे कह देना चाहता हूँ, क्योंकि उसी का मूल्य है। अगर तुम्हारा पात्र भीतर से बिल्कुल शुद्ध है, निर्मल है, निर्दोष है, तो जहर भी तुम्हारे पात्र में जाकर निर्मल और निर्दोष हो जाएगा। और अगर तुम्हारा पात्र गंदा है, कीड़े-मकोड़ों से भरा है, और हजारों साल और हजारों जिंदगी की गंदगी इकट्ठी है—तो अमृत भी डालोगे तो जहर हो जाएगा।

सब कुछ तुम्हारी पात्रता पर निर्भर है। अंततः निर्णायक यह बात नहीं है कि जहर है या अमृत; अंततः निर्णायक बात यही है कि तुम्हारे भीतर स्थिति कैसी है। तुम्हारे भीतर जो है, वहीं अंततः निर्णायक होता है।

मीरा ने देखा ही नहीं कि जहर है; सोचा ही नहीं कि जहर है। राणा ने भेजा है, तो जो मिलता है, प्रभु ही भेजनेवाला है। राणा के पीछे भी वही भेजनेवाला है। उसके अतिरिक्त तो कोई भी नहीं है। तो अमृत ही होगा। वह अमृत मानकर पी गई।

यह मान्यता इतना फर्क कर सकती है? तुम सम्मोहनविद् से पूछोगे तो वह कहेगा: हाँ। और सम्मोहनविद् ही जानता है कि मनुष्य के मन के काम करने की प्रक्रिया क्या है। अगर किसी व्यक्ति को सम्मोहित कर दिया जाए, और उसके हाथ में आग का अंगारा रख दिया जाए और सम्मोहित दशा में उससे कहा जाए कि एक ठंडा कंकड़ तुम्हारे हाथ में रखा है, तो आग का अंगारा भी उसे जलाता नहीं। क्योंकि उसका मन इस बात को स्वीकार करता है कि ठंडा कंकड़ है। अंगार रखा रहता है हाथ पर, और चमत्कार घटित हो जाता है; हाथ जलता नहीं। इस पर हजारों प्रयोग हो गए हैं। इसी तरह तो लोग आग पर चलते हैं और जलते नहीं। वह भाव की दशा है।

और इससे उलटी बात भी हो जाती है। सम्मोहित व्यक्ति के हाथ में उठाकर एक कंकड रख दो–साधारण कंकड़, ठंडा कंकड़ और उससे कहो कि जलता हुआ कोयला रखा है तुम्हारे हाथ पर–वह एकदम फेंक देगा घबड़ाकर। और चमत्कार तो यह है कि उसके हाथ पर फफोला आ जाएगा; जैसे कि वह जल गया। जलने के पूरे लक्षण हो जाएँगे।

इन घटनाओं में, जो संतों के जीवन में भरी पड़ी हैं, मैं इसी मनोवैज्ञानिक सत्य की उद्घोषणा देखता हूँ। मीरा ने स्वीकार कर लिया जहर अमृत हो गया।

तुम जैसा जगत् को स्वीकार कर लोगे, वैसा ही हो जाता है। यह जगत् तुम्हारी स्वीकृति से निर्मित है। यह जगत् तुम्हारी दृष्टि का फ़ैलाव है।

साँप एक पिटारी में रख कर दिया–जहरीला साँप–उसने पिटारी खोली और उसे तो साँवले कृष्ण ही दिखाई पड़े। उसने उठाकर उन्हें गले से ल गा लिया। उस साँप ने मीरा को काटा नहीं। साँप इतने अभद्र होते भी नहीं, जितना मनुष्य होता है। साँप इतने जड़ होते भी नहीं, जितना मनुष्य होता है। मीरा का उसे प्रेम से अपने गले लगा लेना, साँप को भी समझ में आ गया होगा कि यहाँ कोई शत्रु नहीं, मित्र है। साँप भी तभी हमला करता है जब कोई शत्रु हो; जो कोई चोट पहुँचाने को उत्सुक हो, तभी हमला करता है, नहीं तो हमला नहीं करता।

हमला तो सुरक्षा के लिए है, आत्मरक्षा के लिए है। साँप को तुमसे कोई दुश्मनी नहीं है, तुम कभी साँप पर पैर रख दो या मारने की इच्छा करो–तो। और तब तो लोग कहते हैं कि साँप ऐसा होता है कि अगर एक दफे तुमने उससे दुश्मनी ले ली, तो जिंदगीभर तुमसे बदला लेने की कोशिश करता है; भूलता ही नहीं। उसकी स्मृति बड़ी मजबूत है। लेकिन मीरा ने जब उसे प्रेम से गले लगा लिया होगा, तो उस तरंग को उसने भी समझा होगा; उस प्रेम में वह भी डूबा होगा। इस स्त्री को काटा नहीं जा सकता।

समझ लें, फिर से दोहरा दूँ, इतिहास से मुझे प्रयोजन नहीं है। इतिहास से भी ज्यादा मूल्यवान है इन घटनाओं के पीछे छिपा हुंआ मनसतत्त्व, क्योंकि वही तुम समझोगे तो काम का है। और चमत्कार भी इनमें कुछ नहीं है। ये चमत्कार दिखाई पड़ते हैं; क्योंकि इनके पीछे का नियम हमारी समझ में नहीं आता। नियम सीधा-साफ है: तुम जैसे हो, करीब-करीब यह जगत् तुम्हारे लिए वैसा ही हो जाता है। तुम अगर प्रेमपूर्ण हो तो प्रेम की प्रतिध्वनि उठती है। और तुमने अगर परमात्मा को सर्वांगमन स्वीकार कर लिया है, सर्वांगीण रूप से–तो फिर इस जगत् में कोई हानि तुम्हारे लिए नहीं है।

लेकिन यह बात घटी और मीरा का गाँव में रहना मुश्किल हो गया, तो उसने राजस्थान छोड़ दिया। वह वृंदावन चली गई। अपने प्यारे की बस्ती में चलें–उसने सोचा।

कृष्ण के गाँव चली गई। लेकिन वहाँ भी झंझटें शुरू हो गईं। क्योंकि कृष्ण तो अब वहाँ नहीं थे। कृष्ण के गाँव पर पंडितों का कब्जा था–ब्राह्मण, पंडित-पुरोहित।

बड़ी प्यारी घटना है। जब मीरा वृंदावन के सबसे प्रतिष्ठित मंदिर में पहुँची तो उसे दरवाजे पर रोकने की कोशिश की गई, क्योंकि उस मंदिर में स्त्रियों का प्रवेश निषिद्ध था, क्योंकि उस मंदिर का जो महंत था, वह स्त्रियाँ नहीं देखता था। मीरा स्त्री थी। तो रोकने की व्यवस्था की गई थी। लेकिन जो लोग रोकने द्वार पर खड़े थे, वे किंकर्तव्यविमूढ़ हो गए। जब मीरा नाचती हुई आई, अपने हाथ में अपना एकतारा लिए बजाती हुई आई, और जब उसके पीछे भक्तों का हुजूम आया और शराब छलकती चारों तरफ और सब मदमस्त–उस मस्ती में वे जो द्वारपाल खड़े थे, वे भी ठिठककर खड़े हो गए। वे भूल ही गए कि रोकना है। तब तक तो मीरा भीतर प्रविष्ट हो गई। हवा की लहर थी एक–भीतर प्रविष्ट हो गई, पहुँच गई बीच मंदिर में। पुजारी तो

घबड़ा गया। पुजारी पूजा कर रहा था कृष्ण की। उसके हाथ से थाल गिर गया। उसने वर्षों से स्त्री नहीं देखी थी। इस मंदिर में स्त्री का निषेध था। वह स्त्री यहाँ भीतर कैसे आ गई!

अब तुम थोड़ा सोचना। द्वार पर खड़े द्वारपाल भी डूब गए भाव में, पुजारी न डूब सका! नहीं, पुजारी इस जगत् में सबसे ज्यादा अंधे लोग हैं। और पंडितों से ज्यादा जड़बुद्धि खोजना कठिन है। द्वार पर खड़े द्वारपाल भी डूब गए इस रस में। यह जो मदमाती, यह जो अलमस्त मीरा आई, यह तो लहर आई—इसमें वे भी भूल गए, क्षण-भर को भूल ही गए कि हमारा काम क्या है! याद आई होगी, जब तक तो मीरा भीतर जा चुकी थी।

वह तो बिजली की कौंध थी। तब तक तो एकतारा उसका भीतर बज रहा था, भीड़ भीतर चली गई थी। जब तक उन्हें होश आया, तब तक तो बात चूक गई थी। लेकिन पंडित नहीं डूबा। कृष्ण के सामने मीरा नाच रही है, लेकिन पंडित नहीं डूबा।

उसने कहा : 'ऐ औरत! तुझे समझ है कि इस मंदिर में स्त्री का निषेध है?'

मीरा ने सुना। मीरा ने कहा : 'मैं तो सोचती थी, कि कृष्ण के अतिरिक्त और कोई पुरुष है नहीं। तो तुम भी पुरुष हो? मैं तो कृष्ण को ही बस पुरुष मानती हूँ, और तो सारा जगत् उनकी गोपी है; उनके ही साथ रास चल रहा है। तो तुम भी पुरुष हो? मैंने सोचा नहीं था कि दो पुरुष हैं। तो तुम प्रतियोगी हो?'

वह तो घबड़ा गया। पंडित तो समझा नहीं कि अब क्या उत्तर दे! पंडितों के पास बँधे हुए प्रश्नों के उत्तर होते हैं। लेकिन यह प्रश्न तो कभी इस तरह उठा ही नहीं था। किसी ने पूछा ही नहीं था, यह तो कभी किसी ने मीरा के पहले कहा ही नहीं था कि 'दूसरा भी कोई पुरुष है, यह तो हमने सुना ही नहीं। तुम भी बड़ी अजीब बात कर रहे हो। तुमको यह वहम कहाँ से हो गया? एक कृष्ण ही पुरुष है, बाकी तो सब उनकी प्रेयसियाँ हैं।'

लेकिन अड़चनें शुरू हो गईं। इस घटना के बाद मीरा को वृंदावन में नहीं टिकने दिया गया। संतों के साथ हमने सदा दुर्व्यवहार किया है। मर जाने पर हम पूजते हैं; जीवित से हम दुर्व्यवहार करते हैं। मीरा को वृंदावन भी छोड़ देना पड़ा। फिर वह द्वारिका चली गई।

वर्षों के बाद राजस्थान की राजनीति बदली, राजा बदला, राणा साँगा

का सबसे छोटा बेटा राजा उदयसिंह मेवाड़ की गद्दी पर बैठा। वह राणा साँगा का बेटा था और राणाप्रताप का पिता। उदयसिंह को बड़ा भाव था मीरा के प्रति। उसने अनेक संदेशवाहक भेजे कि मीरा को वापिस लिवा लाओ। यह हमारा अपमान है। यह राजस्थान का अपमान है कि मीरा गाँव-गाँव भटके, यहाँ-वहाँ जाए। यह लांछन हम पर सदा रहेगा। उसे लिवा लाओ। वह वापिस लौट आए। हम भूल-चूकों के लिए क्षमा चाहते हैं। जो अतीत में हुआ, हुआ।

गए लोग, पंडितों को भेजा, पुरोहितों को भेजा, समझाने-बुझाने; लेकिन मीरा सदा समझाकर कह देती कि अब कहाँ आना-जाना! अब इस प्राण-प्यारे के मंदिर को छोड़कर कहाँ जाएँ।

वह रणछोड़दास जी के मंदिर में द्वारिका में मस्त थी।

फिर तो उदयसिंह ने बहुत कोशिश की, एक सौ आदमियों का जत्था भेजा और कहा कि किसी भी तरह ले आना, न आए तो धरना दे देना; कहना कि हम उपवास करेंगे। वहीं मंदिर में बैठ जाना।

और उन्होंने धरना दे दिया। उन्होंने कहा कि चलना ही होगा, नहीं तो हम यहीं मर जाएँगे।

तो मीरा ने कहा : फिर ऐसा है, चलना ही होगा तो मैं जाकर अपने प्यारे को पूछ लूँ। उनकी बिना आज्ञा के तो न जा सकूँगी। तो रणछोड़दास जी को पूछ लूँ।

वह भीतर गई। और कथा बड़ी प्यारी है और बड़ी अद्‌भुत और बहुमूल्य। वह भीतर गई और कहते हैं, फिर बाहर नहीं लौटी। कृष्ण की मूर्ति में समा गई।

यह भी ऐतिहासिक तो नहीं हो सकती बात। लेकिन होनी चाहिए, क्योंकि अगर मीरा कृष्ण की मूर्ति में न समा सके तो फिर कौन समाएगा? और कृष्ण तो अपने में इतना समाया, कृष्ण इतना भी न करेंगे कि उसे अपने में समा लें। तब तो फिर भक्ति का सारा गणित ही टूट जाएगा।

फिर तो भक्त का भरोसा ही टूट जाएगा। मीरा ने कृष्ण को इतना अपने में समाया, अब कुछ कृष्ण का भी तो दायित्व है। वह आखिरी घड़ी आ गई, महासमाधि की। मीरा ने कहा होगा : या तो अपने में समा लो मुझे, या मेरे साथ चल पड़ो, क्योंकि अब ये लोग भूखे बैठे हैं, अब मुझे जाना ही पड़ेगा।

वह आखिरी घड़ी आ गई, जब भक्त भगवान हो जाता है। यही प्रतीक है उस कथा में कि मीरा फिर नहीं पाई गई। मीरा कृष्ण की मूर्ति में समा गई।

अंतत: भक्त भगवान में समा ही जाता है।

ध्यान रखना, इसे तथ्य मानकर सोचने मत बैठ जाना। यह सत्य है और सत्य तथ्यों से बहुत भिन्न होता है। सत्य तथ्यों से बहुत ऊपर होते हैं। तथ्यों में रखा ही क्या है? दो कौड़ी की बातें हैं। तथ्य सीमा नहीं है सत्य की। तथ्य तो आदमी की छोटी-सी बुद्धि से जो समझ में आता है, उतने सत्य का टुकड़ा है; सत्य बहुत बड़ा है।

मुझसे पूछो तो मैं कहूँगा : ऐसा हुआ। होना ही चाहिए; नहीं तो भक्त का भरोसा गलत हो जाएगा। मीरा ने यही कहा होगा : अब क्या इरादे हैं? अब मैं जाऊँ कहाँ? या तो मेरे साथ चलो, या मुझे अपने में समा लो।

इकबाल का एक पद है :

तू है मुहीते बेकराँ, मैं हूँ जरा-सी आबजू
या मुझे हमकिनार कर, या मुझे बेकिनार कर

कहा है : 'तू है मुहीते बेकराँ।' तू सागर है असीम। मुहीते बेकराँ। तेरा कोई किनारा नहीं है, ऐसा सागर है तू। 'तू है मुहीते बेकराँ, मैं हूँ जरा-सी आबजू।' और मैं हूँ एक छोटा-सा झरना या छोटी-सी नदी। या मुझे हमकिनार कर ... या तो मुझे अपने साथ दौड़ने दे—समानांतर, गलबाँही डालकर ... या मुझे हमकिनार कर या मुझे बेकिनार कर या मुझे अपने में समा ले और मुझे भी असीम बना दे। अगर सीमित रखना हो तो मुझे साथ-साथ दौड़ने दे; जहाँ तू जाए मैं चलूँ। और अगर यह असंभव हो, क्योंकि तू असीम है और मैं सीमित, कैसे तेरे साथ दौड़ पाऊँगी; तू विराट्, मैं क्षुद्र, तो कैसे तेरे साथ दौड़ पाऊँगी, कहाँ तक दौड़ पाऊँगी।

मैं हूँ जरा-सी आबजू ... मैं तो एक छोटा-सा झरना हूँ, जल्दी से ऊब जाऊँगी, किसी मरुस्थल में खो जाऊँगी। तेरे साथ कैसे दौड़ पाऊँगी? तो फिर दूसरा उपाय यह है : 'या मुझे हमकिनार कर या मुझे बेकिनार कर।' या तो किनारे पर साथ लगा ले या फिर मुझे अपने में डुबा ले, मुझे भी असीम बना ले।

ऐसा ही मीरा ने कहा होगा

तू है मुहीते बेकराँ, मैं हूँ जरा-सी आबजू
या मुझे हमकिनार कर, या मुझे बेकिनार कर

और कृष्ण ने उसे बेकिनार कर दिया। क्योंकि हमकिनार तो किया नहीं

जा सकता। छोटा-सा झरना कैसे सागर के साथ दौड़ेगा, कहाँ तक दौड़ेगा! थक जाएगा, टूट जाएगा, उखड़ जाएगा, सूख जाएगा। यह तो नहीं हो सकता। मीरा को बेकिनार कर दिया—अपने में ले लिया।

मेरे दिल को दोस्त ने लालाजार कर दिया
ये ख़िज़ाँजादा चमन पुरबहार कर दिया
देखते-ही-देखते बर्के-शोला पाश को
इक निगाहे लुत्फ़ से आबशार कर दिया
अब मुझे दिखा मौत से परे है क्या
ज़िंदगी का राज़ सब आशकार कर दिया
होशियार को दिया इक जुनूने जावदाँ
मस्त उसे बनाके फिर होशियार कर दिया
आबजू ज़रा-सी थी, ऐ मुहीते-बेकराँ
तूने करके हमकिनारा बेकिनार कर दिया
मेरे दिल को दोस्त ने लालाजार कर दिया!

मीरा को ले लिया कृष्ण ने अपने में—लालाजार कर दिया। खिला दिए फूल सब। 'ये ख़िज़ाँजादा चमन पुरबहार कर दिया।' वह जो वैराग्य में, संसार के वैराग्य में सूख गया था सब, वह जो परमात्मा के विरह में, रोते-रोते आँखें मरुस्थल जैसी हो गईं थीं... 'ये ख़िज़ाँजादा चमन पुरबहार कर दिया।' फिर बसंत आया।

देखते-ही-देखते बर्के-शोला पाश को
इक निगाहे लुत्फ़ से आबशार कर दिया

वह प्रेम की एक निगाह काफी है। उसी निगाह में डूब गई होगी मीरा। एक क्षण-भर को शाश्वत उतर आया होगा उस मूर्ति के बहाने। वे आँखें, मूर्ति की मुर्दा आँखें, क्षण-भर को जीवित हो उठी होंगी। एक बिजली कौंधी होगी। वह मूर्ति की पत्थर-जैसी आँखें एक क्षण को पत्थर न रही होंगी—एक क्षण को सजीव झील बन गई होंगी।

इक निगाहे लुत्फ़ से आबशार कर दिया।
बस वह एक प्रेम की नजर उसे मुक्त कर गई होगी
देह से छुड़ा ले गई होगी।
खुल गए होंगे उसके पंख अनंत आकाश में।

अब मुझे दिखा मौत के परे है क्या

ज़िंदगी का राज़ सब आशकार कर दिया
होशियार को दिया इक जुनूने जावदाँ।

जो होशियार था, उसको एक अनंत पागलपन दिया। उसको एक ऐसी बेहोशी दी, जो कभी न टूटे।

मस्त उसे बनाके फिर होशियार कर दिया।

यह भी खूब गजब किया कि पहले मस्त बना दिया और फिर होशियार कर दिया।

परमात्मा की शराब ऐसी है : पहले आदमी डूबता है, फिर उबरता है। पहले बेहोश होता है, फिर होश आता है।

आबजू ज़रा-सी थी, ऐ मुहीते बेकराँ

मैं तो एक छोटी-सी नदी थी।

तू सागर है।

तूने करके हम किनारा, बेकिनारा कर दिया

तूने साथ क्या ले लिया, हमारे किनारे छूट गए।

सागर का साथ हो जाए तो अपनी सीमाएँ छूट जाती हैं।

विराट् से दोस्ती करो।

असीम से दोस्ती करो।

क्षुद्र से बँधोगे, क्षुद्र रह जाओगे।

जो जिससे दोस्ती करेगा, वैसा ही हो जाता है।

तुमने देखा, रुपए-पैसे की झलक आने लगती है। कामी आदमी के चेहरे पर काम की रुग्णता छा जाती है; एक घृणित भाव समा जाता है। राम के प्रेमी को राम घेर लेता है। अंततः तुम्हारा प्रेम जिससे है, वही तुम हो जाते हो।

सोच-समझकर प्रेम करना। होशियारी से दोस्ती बनाना। क्योंकि यह दोस्ती साधारण मामला नहीं है। मीरा ने दोस्ती कृष्ण से की और अंततः अगर उनकी मूर्ति में समा गई तो मुझे यह बात बिलकुल ही ठीक-ठीक मालूम पड़ती है। ऐसा होना ही चाहिए। ऐसा होता ही है।

अब मीरा के भजन :

'बसो मेरे नैनन में नंदलाल।'

मीरा कहती है : मेरी आँखों में बस जाओ नंदलाल। मेरी आँखों में तुम ही रहो। मेरी आँखें तुम्हारा घर बन जाएँ। जागूँ तो तुम्हें देखूँ, सोऊँ तो तुम्हें

देखूँ। आँख खोलूँ तो तुम्हें देखूँ। रात सपना देखूँ तो तुम्हारा देखूँ।

यह मतलब है आँखों में बसने का। तुम्हें छोड़ूँ ही ना। तुम मेरे भीतर रहने लगो।

बसो मेरे नैनन में नंदलाल।
मोहनी मूरत साँवरी सूरत–

ध्यान करना, भक्त की खोज सौंदर्य के माध्यम से परमात्मा की खोज है। 'मोहनी मूरत, साँवरी सूरत' ... यह भी ध्यान रखना कि इस देश में हमने कृष्ण को, राम को साँवरा कहा है। कभी-कभी पश्चिम के लोगों को हैरानी होती है कि हमने सुंदरतम व्यक्तियों को साँवरा क्यों कहा है, गोरा क्यों नहीं कहा? कारण है। साँवरेपन में एक गहराई होती है जैसे कि नदी बहुत छिछली-छिछली हो, तो पानी सफेद मालूम पड़ता है। जब नदी गहरी हो जाती है तो पानी नीला हो जाता है, साँवरा हो जाता है।

कृष्ण साँवरे थे, ऐसा नहीं है। हमने इतना ही कहा है साँवरा कहकर कि कृष्ण के सौंदर्य में बड़ी गहराई है; जैसे गहरी नदी में होती है, जहाँ जल साँवरा हो जाता है। यह सौंदर्य देह का ही सौंदर्य नहीं था–यह हमारा मतलब है। खयाल मत लेना कि कृष्ण साँवले थे। रहे हों न रहे हों, यह बात बड़ी बात नहीं है। लेकिन साँवरा हमारा प्रतीक है इस बात का कि सौंदर्य शरीर का ही नहीं था, यह सौंदर्य मन का था; मन का ही नहीं था, यह सौंदर्य आत्मा का था। यह सौंदर्य इतना गहरा था, उस गहराई के कारण चेहरे पर साँवरापन था। छिछला नहीं था सौंदर्य। अनंत गहराई लिए था।

'मोहनी मूरत साँवरी सूरत, नैनां बने विशाल।' ये तुम्हारी बड़ी-बड़ी आँखें मेरा पीछा करती रहें, ये सदा मुझे देखती रहें, मुझमें झाँकती रहें।

'मोर मुकुट मकराकृति कुंडल' ... यह तुम्हारा मोर के पंखों से बना हुआ मुकुट, यह तुम्हारा सुंदर मुकुट, जिसमें सारे रंग समाए हैं। वही प्रतीक है। मोर के पंखों से बनाया हुआ मुकुट प्रतीक है इस बात का कि कृष्ण में सारे रंग समाए हैं। महावीर में एक रंग है, बुद्ध में एक रंग है, राम में एक रंग है–कृष्ण में सब रंग हैं। इसलिए कृष्ण को हमने पूर्णावतार कहा है ... सब रंग हैं। इस जगत् की कोई चीज कृष्ण को छोड़नी नहीं पड़ी है। सभी को आत्मसात कर लिया है। कृष्ण इंद्रधनुष हैं, जिसमें प्रकाश के सभी रंग हैं। कृष्ण त्यागी नहीं हैं। कृष्ण भोगी नहीं हैं। कृष्ण ऐसे त्यागी हैं, जो भोगी हैं। कृष्ण ऐसे भोगी हैं, जो त्यागी हैं। कृष्ण हिमालय नहीं भाग गए हैं; बाजार में

हैं। युद्ध के मैदान पर हैं। और फिर भी कृष्ण के हृदय में हिमालय है। वही एकांत! वही शांति! वही अपूर्व सन्नाटा!

कृष्ण अद्भुत अद्वैत हैं। चुना नहीं है कृष्ण ने कुछ। सभी रंगों को स्वीकार किया है, क्योंकि सभी रंग परमात्मा के हैं–

'मोर मुकुट मकराकृति कुंडल, अरुण तिलक दिए भाल।'

यह तुम्हारा लाल तिलक! ये तुम्हारे मछली के आकार के कुंडल! ये तुम्हारे मोर के पंखों से बना हुआ मुकुट। ये तुम्हारी बड़ी-बड़ी आँखें।

'बसो मेरे नैनन में नंदलाल।'

अधर सुधारस मुरली राजति' ... यह तुम्हारे नीचे होंठ पर रखी हुई मुरली, इसे इससे और कोई सुंदर जगह तो बैठने को मिल भी नहीं सकती। 'अधर सुधारस राजति...' और यह मुरली कोई साधारण नहीं है। इससे तुम जब, गाते हो जो सुधा बरसा देते हो, अमृत बहा देते हो।

कृष्ण रंग हैं, राग हैं। महावीर में कोई राग नहीं है। महावीर संगीत-शून्य हैं। कृष्ण जीवन के संगीत से भरे हैं; तो महावीर की वीतरागता स्पष्टता है–स्वभावत: क्योंकि एक ही रंग है; एक स्पष्ट दिशा है। कृष्ण में मेला है सभी रंगों का। स्वभावत:, महावीर के वक्तव्य बहुत तर्कयुक्त होंगे, क्योंकि एक ही रंग है; दूसरे रंग की बात ही नहीं है। कृष्ण के वक्तव्य विरोधाभासी होंगे, क्योंकि सभी रंग है। अनंत रंगों का मेला है। महावीर का स्वर बिलकुल स्पष्ट है। कृष्ण के स्वर बेबूझ हैं अटपटे हैं।

'अधर सुधारस मुरली राजति'

कृष्ण सेतु हैं–संसार में और परमात्मा में। कृष्ण ने दोनों को जोड़ा है। इसलिए कृष्ण के संगीत में अपूर्वता है। संगीत में बाँसुरी है, जो संसार की है, और संगीत है, जो परमात्मा का है। होंठों पर बाँसुरी रखी है–ओंठ तो देह के हैं; लेकिन जो स्वर आ रहे हैं, वे आत्मा से आ रहे हैं। यह अपूर्व सम्मिलन है।

'अधर सुधारस मुरली राजति उर वैजंतीमाल।' वह वैजंतीमाला पहने हुए हैं।

वैजंतीमाला पाँच रंगों की बनती है। पाँच इंद्रियों ने जो दिया है, कृष्ण ने सभी को समाहित कर लिया है, समाविष्ट कर लिया है। कृष्ण ने आँख नहीं फोड़ी, कान नहीं रौंदे, हाथ नहीं काटे। कृष्ण ने इंद्रियों को नष्ट नहीं किया। कृष्ण इंद्रियों की सारी संवेदनशीलता को पचा गए। कृष्ण इंद्रियों के

शत्रु नहीं हैं। कृष्ण में जीवन का निषेध नहीं है—जीवन का परिपूर्ण स्वीकार है; अहोभाव से स्वीकार है।

कृष्ण जैसा व्यक्ति पूरी मनुष्य-जाति के इतिहास में खोजना कठिन है। क्योंकि कहीं-न-कहीं, कोई-न-कोई चीज कम मालूम पड़ेगी। ईसाई कहते हैं: जीसस कभी हँसे नहीं। क्यों? क्योंकि जीसस गंभीर हैं, कैसे हँस सकते हैं? तो जीसस बड़े संगत हैं। कृष्ण खिलखिलाकर हँस सकते हैं। और इससे उनकी गंभीरता में बाधा नहीं पड़ती। यह हँसना उनकी गंभीरता का खंडन नहीं होता। इनमें विरोध एक-दूसरे को सँभालते हैं, समृद्ध करते हैं।

ध्यान रखना, दुनिया का कोई भी संत कृष्ण जैसे रस से सराबोर नहीं है। कुछ है और बड़ी मात्रा में है; लेकिन कुछ बिलकुल नहीं है। इसलिए हिंदुओं ने ठीक ही किया कि किसी और अवतार को पूर्णावतार नहीं कहा। बुद्ध को भी पूर्णावतार नहीं कहा। राम को भी पूर्णावतार नहीं कहा। अवतार कहा। परमात्मा आंशिक रूप में उतरा है। एक ढंग से उतरा है। बुद्ध में ध्यान की तरह उतरा है। महावीर में त्याग की तरह उतरा है। तो महावीर का जो त्याग है, वह चरम है। मगर बस त्याग है। एकांगी है व्यक्तित्व। बुद्ध का जो ध्यान है, वह चरम है; लेकिन एकांगी है।

कृष्ण में संतुलन है; तराजू के सब एक तल पर आ गए हैं। कृष्ण में कुछ कमी नहीं है। निश्चित ही खतरा भी है, क्योंकि कुछ कमी न होने की वजह से सब कुछ है; तुम जो चाहो चुन लो। इसलिए कृष्ण के भक्तों ने जो चाहा, चुन लिया। किसी ने एक बात चुन ली, किसी ने दूसरी बात चुन ली। किसी ने गीता चुन ली, तो वह भागवत नहीं पढ़ता, क्योंकि भागवत में मुश्किल हो जाती है उसे। उसे गीता के कृष्ण जँचते हैं। किसी ने भागवत चुन ली तो गीता की बहुत फिक्र नहीं करता। सूरदास कृष्ण के बचपन के गीत गाते हैं।

तुमने पढ़ा न कि सूरदास की कहानी है : एक सुंदर स्त्री को देखकर उन्होंने अपनी आँखें फोड़ लीं। ऐसे सूरदास कृष्ण के भक्त हैं। यह करना नहीं चाहिए। कृष्ण का भक्त और ऐसा करे तो फिर राम के भक्त को तो फाँसी लगा लेनी पड़ेगी। फिर तो जीना ही मुश्किल हो जाएगा। यह बात ठीक नहीं है, लेकिन उन्होंने चुन लिया है। अब यह बात कहाँ जमती है कृष्ण के साथ? जो कि नदी के तट पर नहाती हुई स्त्रियों के कपड़े लेकर वृक्ष पर बैठ जा सकता है, उसके साथ यह सूरदास की दोस्ती कैसे जमेगी? एक स्त्री को

देखकर इसने आँखें फोड़ लीं कि कहीं इससे काम-वासना न जग जाए—और इनके जो गुरु हैं, वे नहाती अपरिचित स्त्रियों के कपड़े उठाकर और झाड़ पर बैठ गए हैं। नहीं, यह बात जमती नहीं। तो इसलिए तो सूरदास ने कृष्ण के बचपन को चुन लिया है। वे उनके बचपन की बातें करते हैं। वे बचपन में जो पाँव में पैंजनियाँ बजती हैं, बस उसी की बात करते हैं। उसके बाद जो बाँसुरी बजी है, और ऐसी बजी हैं कि दूसरे की स्त्रियाँ अपने पतियों को छोड़कर कृष्ण की हो गईं—उसकी बात करने में डरते हैं कि यह जरा खतरा है।

उसकी बात करने वाले लोग भी हैं। जैसे 'गीतगोविंद' में जयदेव ने उसी की बात की है। मध्ययुग में, रीतिकालीन कवियों ने बस कृष्ण के उसी श्रृंगारिक रूप की चर्चा की है, उसी भोग-विलास को खूब बढ़ाकर बताया है।

ये दोनों बातें गलत हैं। कृष्ण को समझना हो तो पूरा ही समझना चाहिए; अंग नहीं चुनने चाहिए। पूरा ही समझोगे, तो ही कृष्ण के साथ ज्यादती करने से बचोगे; नहीं तो ज्यादती हो जाएगी। फिर मैं समझता हूँ कि पूरा समझने में तुम्हें बहुत दिक्कत है, क्योंकि तब बहुत-सी असंगतियाँ दिखाई पड़ेंगी। एक अंग चुन लेने में संगति मालूम पड़ती है; बहुत-से अंग चुनने में असंगति हो जाती है।

क्योंकि फिर तुम तालमेल नहीं बिठा पाते। तुम बिठा भी न पाओगे जब तक कृष्णमय न हो जाओ। कृष्ण की चेतना ही तुम्हारे भीतर जन्मे, तो ही तुम तालमेल बिठा पाओगे : तभी तुम जान पाओगे : ये सब अंग एक-दूसरे के विपरीत हैं, बल्कि एक-दूसरे को समृद्ध करते हैं। रातदिन के खिलाफ नहीं हैं; रात से ही दिन पैदा होता है। और दिन रात का दुश्मन नहीं है, क्योंकि दिन से ही रात पैदा होती है। जीवन और मृत्यु सब जुड़ें हैं, संयुक्त हैं।

मोर मुकुट मकराकृति कुंडल, अरुण तिलक दिए भाल।
अधर सुधारस मुरली राजति, उर वैजंतीमाल।
छुद्र घंटिका कटितट सोभित...

कमर में करधनी बाँधे हुए, जिसमें छोटे-छोटे घुंघरू बँधे हैं।
जैसे मीठा-मीठा स्वर हो रहा है।

'मीरा प्रभु संतन सुखदायी ...' मीरा कहती है : हे प्रभु, जिनके पास तुम्हें देखने की आँखें हैं, उनके लिए तुम कितने सुखदायी हो।

मीरा प्रभु संतन सुखदायी, भक्त बछल गोपाल।

और तुम भक्तों के प्रति कितने अपूर्व प्रेम से भरे हो। वात्सल्य से। 'वात्सल्य' शब्द को समझ लेना। भक्त-वत्सल गोपाल। वात्सल्य का अर्थ होता है : ऐसा प्रेम जैसा माँ को छोटे-से बच्चे के लिए होता है। क्यों? इसमें क्या विशिष्टता है? इसमें विशिष्टता यह है कि छोटे बच्चे में कोई भी तो पात्रता नहीं है, कोई योग्यता नहीं है।

न तो पैसा कमाकर लाता है घर में, न कोई यूनिवर्सिटी के सर्टिफिकेट लाया है, कि गोल्डमेडल जीते हों, कुछ भी तो नहीं है उसके पास पात्रता। लेकिन माँ उसे प्रेम करती है। यह प्रेम किसी भी पात्रता के कारण नहीं है। बच्चा बिलकुल अपात्र है, अबोध है, और असहाय है। बच्चे से कुछ भी तो उत्तर में नहीं मिल सकता। इसलिए सौदा नहीं है इसमें। देना-ही-देना है।

तो जब मीरा कहती है 'भक्त बछल गोपाल', तो वह यह कह रही है कि मैं अपात्र हूँ; मैं असहाय हूँ; मेरी कोई योग्यता नहीं है; प्रत्युत्तर में देने को मेरे पास कुछ भी नहीं है—फिर भी तुम देते हो।

यह वात्सल्य है। वात्सल्य बेशर्त प्रेम का दान है। जब एक तरफ से दिया जाता है, और दूसरी तरफ योग्यता भी नहीं होती लेने की; और तो देने की बात अलग, बच्चे में योग्यता भी नहीं होती लेने की, कि वह इतना भी कह दे माँ को कि धन्यवाद। धन्यवाद भी देने की क्षमता अभी उसकी नहीं है; अभी बोल भी नहीं सकता।

भक्त की दशा ऐसी ही है। लेकिन भक्त रो सकता है, पुकार सकता है; जैसे छोटा बच्चा पुकारता और रोता है। भक्त का भरोसा रोने में और पुकारने में है।

हम बुरे ही सही अच्छा भी मिलेगा अब कौन
यूँ नहीं करते हैं, हर बात पर झगड़ा देखो!

भक्त कहता है : 'हम बुरे ही सही, अच्छा भी मिलेगा अब कौन?' और तुम्हारी आँख में जो अच्छा दिखाई पड़ सकेगा, वैसा हो भी कहाँ सकता है। तुम्हारी आँख में जो अच्छा उतर सके, तुम्हारी कसौटी पर जो कसा जा सके—ऐसा हो भी कहाँ सकता है? किसी योग्यता, किसी क्षमता, कि परमात्मा की कसौटी पर उतर जाए और कह सके कि मैं ठीक पात्र हूँ। यह तो अहंकार की ही घोषणा होगी।

तो भक्त यह नहीं कहता। भक्त कहता है :

हम बुरे ही सही अच्छा भी मिलेगा अब कौन
यूँ नहीं करते हैं, हर बात पर झगड़ा देखो!

हरि मोरे जीवन-प्राण अधार।
और आसिरो नाहिं तुम बिन, तीनूँ लोक मँझार।

कहती है मीरा कि तीनों जगत् को खूब मँझारकर लेख लिया, छान-छानकर देख लिया, द्वार-द्वार, दरवाजे-दरवाजे खटका लिए।'

'हरि मोरे जीवन-प्राण अधार।' तुम्हारे बिना और कोई मेरा आसर है नहीं।

और आसिरो नाहिं तुम बिन, तीनूँ लोक मँझार।
आप बिना मोहि कछु न सुहावै, निरखौ सब संसार।

एक-एक चीज की परख कर ली है, सब धोखा-ही-धोखा पाया। जिनको अपना माना, वे बीच में छोड़कर चले गए। जिन पर भरोसा किया, धोखा दे गए। जहाँ फूल समझे, वहाँ काँटे पाए। जहाँ प्रेम की झलक दिखी थी, खोजने पर सिर्फ घृणा का जहर मिला। दौड़े बहुत मरुस्थलों में-मरुद्यानों की तलाश में; लेकिन जब भी हाथ आई तो रूखी रेत ही हाथ आई।

आप बिना मोहि कछु न सुहावै, निरखौ सब संसार।
मीरा कहै मैं दासि रावरी ...

मीरा कहती है : मैं तो तुम्हारी दासी हूँ। 'दीज्यौ मति विसार।' और तो क्या कहूँ? मैं तो जितना बनता है याद रखती हूँ; लेकिन मेरे याद रखने से क्या होगा? अगर तुमने याद न किया, अकेले मेरे याद करने से क्या होगा, अगर तुमने बिसार दिया?

तो भक्त कहता है : मैं याद करता हूँ लेकिन मेरी याद भी मेरे ही जैसी कच्ची है। मेरी याद भी मेरी अपात्रता से भरी है। मैं भूल भी जाऊँ तो तुम मत भूल जाना।

भक्त भगवान से ऐसे संवाद करता रहता है निरंतर। दूसरे तो उसको इसलिए पागल समझते हैं-बैठे हैं अपनी मूर्ति के सामने और बातें कर रहे हैं। लोग पूछते हैं, किससे बातें कर रहे हो? भक्त मुस्कुराएगा। भक्त तुम्हें देखकर हैरान होता है। जब तुम बैठे अपनी पत्नी से बात कर रहे कि अपने पति से बात कर रहे, तब वह हैरान होता है उस पर कि किससे बात कर रहे हो?

नदी-नाव संयोग। हम उससे बात कर रहे हैं, जो सदा रहेगा, तुम उससे बात कर रहे हो, जो अभी चला जाए पता नहीं। यह साँस आई, और न आए। तुम किससे बात कर रहे हो? मरघट पर बैठे, कब्रें एक-दूसरे से बात कर रही हैं।

भक्त कहता है : हम उससे बात कर रहे हैं, जो है।

मेरो तो गिरधर गोपाल दूसरा न कोई।
जाके सिर मोर मुकुट मेरो पति सोई।
छाड़ि दई कुल की कानि, कहा करि है कोई।

खयाल करना इस वचन पर। जिन्हें भी जाना है परमात्मा की तलाश में, उन्हें हृदय पर खोदकर रख लेना चाहिए यह वचन :

छाड़ि दई कुल की कानि, कहा करि है कोई।

अब छोड़ दी सब प्रतिष्ठा कुल की, मान-मर्यादा, ऐसा-वैसा, नियम व्यवस्था।

छाड़ि दई कुल की कानि, कहा करि है कोई।

अब तो यही भाव है कि कोई करेगा भी क्या? बहुत से लोग पागल कहेंगे, दीवानी कहेंगे। सो ठीक, स्वीकार है।

परमात्मा के प्रेम में दीवाना होना बेहतर—धन के प्रेम में होशियार होने की बजाय। पद के प्रेम में, होशियारी की बजाय, प्रभु के प्रेम में पागल होना बेहतर।

संतन ढिंग बैठि-बैठि, लोक-लाज खोई।

मीरा कहती है : संतों के पास बैठ-बैठकर वह जो लोक-लाज का व्यर्थ आडंबर था, बोझ था, वह सब उतार दिया। संत के पास बैठकर भी अगर लोक-लाज न खोई तो संत से कुछ सीखा नहीं।

इसलिए तो संतों से समाज सदा विपरीत पड़ जाता है, क्योंकि समाज की व्यवस्था संत तोड़ने लगते हैं। संत एक नई व्यवस्था लाते हैं। वे परमात्मा की किरण लाते हैं। वे एक बड़ा नियम लाते हैं—एक ऊँचा अनुशासन लाते हैं। क्षुद्र अनुशासन समाज का व्यर्थ हो जाता है। वे जो शिष्टाचार के नियम हैं औपचारिक, वे दो कौड़ी के हो जाते हैं, जब आत्मा के नियम उतरने शुरू होते हैं।

संतों के पास बैठकर भी अगर लोक-लाज बनी रही है और तुम होशियार बने रहे तो तुम बैठे ही नहीं; सत्संग हुआ ही नहीं। देह से गए

होओगे; आत्मा से नहीं पहुँचे।

संतन ढिंग बैठि-बैठि लोक-लाज खोई।
अँसुवन जल सींचि-सींचि प्रेम-बेल बोई।

और तो कोई रास्ता भी नहीं है। भक्ति की बेल को बोना हो जो आँसू से ही सींखना पड़ता है। आँसू भक्त के लिए वैसे ही हैं, जैसे ज्ञानी के लिए ध्यान। आँसुओं का वही मूल्य है भक्ति के मार्ग पर--पुकार का, रोने का, अपनी असहाय अवस्था की उद्घोषणा का। और हम कर भी क्या सकते हैं? चिल्ला सकते हैं। इस अरण्य में भटके हैं--पुकार सकते हैं। शायद कोई आ जाए, साथ दे। और जरूर साथ आता है। पुकार सच्ची हो। पुकार हार्दिक हो। पुकार पूरी हो। पुकार ऐसी न हो कि देखें शायद आ जाए। 'शायद' से भरी पुकार में कभी नहीं आता।

इसलिए श्रद्धा अनिवार्य है भक्ति के मार्ग पर। ज्ञान के मार्ग पर प्रयोग हो सकता है। भक्ति के मार्ग पर प्रयोग नहीं है--वियोग है। भक्ति के मार्ग पर तो शुरूआत श्रद्धा से है। ज्ञान के मार्ग पर श्रद्धा अंतिम निष्पत्ति है। प्रयोग करो, करते-करते अनुभव करो, अनुभव करते-करते श्रद्धा आएगी।

भक्ति के मार्ग पर श्रद्धा न करो तो वियोग ही नहीं होता। वियोग नहीं होता तो पुकार नहीं होती, प्रार्थना नहीं होती, आँसू नहीं बहते। आँसू नही बहते तो प्रेम की बेल सूख जाती है।

अँसुवन जल सींचि-सींचि, प्रेम-बेलि बोई
अब तो बेलि फैलि गई, आनंद-फल होई।

मीरा कहती है : अब तो बेल बढ़ गई, पहले तो बड़ी मुश्किल थी, इधर आँसू भी बहे जाते थे, बेल का कुछ पता न चलता था, उधर लोग भी कहे जाते थे कि पागल हो गई; लेकिन अब कुछ अड़चन न रही। थोड़ी प्रतीक्षा तो करनी ही पड़ती है।

बीज बोते हो तो एकदम से तो नहीं लग जाता पौधा, एकदम से तो फल नहीं आ जाते। प्रतीक्षा करनी होती है।

ऐसे ही आँसुओं से सींचते-सींचते प्रार्थना का फल एक दिन पकता है।

अब तो बेलि फैलि गई, आनंद-फल होई।

और आँसुओं के द्वारा सींची गई बेल में ही आनंद के फल लगते हैं।

भगत देख राजी हुई, जगत देख रोई।

मीरा कहती है : लोग मुझे पागल समझते हैं। और जबसे मेरे जीवन

में आनंद के फूल खिले हैं, मेरी उलटी हालत हो गई है। भगत देख राजी हुई ... जहाँ कहीं भगत को देख लेती हूँ, वहाँ तो प्रफुल्लित हो जाती हूँ; वहाँ तो आनंदित हो जाती हूँ; क्योंकि वहाँ जीवन के दर्शन होते हैं और वहाँ परमात्मा की झलक मिलती है। क्योंकि भक्त यानी भगवान का मंदिर है।

भगत देख राजी हुई, जगत देख रोई।

—लेकिन जब जगत को देखती हूँ तो रोना आता है। रोना आता है लोगों पर कि बेचारे, कितना तड़प रहे हैं? कचरे के लिए, कूड़ा-कर्कट के लिए!

तुम्हें तरस नहीं आएगाा? कोई आदमी म्यूनिसिपल-घर के कचरे-घर के पास बैठा हो और तड़प रहा हो और कचरे में खोज रहा हो—तुम्हें रोना नहीं आएगी तुम कहोगे : पागल, इस कचरे में क्या मिलेग! यह तू क्या कर रहा है? क्यों अपना जीवन गँवा रहा है?

ठीक, जिन्होंने जाना है परमात्मा को, तुम्हें देखकर उन्हें भी ऐसे ही दया आती है।

भगत देख राजी हुई, जगत देख रोई।
दासी मीरा लाल गिरधर, तारो अब मोहि।

और मीरा कहती है : अब तुम ले चलो उस पार। अपने से तो यह न हो सकेगा मुझसे। यह भवसागर बड़ा है। दूसरा किनारा दिखाई भी नहीं पड़ता है। हाँ, तुम्हारा प्रेम का हाथ आ जाए तो मैं कहीं भी जाने को तैयार हूँ। दूसरा किनारा न हो तो जाने को तैयार हूँ। तुम्हारा हाथ काफी है। तुम मंझधार में डुबो दो तो राजी हूँ, क्योंकि तुम्हारे हाथ से डूब जाऊँ तो उबर गई।

दासी मीरा लाल गिरधर, तारो अब मोहि।

भक्त एक ही बात कहता है अनेक-अनेक ढंगों से; दूसरी बात वहाँ है भी नहीं। भक्ति का स्वर एक है। इन अलग-अलग भजनों में अलग-अलग बात नहीं कही गई है। ये भजन अलग-अलग हैं, लेकिन जो कहा गया है, वह तो एक ही है।

हर लम्हा मेरे चंचल मन के अरमाऩ बदलते रहते हैं
किस्सा तो वही फरसूदा है, उनवान बदलते रहते हैं

—कहानी तो वही है, सिर्फ शीर्षक बदल जाते हैं।

हर लम्हा मेरे चंचल मन के अरमान बदलते रहते हैं

किस्सा तो वही फरसूदा है ... वही पुराना ...'उनवान बदलते रहते हैं' लेकिन शीर्षक बदल जाते हैं।

कायम हैं जहाँ में दो चीजें इक हुस्न तेरा इक इश्क मेरा

—एक परमात्मा का सौंदर्य और एक परमात्मा के भक्त का सौंदर्य के प्रति प्रेम—बस ये दो चीजें पक्की हैं। फिर इन दो के बीच बहुत कुछ घटता है, बहुत संवाद होते हैं।

पूजा के मगर ऐ बुत तेरी सामान बदलते रहते हैं

—कभी फूल से पूजा और कभी धूप-दीप से, कभी खाली हाथों से, कभी आँसुओं से, कभी नाचकर, कभी रोकर, कभी गाकर—मगर इससे कुछ फर्क नहीं पड़ता।

कायम हैं जहाँ में दो चीज़ें, इक हुस्न तेरा इक इश्क़ मेरा
पूजा के मगर ऐ बुत तेरी सामान बदलते रहते हैं
जब जीस्त का अपना मकसद ही तेरी खिदमत करना ठहरा
फिर इसकी शिकायत क्या तेरे फ़रमान बदलते रहते हैं

—और जब अपनी जिंदगी का लक्ष्य ही एक है—तेरी खिदमत, तेरी सेवा, तेरी पूजा, तेरी आराधना—तो क्या फर्क पड़ता है कि तू आदेश बदल देता है। कभी कहता है फूल लाओ, कभी कहता है आँसू लाओ; कभी कहता है ऐसा करो, कभी कहता है वैसा करो; कभी कहता है इधर बैठो, कभी कहता है उधर बैठो—कोई फर्क नहीं पड़ता।

जब जीस्त का अपना मकसद ही तेरी खिदमत करना ठहरा
फिर इसकी शिकायत क्या तेरे फ़रमाान बदलते रहते हैं
बुत पूजते हैं—मय पीते हैं—करते हैं तवाफे काबा भी
यूँ अहले-नज़र तेरी ख़ातिर ईमान बदलते रहते हैं

तू जो करवाए—मस्जिद भेज दे, मस्जिद चले जाएँगे; मंदिर भेज दे, मंदिर चले जाएँगे; काशी तो काशी सही; काबा तो काबा सही।

'बुत पूजते हैं, मय पीते हैं—करते हैं तवाफे काबा भी।' मंदिर की मूर्ति भी पूज लेते हैं, तेरी शराब भी पीए चले जाते हैं, जाकर काबा की परिक्रमा भी कर आते हैं। मगर इससे कुछ फर्क नहीं पड़ता।

यूँ अहले-नज़र तेरी खातिर ईमान बदलते रहते हैं
कायम हैं जहाँ में दो चीज़ें, इक हुस्न तेरा इक इश्क मेरा
पूजा के मगर ऐ बुत तेरी सामान बदलते रहते हैं।

इन अलग-अलग वचनों में अलग-अलग कुछ भी न पाओगे। एक ही बात बहुत-बहुत ढंग से कही गई है। एक ही बात, एक ही पुकार—बहुत-बहुत

से रागों में गाई गई है। उनवान अलग-अलग हैं, शीर्षक अलग-अलग हैं। कहानी पुरानी है। मगर कौन जाने कौन-सा शीर्षक तुम्हें रुच जाए, कौन-सा उनवान जँच जाए। कौन जाने कौन-सा शब्द लग जाए तीर की तरह हृदय पर। कौन-सी पूजा की विधि किस क्षण में रुच जाए। इसलिए हम ये गीत गाएँगे। ये अनेक-अनेक गीतों की नावें एक ही दिशा में जा रही हैं। ये अलग-अलग रंग की होंगी, मगर गंतव्य एक है।

आओ प्रेम की इस झील में नौका-विहार करें। ऐसी झील तुम कहीं और न पाओगे। हिम्मत की ... और हिम्मत के बिना काम नहीं होगा। ज्ञानी को इतनी हिम्मत की जरूरत नहीं है। वह अपने ज्ञान पर भरोसा कर सकता है। भक्त को तो पूरी हिम्मत चाहिए। भक्त को तो पूरा साहस चाहिए। अपने पर तो कोई सवाल ही नहीं है-सब कुछ 'उसका' है। ज्ञानी को तो थोड़ा संकल्प का सहारा है। भक्त को तो कोई संकल्प नहीं है। उसके लिए तो सिर्फ गिरधर गोपाल हैं। उसके बेसहारा होने में ही उसका बल है। निर्बल के बल राम। उसकी निर्बलता की पुकार ही उसका बल है।

साहस चाहिए होगा-इस यात्रा पर जाने को। और सबसे बड़ा साहस है-लोक-लाज खोने का साहस। सबसे बड़ा साहस है-संतों के ढिंग बैठने का साहस। सबसे बड़ा साहस है-पागलों की जमात में शामिल होने का साहस।

मैं तुम्हें निमंत्रण देता हूँ। यह पागलों की एक जमात है।

कौन दुनिया पर भला तकिया करे,
है सहारा एक तेरे नाम का।
जो भी हूँ हूँ तेरी रहमत के तुफैल,
वर्ना था मैं आदमी किस काम का।
खुम पै खुम देता चला जा साक़िया,
काम सोहबत में तेरी क्या जाम का।
जादे राह लेकर चलें ऐ हमसफ़र,
नाम हो अल्लाह का, या राम का।
दूर जाना है हमें आगे बढ़ो,
वक़्त आएगा बहुत आराम का।
तू उठाकर देख तो अपनी नज़र,
किस कदर दिलकश है जल्वा बाम का।

आँख तो उठाकर देखो : किस सुंदर झील की तरफ मीरा ने इशारा किया

है। आँख उठाकर तो देखो : किस सुंदर झील की तरफ मैं इशारा कर रहा हूँ।

तू उठाकर देख तो अपनी नज़र
किस कदर दिलकश है जल्वा बाम का

दुनिया पर बहुत भरोसा कर लिया—पाया क्या?

कौन दुनिया पर भला तकिया करे
है सहारा एक तेरे नाम का।

अब परमात्मा पर भरोसा करके भी देखो।

जो भी हूँ हूँ तेरी रहमत के तुफैल

हो तुम जो भी, उसके कारण हो। लेकिन तुम अपने पर भरोसा कर करके व्यर्थ झंझटें बना रहे हो। वही करनेवाला है—तुम कर्ता नहीं हो। तुम ज्यादा-से-ज्यादा अभिनय में हो। करनेवाला वही है। तुम कठपुतली बन जाओ। करने दो उसे जो करता है।

जो भी हूँ हूँ तेरी रहमत के तुफैल,
वर्ना था मैं आदमी किस काम का।
खुम पै खुम देता चला जा साकिया,
काम सोहबत में तेरी क्या जाम का।

और इन आनेवाले दिनों में हम कुल्हड़ में शराब ढालने वाले नहीं हैं। तुम्हें जितनी पीनी हो—पी लेना। यहाँ कुल्हड़ों का कोई काम नहीं। तौल-तौलकर नहीं देनी है। तो इस मधुशाला में तुम्हें निमंत्रण देता हूँ।

हिम्मत करो! थोड़ी-सी हिम्मत, थोड़ी-सी हिम्मत—और अपूर्व घट सकता है।

भक्त जब रोता है तो उसके रोने को तुम सिर्फ रोना मत समझना, दुःख मत समझना। वहाँ बड़े बसंत छिपे हैं।

मेरी वीरानी को वीरानी-ए-सहरा न समझ,
सौ बहारें लिए दामन में खिजाँ मेरी है।
नगम्मी ग़म की है और दर्द का है उसमें सरूद,
बस रही है सोज़े तरन्नुम में फगाँ मेरी है
हिज्र में एक नहीं, कितने जनम बीत गए,
वायदा वस्ल में उम्मीद जवाँ मेरी है।
देखी हैं लाखों बहारें मेरी आँखों ने मगर,
हुई आख़िर नज़र अफ़रोज खिजाँ मेरी है।

अर्श से चंद क़दम आगे है मस्तों का मुकाम,
मंज़िले-इश्क समझता हूँ कहाँ मेरी है।
जिन फ़िज़ाओं में ज़रूरत नहीं है बालो-पर की,
गाहे-गाहे हुई परवाज वहाँ मेरी है।
मेरी हस्ती है तेरे दम से जहाँ में कायम,
तेरी हस्ती का तकाजा है, न जाँ मेरी है।
कहलवाता है जो तू बस वही कह सकता हूँ,
कहने को यूँ तो भला मेरी जबाँ मेरी है।
मेरी वीरानी को वीरानी-ए-सहरा न समझ।

भक्त की उदासी को उदासी मत समझना। भक्त के विराग को विराग मत समझना। उसके विराग में परमात्मा का राग छिपा है। भक्त की उदासी में परमात्मा की तलाश छिपी है। और भक्त के आँसुओं को तुम विफलता के आँसू मत समझना। भक्त के आँसुओं में हजार बसंत छिपे हैं। वे उसकी प्रार्थनाएँ हैं, उसकी आशाएँ हैं, उसके मनसूबे हैं।

मेरी वीरानी को वीरानी-ए-सहरा न समझ,
सौ बहारें लिए दामन में खिजाँ मेरी है।

भक्त का पतझड़ भी अपने भीतर हजारों बसंत छिपाए हुए है।

नगम्मी ग़म की है और दर्द का है उसमें सरूद,
बस रही सोज़े-तरन्नुम में फगाँ मेरी है।
हिज्र में एक नहीं, कितने जनम बीत गए।

उस परमात्मा को खोजते, वियोग में एक नहीं, बहुत जनम बीत गए हैं।

'वायदा वस्ल से उम्मीद जवाँ मेरी है'

लेकिन मिलने का वादा मुझे याद है और मैं जवान हूँ और मेरी उम्मीद जवान है। मिलन होकर रहेगा। अनंत-अनंत काल भी बीत जाएँ, विरह में, तो भी मिलन होकर रहेगा। ऐसी आस्था, ऐसी श्रद्धा-भक्ति है।

देखी हैं लाखों बहारें मेरी आँखों ने मगर
हुई आख़िर नज़र अफ़रोज खिजाँ मेरी है।

'अर्श से चंद कदम आगे है मस्तों का मुकाम।' यह जो पागलों की जमात यहाँ बैठी है, इसका मुकाम आकाश से थोड़ा आगे है।

अर्श से चंद कदम आगे है मस्तों का मुकाम
मंज़िले-इश्क समझता हूँ कहाँ मेरी है।

परमात्मा ही तुम्हारे इश्क की मंजिल है और वह आकाश से आगे है। सब सीमाओं के पार—असीम से भी पार। सब शब्दों से पार—नि:शब्द से भी पार।

जिन फिजाओं में ज़रूरत नहीं बालो-पर की

—जहाँ पंखों की भी जरूरत नहीं रह जाती, उड़ने के लिए—

गाहे-गाहे हुई परवाज़ वहाँ मेरी है

—धीरे-धीरे तुम्हें मैं वहाँ ले चलूँगा, जहाँ पंखों की भी जरूरत उड़ने के लिए नहीं रह जाती; जहाँ पंख भी उड़ने में बोझ हो जाते हैं; जहाँ पंख भी तोड़ देने होते हैं, छोड़ देने होते हैं, पीछे गिरा देने होते हैं; जहाँ सब सहारे गिरा देने होते हैं; जहाँ तुम बिलकुल बेसहारा हो जाते हो; पंख भी सहारा नहीं बचता।

जिन फिजाओं में ज़रूरत नहीं बालो-पर की
गाहे-गाहे हुई परवाज वहाँ मेरी है।
मेरी हस्ती है तेरे दम से जहाँ में कायम,
तेरी हस्ती का तकाजा है, न जाँ मेरी है।

भक्त जानता है कि मैं तेरी वजह से हूँ, तू ही है मेरे भीतर। मेरे प्राण तू है। मेरी आत्मा तू है। मैं नहीं हूँ—तू है। कहलवाता है जो तू बस वही कह सकता हूँ।

और जो तू कहलवा देता है, वही कह सकता हूँ—

कहने को यूँ तो भला मेरी जबाँ मेरी है।

मीरा के ये वचन मीरा के नहीं हैं—कृष्ण के ही हैं।

कहलवाता है जो तू बस वही कह सकता हूँ,
कहने को यूँ तो भला मेरी जबाँ मेरी है।

तैयारी करो—इस यात्रा के लिए। जो जन्मों में नहीं हुआ, वह क्षणों में भी हो सकता है। पुकार चाहिए। इस प्रेम की बेल को आँसुओं से सींचो।

आज इतना ही।

समाधि की अभिव्यक्तियां

2

प्रश्न-सार

- न जानेवाली और आने-जानेवाली मस्ती क्या अलग-अलग हैं?
- भक्ति के मार्ग में साधु-संगति का इतना क्यों मूल्य है?
- कई मनस्विद कहते हैं कि प्रेम मूलतः जैविक है, जो कि मनुष्य में दमन के कारण मानसिक हो जाता है?
- भक्त की भाव-दशा के संबंध में कुछ कहें।
- आप पूना पधारें, इसमें हमारी क्या पात्रता है? और आपके सान्निध्य में मैं पूरा रूपांतरित नहीं हुआ, इसका पूरा-का-पूरा जिम्मा भी मेरा है। फिर भी जो आपने दिया है, वह बहुत है। मैं अनुगृहीत हूँ।
- क्या आप ईश्वर के होने का कोई प्रमाण दे सकते हैं?

समाधि की अभिव्यक्तियां

पहला प्रश्न : *आज फिर वही प्रश्न मन उठा रहा है—यह कि न जाने वाली मस्ती और आने-जाने वाली मस्ती क्या दो अलग-अलग अवस्थाएँ है? आपने कहा कि पच्चीस वर्षों से मैं एक ही मस्ती में हूँ, जो कि कभी जाती नहीं। और आपने यह भी कहा कि मंसूर को जब मस्ती पकड़ती थी तो वह और ही आदमी हो जाता था। इन दो वक्तव्यों में विरोध नहीं है, तो विरोध का आभास तो है ही। कृपापूर्वक इस विरोधाभास को दूर करें।*

उस परम मस्ती के प्रकट होने के ढंग दो हैं। मस्ती एक ही है; उसके प्रकट होने के ढंग दो हैं। कहीं तो बाह्य अभिव्यक्ति बनती है और कहीं केवल अंतर्धारा। कहीं तो भीतर-भीतर स्वाद चलता है और कहीं-कहीं स्वाद बहकर संगीत बन जाता है।

अँग्रेजी में दो शब्द हैं, वे महत्त्वपूर्ण हैं। एक शब्द है : इक्सटेसी। इक्सटेसी का अर्थ होता है : ऐसी आनंद की अनुभूति, जो बाहर प्रकट हो। फूल खिलें, गीत झरें, सुगंध उड़े—बाह्य अभिव्यक्ति हो। और दूसरा शब्द है अँग्रेजी में : इन्सटेसी। उसका अर्थ होता है अंतर्धारा बहे। किसी को कानोंकान पता भी न चले। जैसे नील नदी सैकड़ों मील तक जमीन के नीचे बहती है, फिर जमीन पर प्रकट होती है—ऐसी ही धारा अंतर में भी बह सकती है और बाहर भी प्रकट हो सकती है।

जो धारा बाहर प्रकट होगी, वह सतत नहीं हो सकती। मीरा कितना ही नाचे, चौबीस घंटे नहीं नाच सकती। क्योंकि जिन उपकरणों का सहारा लेना पड़ता है—शरीर का—वह तो थकेगा। मीरा का हो तो भी थकेगा। शरीर तो थकेगा। तो नृत्य चौबीस घंटे नहीं चल सकता। कभी चलेगा, कभी नहीं चलेगा।

इसलिए मीरा की अभिव्यक्ति आती-जाती मालूम पड़ेगी। इससे यह मत समझ लेना कि समाधि आती-जाती है। समाधि तो बहती है भीतर; कभी प्रकट होती है, कभी प्रकट नहीं होती। प्रगटन में बीच-बीच में अंतराल आ जाएँगे।

कोई चौबीस घंटे गीत तो नहीं गा सकता है। और वृक्ष भी तो वर्ष-भर नहीं फूलते; हर दिन नहीं फूलते, हर समय नहीं फूलते। इसका यह अर्थ मत समझना कि जब वृक्ष नहीं फूला है, तो उसके प्राणों में फूल खिलानेवाली रसधार नहीं है। रसधार मौजूद है—कभी फूल बनेगी।

मीरा जब चुप बैठी है और उसने पैरों में घुँघरू नहीं बाँधे और हाथ में वीणा नहीं उठाई, नाचती नहीं है, गाती नहीं है—तब भी भीतर तो धारा बह ही रही है; रस वैसा-का-वैसा है। पर तुम्हें पता न चलेगा।

ऐसा भी हो सकता है कि किसी का रस सदा ही भीतर-ही-भीतर रहे, जैसे बुद्ध का—कभी गीत न बना; कभी नृत्य न बना; कभी बाहर न आया; भीतर ही रमा रहा।

ये दो रूप हैं अभिव्यक्ति के। बुद्ध की नीलधारा सदा ही भूमि के नीचे रही। जो खोजेंगे वे बुद्ध को पाएँगे। जो बहुत खोदेंगे, उन्हें नीलधारा मिल जाएगी। वे उस जलस्रोत तक पहुँच जाएँगे।

मीरा की धारा बाढ़ की तरह है; बाहर प्रकट होती है। जो नहीं खोजते, कभी-कभी उन पर भी छींटे पड़ जाएँगे। कभी आकस्मिक छींटे पड़ जाएँगे, पास से गुजर जाओगे तो पड़ जाएँगे। दोनों ढंगों की अपनी खूबियाँ हैं, अपनी कमियाँ हैं।

जो बुद्ध की तरह भीतर ही डूबा रहेगा, उसमें एक सातत्य होगा—अविच्छिन्न, अखंड। जो मीरा की तरह नाचेगा, गुनगुनाएगा, प्रकट करेगा, उसमें सातत्य नहीं होगा; उसमें विच्छिन्नता होगी।

तो जब मीरा नाचती तुम्हें दिखाई पड़ेगी तो एक तरह की मालूम होगी और जब नाचती नहीं दिखाई पड़ेगी तो दूसरी तरह की मालूम होगी। नाचते समय आविष्ट होगी—जिसको सूफी कहते हैं—भाव, अहवाल, हाल। उस वक्त आविष्ट होगी। उस वक्त तुम देखोगे उसकी आँखों में शराब है। लेकिन ऐसी शराब हर वक्त नहीं दिखाई पड़ेगी। बुद्ध की आँखों में खोजोगे तो ही दिखाई पड़ेगी। मीरा में नहीं भी खोजोगे तो भी जब वह नाचती है, दिखाई पड़ जाएगी। बुद्ध में खोजोगे तो दिखाई पड़ेगी। लेकिन एक दफा दिखाई पड़ गई तो सतत दिखई पड़ेगी। वह तारा डूबता नहीं। और परमात्मा इन दोनों ढंगों से प्रकट होता है

तो मैंने जो वक्तव्य दिया, उसमें कहीं कोई विरोध नहीं है। मंसूर आविष्ट होता था जैसे मीरा आविष्ट होती है। चैतन्य भी ऐसे ही आविष्ट होते थे। रामकृष्ण भी ऐसे ही आविष्ट होते थे। एक आवेश की दशा है, जहाँ वे अपना सब होश खो देते हैं; जहाँ मगन हो जाते हैं। उस क्षण जो उन्हें खोजने नहीं निकला है, वह भी अवाक् हो जाएगा; आश्चर्य-विमुग्ध हो जाएगा। चाहे भरोसा न भी ला पाए, लेकिन क्षण-भर को उसके भीतर भी जिज्ञासा का जन्म होगा।

बुद्ध हैं, महावीर हैं, लाओत्सु हैं—वहाँ सन्नाटा है। वहाँ कोई उत्तेजना नहीं है। वहाँ तूफान नहीं है। उनके सागर में लहर भी नहीं उठती। जो खोजने आएगा, उसी को नाद सुनाई पड़ेगा। जो कान लगाकर सुनेगा, उसी को सुनाई पड़ेगा। नहीं तो तुम बुद्ध के पास से गुजर जाओगे, तुम्हें पता भी न चलेगा। मीरा के पास से बिना पता चले न गुजर सकोगे। मानो न मानो, लेकिन मीरा के पास क्षणभर तो रुक ही जाओगे। जो बहिर्दृष्टि हैं, वे भी रुक जाएँगे। बुद्ध के पास तो जो अंतर्दृष्टि हैं, वे ही रुकेंगे।

तो मंसूर आविष्ट होता है जैसे मीरा। बुद्ध अनाविष्ट रहते हैं। इसमें विरोध जरा भी नहीं है। जैसे परमात्मा हर चीज के लिए दो पहलू चुनता है—बाहर की तरफ, भीतर की तरफ; बहिर्मुखी और अंतर्मुखी। ऐसे ही समाधि भी दो ढंग की होती है—अभिव्यक्ति। समाधि के भीतर का स्वाद तो एक ही है। वह मीरा का हो कि महावीर का, कुछ फर्क नहीं पड़ता है। एक दफा जो आ गई समाधि तो आ गई, फिर जाती नहीं—प्रकट हो, न प्रकट हो।

***दूसरा प्रश्न** : भक्ति के मार्ग में साधु-संगति का इतना मूल्य क्यों है?*

बिना साधु-संगति के लोकलाज कहाँ खोओगे? बिना साधु-संगति के तुम्हारी जड़ परंपराएँ, लकीरें, लीकें कैसे मिटेंगी? बिना साधु-संगति के कैसे तुम कह सकोगे; 'छाँड़ दई कुल की कानि, कहा करिहै कोई!'

छोड़ दी कुल की मर्यादा—कहती है मीरा—अब कोई मेरा क्या करेगा?

साधु-संगति में ही तुम्हें यह भरोसा मिलेगा कि यहाँ जगत में न कोई कुछ छीन सकता है, न कोई कुछ दे सकता है। न यहाँ नाम का कोई मूल्य है, न बदनामी में कुछ हर्जा है। यहाँ तो सब पानी पर खींची गई लकीरें हैं—नाम हो कि बदनामी हो। और धीरे-धीरे तुम्हें पता चलेगा कि साधु-संगति में बदनाम हो जाना बेहतर, असाधुओं की संगति में नाम हो जाने से।

इधर मेरे सामने 'दुलारी' बैठी है। पीछे उसने एक प्रश्न लिखकर भेजा

था, और नीचे नोट लिख दिया था कि कृपा कर मेरा नाम प्रश्न में न लें। डरती होगी बेचारी। घर के लोगों से घबड़ाती होगी, मैं नाम ले दूँ तो घर के लोगों को पता चलेगा कि दुलारी वहाँ थी। शायद चोरी-चोरी आ जाती होगी। तो स्वाभाविक है : जिस समाज में तुम रहते हो, जिस परिवार में रहते हो, जिन लोगों के बीच रहते हो, उनसे हजार तरह के समझौते करने होते हैं। इन समझौतों से तुम्हें कौन ऊपर ले जाएगा? इनसे तुम्हें कौन मुक्त करेगा? साधु-संगति के बिना कोई उपाय नहीं है।

साधु-संगति का अर्थ क्या है?—जो पहले से बिगड़े हुए हैं, उनके साथ उठना-बैठना। जो बिगड़ ही गए हैं, उनसे दोस्ती न करोगे तो बिगड़ोगे कैसे? वहीं बैठ-बैठकर मीरा कहती है—'संतन ढिंग बैठि-बैठि लोकलाज खोई।' उन्होंने तो गँवा ही दिया था। खुद, उन्हीं के पास बैठ-बैठकर यह बीमारी मीरा को भी लग गई।

एक संत तुम्हारी तरफ आँख उठाकर देख ले, काफी है—बजाए इसके कि सारा जगत तुम्हारी प्रशंसा के गीत गाए। सारा जगत एक तरफ और संत की प्रेम-वर्षा की एक बूँद एक तरफ। तो भी बूँद वजनी है और पलड़ा तराजू का वहीं झुकेगा।

इसलिए लोग घबड़ाते हैं संतों के पास जाने में। और अगर प्रियजन, मित्र, पत्नी, पति, बेटे जाने लगें, तो भय पैदा होता है। क्योंकि एक बात उनको अनजाने में भी जाहिर है कि संतों का प्रभाव पड़ा, तो हमारा प्रभाव गया। पति क्यों भयभीत हो जाता है? पत्नी क्यों भयभीत हो जाती है?

यहाँ मेरे पास लोग आते हैं। तो अकसर नियम से यह बात होती है। पति आ जाता है तो पत्नी बाधा डालती है; पत्नी आ जाती है तो पति बाधा डालता है। यह मामला क्या है? इतनी क्या बाधा? मगर भय स्वाभाविक है। भय यही है कि अगर पत्नी यहाँ ज्यादा दिन आई-गई, तो पति गौण हो जाएगा; उसके अहंकार को खतरा है। कोई बात उससे भी ज्यादा महत्त्वपूर्ण हो जाएगी। कोई बात इतनी महत्त्वपूर्ण हो सकती है कि किसी दिन अगर पति को भी छोड़ना पड़े तो पति को छोड़ा जा सकता है। यह बड़ा खतरा है। पति आता है तो पत्नी डरने लगती है। उससे भी ज्यादा महत्त्वपूर्ण पति के जीवन में कोई प्रविष्ट हुआ जा रहा है। और कल अगर जरूरत पड़ी तो पत्नी निर्णायक नहीं रह जाएगी। और हम चाहते हैं कि हमारा निर्णय दूसरे पर रहे; दूसरे पर हमारी मालकियत रहे; दूसरे पर हमारा कब्जा रहे।

तुम पूछते हो : साधु-संगति का इतना मूल्य क्या?

नहीं तो यह बीमारी कहाँ लगेगी?

संतन ढिंग बैठि-बैठि लोक-लाज खोई।
भगत देख राजी हुई, जगत देख रोई।

मीरा कहती है : देखती हूँ जगत को तो रोना आता है। ये खुद तो भटके हैं लोग, दूसरों को भटका रहे हैं। ये खुद भी पाने से रुके हैं, दूसरों को भी रोक रहे हैं। ये अपने हाथ-पैर में जंजीरें डालें हैं, यद्यपि उसे आभूषण कहें या जो भी उसे नाम देना हो प्यारे नाम दें-श्रृंगार कहें। इतना ही नहीं, ये दूसरों के पैरों की जंजीर भी मजबूत कर रहे हैं। और कोई अगर झटके देना चाहता है, जंजीर तोड़ना चाहता है तो ये सब क्रुद्ध हो उठते हैं; ये सब तरफ से घेरा बाँध देते हैं। ये हजार तरह के उपाय करते हैं कि तुम इनके घेरे के बाहर न निकल जाओ।

साधु के पास बैठने का अर्थ यह है कि वह खबर लाएगा तुम्हारे पिंजरों में-खुले आकाश की। साधु के पास बैठने का अर्थ यही है कि वह खबर लाएगा कि जंजीरों से मुक्त होने का क्या उपाय है। मुझे देखो, वह कहेगा। जंजीरें तोड़ी जा सकती हैं। और जंजीरें तोड़ते ही सारा आकाश हमारा है। इससे कम पर राजी भी मत होना।

साधु का अर्थ है कि तुम्हारे भीतर परमात्मा को पाने की प्यास को प्रज्वलित करेगा। तुम जो अपने पिंजरे में बंद होकर बैठ गए हो-माना कि तुम्हारा पिंजरा सोने का होगा, और आकाश तो सोने का नहीं है, यह भी सच है-मगर क्या सोने का पिंजरा इस खाली आकाश से बड़ा हो सकता है, या मूल्यवान हो सकता है? पिंजरा आखिर पिंजरा है-सोने का हो कि लोहे का। पिंजरे में तुम मालिक नहीं हो; तुम्हारी आत्मा गुलाम है। वह कारागृह है, यद्यपि सुविधा है पिंजरे में। रोटी समय पर मिल जाती है, सब तरह की सुरक्षा है। लेकिन सुरक्षा का क्या स्वतंत्रता के मुकाबले कोई मूल्य है? खतरा है उड़ते हुए पक्षी को आकाश में। पिंजरें में बंद पक्षी को इतना खतरा नहीं है; न दुश्मन हमला कर सकते हैं; न कोई बंदूक उठाकर गोली मार सकता है; न कल की चिंता है कि रोटी कौन देगा? सब समय पर मिलेगा। लेकिन एक कीमत चुकानी पड़ी-आत्मा चुकानी पड़ी है; आत्मा दे देनी पड़ी है अब तो मालिक जो कहता है वही दोहराना पड़ेगा; जैसा जिलाता है वैसा जीना पड़ेगा। आत्मा तो बिक गई है, और सब मिल गया।

आकाश में उड़ते पक्षी के पास आत्मा है-और कुछ भी नहीं। मगर

आत्मा सब कुछ है।

साधु के पास बैठ-बैठकर तुम्हें आकाश की याद आनी शुरू होगी। तुम पिंजरों में बहुत दिन रह लिए हो। तुम्हें याद ही बिखर गई है। तुम्हें खयाल भी नहीं रहा कि आकाश है। आकाश की तो छोड़ो, तुम्हें यह भी याद नहीं रही कि तुम्हारे पास पंख हैं और तुम उड़ सकते हो। जब बहुत दिनों तक न उड़ो तो पंखों की याद भी भूल जाती है। उड़ो तो ही पंखों की याद भी होती है। उड़ो तो ही पता चलता है कि पंख हैं। जो कभी चला नहीं वर्षों तक, उसे अगर पैरों की याद भूल जाए तो कुछ आश्चर्य तो नहीं।

कहते हैं अगर कोई आदमी तीन साल तक अँधेरे में रह जाए तो उसकी आँखें रोशनी खो देती हैं। तीन साल तक देखे ही नहीं तो देखने की क्षमता खो जाती है। कहते हैं, कोई तीन साल तक चुप रह जाए तो फिर बोलते नहीं बनता! जबान लड़खड़ाने लगती है।

तो यह तो तीन साल की बात है, तुम जन्मों-जन्मों से नहीं उड़े हो; तुम सदियों से नहीं उड़े हो; तुम्हारी पहचान ही भूल गई है कि तुम्हारे पास पंख भी हैं। तुम्हें पंखों की याद भी नहीं है।

साधुओं के पास तुम्हें पंखों की फड़फड़ाहट सुनाई पड़ेगी। साधु को तुम उड़ते देखोगे आकाश में। उसका आनंद देखोगे। उसका रस पियोगे। उसकी गरिमा से आह्लादित होओगे। उसका ज्वर, वह जो परमात्मा की गरमी से गरमा गया है, तुम्हें भी छुएगा। तुम थोड़े पिघलोगे। तब तुम्हारा बर्फ जैसा जम गया हृदय पिघलना शुरू होगा और कहाँ करोगे यह? और कैसे करोगे यह? और कोई उपाय भी तो नहीं है।

कारागृह में आना चाहिए कोई—जो कारागृह के बाहर हो। वही खबर लाएगा बाहर की। जंजीरों से बँधे आदमी को कोई मिलना चाहिए, जो जंजीरों में न हो। तो ही उसे समझ आएगी कि जंजीरों के बिना भी हो सकता है। और पक्षी को दिखाई पड़ना चाहिए कि उसी जैसा कोई पक्षी, ठीक उसी जैसा कोई पक्षी, पंख फैलाए आकाश में उड़ रहा है। तुम्हें याद भी न रहेगी और अचानक तुम अपने पंख फड़फड़ाने लगोगे। सदियों बंद पड़े पंख फिर सजीव हो उठ सकते हैं।

इसलिए कहती है मीरा : 'भगत देख राजी हुई ..।' जहाँ कोई परमात्मा का प्यारा मिला; वहाँ राजी हो गई; वहाँ अहोभाव से भर गई। 'जगत देख रोई'। यह जगत बड़ा दुःखभरा है। और आश्चर्य यह है कि यहाँ सभी क्षमता

लेकर पैदा होते हैं—परम आनंद की, सच्चिदानंद की।

भक्त करते क्या हैं। साधु करते क्या हैं? यह मीरा क्यों भगत देख राजी हुई? वहाँ होता क्या है? वहाँ एक कीमिया चलती है। जैसे पारस को छूने से लोहा सोना हो जाता है, ऐसे साधु को छूने से तुम भी साधु होने लगते हो। वहाँ एक रूपांतरण हो रहा है।

जिससे हिल जाएँ अर्श के पाए
अपने उस दर्द-ओ-ग़म की बात करो।

वहाँ परमात्मा के विरह की पीड़ा की चर्चा होती है।

'जिससे हिल जाएँ अर्श के पाए।' —आकाश के भीतर अगर कहीं कोई पाए हों तो हिल जाएँ, ऐसी विरह की पीड़ा की बात होती है। अपने उस दर्द-ओ-ग़म की बात करो जो रुला दे तमाम आलम को बस उसी चश्मे-नम की बात करो।

और वहाँ परमात्मा की प्यारी-प्यारी आँखों की बात होती है।

देखा नहीं, कल मीरा ने कहा : 'मोरे नैनन बसो नंदलाल। मोहनी मूरत साँवली सूरत, नैना बने विशाल।'

--ये तुम्हारी बड़ी-बड़ी आँखें, यह तुम्हारा प्यारा चेहरा, यह तुम्हारा साँवला रंग--मेरी आँखों में बस जाओ। मुझे घेर लो, मुझे मुझसे बचा लो। मेरा मुझमें कुछ न बचे। तुम्हीं बच जाओ।

जो रुला दे तमाम आलम को
बस उसी चश्मे-नम की बात करो।
क्या हक़ीक़त ग़मे-जहाँ की है
मेरे साक़ी के दम की बात करो।

और वहाँ तुम सुनोगे कि जगत माना कि बहुत बड़ा है, मगर क्या? कुछ भी नहीं। परमात्मा के समक्ष कुछ भी नहीं। और माना कि जंजीरें बहुत बड़ी हैं, लेकिन जो उस प्यारे को पुकारेगा उसके एक नाम की चोट मजबूत-से-मजबूत जंजीरों को गिरा देती है। उसका सहारा मिल जाए, फिर बड़े-बड़े पहाड़ भी आदमी लाँघ जाता है। सुनते हैं न कि लँगड़े भी लाँघ जाते हैं; अंधे भी देखने लगते हैं. बहरे भी सुनने लगते हैं।

क्या हक़ीक़त ग़मे-जहाँ की है

इस दुनिया के दु:खों में रखा क्या है?

मेरे साक़ी के दम की बात करो
है रहीमो करीम अपना ख़ुदा

हमसे लुत्फ़ो करम की बात करो।

साधु-संगत में होता क्या है?

वहाँ प्रभु की अनुकंपा की बात होती है। वहाँ तुम्हारे दु:ख, तुम्हारे अँधेरे, तुम्हारे अज्ञान की बात होती है। वहाँ तुम्हारे आँसू जगाए जाते हैं, सो गए आँसू, खो गए आँसू—पुन: पुकारे जाते हैं। और साथ ही परमात्मा की अनुकंपा की बात होती है। क्योंकि अगर परमात्मा की अनुकंपा की बात न हो, तो तुम वैसे ही दु:खी हो, और दु:खी हो जाओगे; वैसे ही गिरे पड़े हो गर्त में, और भी साहस खो दो, आत्मविश्वास खो दो। वहाँ तुम्हें खबर मिलती है कि तुम्हारा पाप कितना ही बड़ा हो, मगर उसकी करुणा उससे बड़ी है। तुम घबड़ाओ मत। तुम कितने ही भटके हो, उसका हाथ बहुत लंबा है। तुम कितने ही दूर निकल गए हो, उसका हाथ तुम तक पहुँच सकता है। पुकारो भर! तुम इतनी दूर नहीं जा सकते कि वह तुम्हें उठा न ले। इसलिए तो भक्तों ने कहा : भगवान के हजार हाथ हैं। एक हाथ से बचोगे, दूसरे से बचोगे, हजार से तो न बच सकोगे। वह सब तरफ से उठा लेगा, सब दिशाओं से उठा लेगा। लेकिन तब तक न उठाएगा, जब तक तुम पुकारो ना।

तो साधु-संगत में जीवन का दु:ख दिखाई पड़ता है। दु:ख-ही-दु:ख है यहाँ। यहाँ सुख कब किसने जाना। तुमने कभी सुखी आदमी देखा यहाँ? और अगर कभी तुम्हें यहाँ सुखी आदमी मिल जाए तो तुम तत्क्षण पाओगे : वह यहाँ का नहीं है। वह वहाँ का है। वह यहाँ का नहीं है। वह वहाँ का है। वह यहाँ परदेश में है; यहाँ अजनबियों के बीच है।

है रहीमो करीम अपना खुदा
हमसे लुत्फ़ो करम की बात करो।

तो वहाँ पाप की बात होती है; परमात्मा की करुणा की बात होती है। वहाँ हमारे दु:ख-पीड़ा की बात होती है। वहाँ उसके अमृत, उसके अमृत की वर्षा की बात होती है।

हिज्र भी है वसाल का पैग़ाम
ऐसे राहत सितम की बात करो।

वहाँ विरह की बात होती है और विरह के साथ-ही-साथ यह भी बात होती है कि विरह उससे मिलन की ही सूचना है; उसके मिलन की तैयारी है। विरह उससे मिलने की तैयारी है। हमने उसे खोया है—पाने को। हमने उसे खोया है—और-और पाने को। यह विरह भी उसके मिलन को प्रीतिकर बनानेवाला है।

हिज्र भी है वसाल का पैग़ाम

इसमें संदेश छिपा है मिलन का।

जो क़दम हैं बनाते खुद मंज़िल
इश्क़ के उस क़दम की बात करो।

जो कदम हैं बनाते खुद मंजिल, ... जो कदम अपने-आपमें अपनी मंजिल लिए हुए है, उस प्रेम के कदम की बात वहाँ होती है।

साधु-संगत यानी प्रेम की चर्चा। तुम्हारे जीवन में प्रेम चाहिए; प्रेम का प्रकाश चाहिए। और यह तभी संभव है, जब तुम किसी जले हुए दीए के पास बैठो। तुम्हारा दीया बुझा हुआ है, कैसे जलाओगे? जले हुए दीए के पास बैठो। सरको पास। भगत देख राजी हुई। सरको पास। जहाँ कोई साधु मिल जाए, करीब आओ। दूरी न रखो। दूरी गँवाओ। क्योंकि एक क्षण ऐसा आता है करीब होने का, सामीप्य का, निकट होने का—जब जले हुए दीए से लपट बुझे हुए दीए पर छलाँग लगाती है। एक खास दूरी पर यह घटना घटती है। तुम एक फीट की दूरी पर रख दो दीयों को, तो नहीं घटती है। करीब लाते जाओ, करीब लाते जाओ। एक क्षण ऐसा आता है, अभी भी दूरी है; लेकिन अब इतनी दूरी नहीं है कि लपट छलाँग न ले सके। लपट छलाँग ले लेती है। जहाँ एक दीया जलता था, वहाँ दो दीए जल जाते हैं। यही शिष्यत्व है। यही साधु-संगत है।

साधु-संगति के बिना रोशनी नहीं होगी। रोशनी के बिना रोशनी नहीं होगी।

नमूदे ज़िंदगी का राज़ क्या है
मैं खुद क्या हूँ, मेरी आवाज़ क्या है
फ़सूने नग़मा क्या है, साज़ क्या है
जुनूने इश्क़ क्या है, नाज़ क्या है

कहाँ समझोगे, कैसे समझोगे? 'नमूदे जिंदगी का राज़ क्या है?'—इस जिंदगी का रहस्य क्या है? किसी रहस्यभरे व्यक्ति के पास जाओ। वहीं यह चमत्कार घट सकता है। गुलाब के फूल को पहचानना हो तो गुलाब के फूल के पास जाओ। चाँद-तारों से पहचान करनी हो तो चाँद-तारों पर आँखें टिकाओ। और परमात्मा को खोजना हो तो जहाँ परमात्मा की थोड़ी-सी झलक मिलती है, वहाँ उठो-बैठो।

और खोने को क्या है? लोक-लाज। और कुछ खास है नहीं। लोग इतना ही कहेंगे कि पागल है। तो लोगों के कहने का मूल्य भी क्या है? ये

वे ही लोग हैं, जो मीरा को भी पागल कहते थे। ये वे ही लोग हैं, जो जीसस को भी पागल कहते थे। ये वे ही लोग हैं, जो सदा से यही कहते रहे हैं। इनका धंधा यही है। इन्हें खुद पाना नहीं है; इन्हें किसी दूसरे को भी पाने नहीं देना है। ये दूसरे को क्यों नहीं पाने देना चाहते? क्योंकि ये खुद तो पा नहीं रहे हैं; दूसरा पा लें इनसे पहले, यह अड़चन मालूम होती है। और तुम ऐसा मत समझना कि तुम साधु-संगत में न बैठो तो ये तुम्हें बहुत होशियार समझते हैं। तो भी कुछ होशियार तो समझते नहीं। इस दुनिया में हर आदमी अपने को होशियार समझता है, बाकी किसी को तो होशियार समझता ही नहीं। तुम कुछ भी करो, इससे भेद नहीं पड़ता--लोग तुम्हें होशियार मान नहीं सकते; क्योंकि तुम्हें होशियार मानने में फिर उनका क्या होगा?

मैंने सुना है : एक आदमी, एक पूर्णिमा की रात में, अपनी पत्नी को साथ लेकर, चाँद के नीचे, यात्रा को निकला। अपना साँड भी उसने साथ ले लिया। पत्नी को बिठा लिया स्वभावत: साँड के ऊपर, खुद पैदल चला। कुछ लोग रास्ते में मिले, उन्होंने कहा : 'यह देखो औरत, यह बदचलन मालूम होती है। पति पैदल चल रहा है, खुद साँड पर बैठी है। शरम नहीं आती।'

तो पत्नी ने कहा कि यह तो बात ठीक नहीं, मुझे नीचे उतार दें; तुम बैठ जाओ। तो पत्नी नीचे चलने लगी, बेचारा आदमी बैठ गया। थोड़ी देर बाद दूसरे लोग मिले। उन्होंने कहा : 'यह देखो, इन महाशय को देखते हो। हजरत को तो देखो। बेचारी औरत तो पैदल चल रही है, खुद मुस्तंडे की तरह है, साँड पर बैठे हुए है। शरम नहीं आती।'

तो उस आदमी ने कहा कि यह तो बड़ा खतरनाक मामला है। तो वे दोनों बैठ गए। अब और क्या करें। दोनों बैठ गए, थोड़ी देर बाद फिर कुछ लोग मिले। उन्होंने कहा : 'यह देखो, अरे मार डालोगे साँड को। कुछ तो दया करो। दो-दो चढ़कर बैठे हो, एक साँड पर। कुछ दया-भाव रखो। पशु भी आखिर प्राणी है।'

उन्होंने सोचा : अब क्या करें? वे दोनों उतरकर चलने लगे। फिर कुछ लोग मिल गए। उन्होंने कहा : 'ये बुद्धू देखो। साँड साथ में है और पैदल चल रहे हैं। अकल नाममात्र को नहीं है।'

उन्होंने कहा : अब क्या करना? उन्होंने भी जिद्द कर रखी थी, जैसे तुमने जिद्द कर रखी है, कि लोगों को राजी करके रहेंगे। मगर लोग किसी से कभी राजी हुए? तुम कुछ भी करो, गलत। उन्होंने एक बाँस उठाया और किसी तरह बाँधा साँड को, कंधे पर लटकाया। अब क्या करें? सब कर चुके,

अब एक ही उपाय बचा : अब साँड को लेकर चलें, क्योंकि यह बेचारा साँड! अब आखिरी एक ही विकल्प बचा। लोगों ने देखा। उन्होंने कहा : 'ये मूढ़ देखो। इनसे बड़े मूढ़ कहीं देखे कि खुद तो साँड पर नहीं बैठे हैं, साँड को लेकर चल रहे हैं।'

तुम कुछ भी करो, तुम पाओगे तुम्हारी निंदा की गई। और जब कुछ भी करने से निंदा होती हो तो कुछ ऐसा करो, जिससे कुछ मिलता हो, निंदा तो होनी ही है। परमात्मा को खोजने की दिशा में कदम उठाओ।

नमूदे ज़िंदगी का राज़ क्या है
मैं खुद क्या हूँ, मेरी आवाज़ क्या है?

न तुम्हें पता है, न औरों को पता है। मगर वे और तुम्हें भी पता न होने देंगे।

फ़सूने नग़मा क्या है, साज़ क्या है
जुनूने इश्क़ क्या है, नाज़ क्या है

यह प्रेम का पागलपन क्या है? यह प्रेम की मस्ती क्या है? यह तुम कहाँ सीखोगे? किसी मस्त के पास बैठो। किसी पियक्कड़ के पास बैठो।

ये रंगो-बू, ये रैनाई, ये जल्वे
ये दिलकश सूरतो-अंदाज़ क्या है?

यह जो चारों तरफ सौंदर्य की अनंत वर्षा हो रही है, यह तुम्हें दिखाई नहीं पड़ती। किन्हीं ऐसी आँखों के पास बैठो, जिन्हें यह दिखाई पड़ती है। किन्हीं आँखों का सहारा लो।

इसलिए तुमसे बार-बार कहता हूँ : कभी-कभी मेरी आँखों से देखो। कभी-कभी मेरे कानों से सुनो। मेरे कानों से सुनोगे तो तुम्हें पता चल जाएगा :

मैं खुद क्या हूँ, मेरी आवाज़ क्या है
नमूदे ज़िंदगी का राज़ क्या है
फ़सूने नग़मा क्या है, साज़ क्या
जुनूने इश्क़ क्या है, नाज क्या है
ये रंगो-बू, ये रैनाई, ये जल्वे
ये दिलकश सूरतो-अंदाज़ क्या है
कहाँ तक हुस्न की फैली है वुसअत
न जाने इश्क़ की परवाज़ क्या है?

कहाँ तक प्रेम का आकाश फैला है! कितना विस्तीर्ण है प्रेम का आकाश! तुम तो अपने घर के आँगन से ही न निकले। तुमने तो आँख ही न उठाई। तुम तो चाँद-तारों को देखते ही नहीं। वह जो दूर तक फैला हुआ आकाश है, वह तुम्हें समझ नहीं आता। बाहर का आकाश समझ नहीं आता; भीतर का आकाश तो क्या समझ आएगा!

'कहाँ तक हुस्न की फैली है वुसअत।' कहाँ तक सौंदर्य है? कहाँ तक प्रेम है? कहाँ तक इसका विस्तार है? 'न जाने इश्क की परवाज क्या है।' और प्रेम कितने दूर तक उड़ सकता है, इसका भी तुम्हें कुछ पता नहीं। तुम तो पंख ही नहीं फड़फड़ाते। तो जो उड़ना जानता हो, उसके पास जाओ। तैरना सीखना हो तो तैरने वाले के पास जाओ। पीना सीखना हो तो पियक्कड़ के पास जाओ।

जो आँखों में फिरे हर वक़्त सूरत
जो गूँजे कान में आवाज़ क्या है
कहूँ क्या दीदा-ओ-दिल दोनों हैराँ
ये ऐजाज़े हजूमे नाज़ क्या है?

सीखोगे कहाँ? इसलिए भक्ति के मार्ग में साधु-संगति का चरम मूल्य है। उससे ज्यादा मूल्यवान और कुछ भी नहीं। शास्त्र का वहाँ मूल्य नहीं है—संगति का मूल्य है। शब्द का वहाँ मूल्य नहीं है—संगीत का मूल्य है। तर्क का वहाँ मूल्य नहीं है—श्रद्धा का मूल्य है। क्योंकि तर्क श्रद्धा में ही समीपता आती है, क्योंकि श्रद्धा ही दुस्साहस कर सकती है, करीब आने का।

कीमत तो चुकानी ही पड़ेगी—आज नहीं कल। लोग नाराज भी होने ही वाले हैं, तुम संसार को राजी रखकर परमात्मा को राजी न कर पाओगे। यह समझौता होने वाला नहीं है। इस समझौते में पड़ना भी मत। होता हो संसार नाराज तो हो जाए। 'भगत देख राजी हुई'। तुम तो भगत को देखकर राजी होओ।

ये पाठ महँगे हैं शुरू में। क्योंकि शुरू में ऐसा लगता है कि संसार सब कुछ है। भगत के पास है क्या? संत के पास है क्या? जो है, वह साधारण चमड़ी की आँखों से दिखाई भी नहीं पड़ता। वह तो पास रहोगे, रहते-रहते-रहते उसका रस लगेगा; रसायन पकड़ेगी।

ज़ीवंत के पास आओ, ताकि कोई किरण तुम्हें छू ले; तुम्हारे अँधेरे को डगमगा दे; तुम्हारी सदियों से जमी धूल को उड़ा दे; तुम्हारे पथरीले हो गए, जम गए हृदय को पिघला दे।

***तीसरा प्रश्न** : मीरा पर प्रवचन प्रारंभ करते हुए आपने अपने प्रेम के*

मानसरोवर में नौका-विहार के लिए आमंत्रित किया, हम कृतज्ञ हैं। लेकिन कई मनस्विद कहते हैं कि प्रेम मूलत: जैविक है, जोकि मनुष्य में दमन के कारण मानसिक रूप ले लेता है। मनस्विद यह भी कहते हैं कि कवि, कलाकार और संत ने जैविक प्रेम को ही तूल देकर वायवीय और अलौकिक बना दिया है। भगवान, इस वक्तव्य पर कुछ प्रकाश डालने की अनुकंपा करें।

मनस्विद जानते क्या हैं? मन को भी नहीं जानते हैं अभी, आत्मा की तो बात ही छोड़ो। मनस्विदों को मनस्विद कहना भी अभी ठीक संगत नहीं है। अभी मनस्विद तो केवल मनुष्य के व्यवहार का अध्ययन कर रहे हैं, अभी मन का अध्ययन शुरू नहीं हुआ। और मनुष्य के व्यवहार का अध्ययन भी अभी ठीक से शुरू नहीं हुआ। मनुष्य के व्यवहार का अध्ययन करते हैं, कहीं चूहों, बिल्लियों, कबूतरों—इनका अध्ययन करके।

यह ऐसे ही हैं, जैसे कोई फूल का अध्ययन करना चाहे और जड़ों को काट ले और उनका विश्लेषण करे; कोई कमल का अध्ययन करना चाहे और कमल जिस कीचड़ में पैदा हुआ, उस कीचड़ को भर लाए घर और उसका अध्ययन करे। यह बात सच है कि मनुष्य के जीवन में जो प्रेम का फूल खिलता है, वह कामवासना की कीचड़ में ही खिलता है, यह बात बिलकुल सच है। मगर वह कामवासना की कीचड़ ही नहीं है—कीचड़ में खिलता है। लेकिन कमल कीचड़ नहीं है।

लेकिन विज्ञान में एक बड़ी भ्रांत धारणा है कि हर चीज को उसके मूल कारण पर ले जाओ। उसे पीछे की तरफ ले जाओ। विज्ञान की यह मान्यता है : कारण समझ लिया तो कार्य समझ लिया। विज्ञान की एक अंधी मान्यता है कि कार्य जो है वह कारण से बड़ा कभी नहीं होता। यह बात झूठ है। यह बात बुनियादी रूप से गलत है।

कार्य अकसर कारण से बड़ा होता है। कीचड़ से ही कमल आता है, यह बात सच है; फिर भी कमल कीचड़ ही नहीं है, कीचड़ से बहुत ज्यादा है।

और यह भी सच है कि अगर तुम कमल का जाकर विश्लेषण करोगे विज्ञान की प्रयोगशाला में, तो उसमें से वह फिर कीचड़ खोज लेगा—किन-किन तत्त्वों से बना है, निकालकर रख देगा। और तब एक आश्चर्य की बात होती है कि सौंदर्य जो तुम्हें दिखाई पड़ा था उस कमल में, वह नहीं मिलेगा फिर। न सौंदर्य मिलेगा, न वह जो निर्दोष कुँआरापन था कमल का, वह जो ताजगी थी कमल की, वह जो आनंद झलक रहा था कमल में—वह भी नहीं मिलेगा।

न आनंद कमल का पकड़ में आएगा, न उसकी ताजगी, कुँआरापन पकड़ में आएगा, न उसका सौंदर्य पकड़ में आएगा। कुछ भी पकड़ में नहीं आएगा। कमल को विश्लेषण करोगे, कीचड़ हाथ लगेगी। लेकिन कमल कीचड़ है?

मनस्विद की भी वही भूल है, क्योंकि मनस्विद अभी विज्ञान के पीछे चलता है—इसी भ्राँति में कि किसी तरह उसका शास्त्र भी विज्ञान हो जाए। यह उसने गलत दिशा पकड़ी है।

जीवन में जिन चीजों से मिलकर कुछ बनता है, उन्हीं पर समाप्त नहीं होता। तुम हड्डी-मांस-मज्जा से बनकर बने हो, लेकिन तुम ज्यादा हो। तुम जानते हो भली-भांति, तुम जब आँख बंद करके बैठोगे तो तुम पाओगें कि न तो तुम हड्डी हो, न मांस-मज्जा हो। तुम चैतन्य हो। यह प्रत्येक की प्रतीति है कि वह चैतन्य है। लेकिन अगर तुम्हारे शरीर को तोड़ा-फोड़ा जाए, तो चैतन्य नहीं मिलेगा। चैतन्य चूक जाता है हाथ से। वह कैसे उड़ जाता है, पता नहीं चलता। वह अदृश्य है। दृश्य का सहारा लेकर टिका है। तुम्हारे शरीर के बिना कहीं मिलेगा नहीं। तुम्हारे शरीर पर पैर जमाए खड़ा है। लेकिन एक दिन शरीर पड़ा रह जाएगा और चैतन्य जा चुका होगा। तब तुम कितना ही खोजो, चैतन्य को न पाओगे। अभी जबकि चैतन्य है, अभी भी अगर डॉक्टर पूरा शरीर का छेदन कर डाले, तो भी कहीं चैतन्य को नहीं पाएगा। चैतन्य पाया ही नहीं जा सकता, क्योंकि चैतन्य पकड़ा नहीं जा सकता। चैतन्य अनंत है, असीम है।

ऐसा ही मामला प्रेम और काम का है। तथाकथित मनस्विद कहते हैं कि प्रेम तो जैविक वासना है, कामवासना है। ठीक कहते हैं। एक सीमा तक सच कहते हैं। लेकिन उन्हें और पार का कुछ भी पता नहीं कि यह जो कामवासना है, यह रूपांतरित हो सकती है।

तुम ऐसा समझो कि एक वीणा रखी है, और तुमने कभी वीणा नहीं देखी और तुम वीणा बजाना भी नहीं जानते हो—और तुमसे कोई पूछे कि यह वीणा क्या है? तुम क्या करोगे? तुम तार नाप लोगे कि कितनी लंबाई के तार लगे हैं इसमें। तुम कितनी लकड़ी इसमें लगी है, वह हिसाब लगा दोगे? इसमें कितना हाथी-दाँत लगा है, वह हिसाब लगा दोगे इसमें क्या-क्या है, कितनी चमड़ी लगी है उसका हिसाब लगा दोगे? सब हिसाब लगाकर रख दोगे। मगर क्या तुम सोचते हो : इसमें वीणा का हिसाब आ गया? इसमें असली बात तो चूक ही गई कि वीणा में एक संगीत सोया था, जो अगर कुशल कोई होता तो छेड़ देता, तो जग जाता।

जब वीणा से संगीत पैदा होता है, तब संगीत क्या है? तार है? लकड़ी है? हाथी-दाँत है? जो संगीत पैदा होता है, वह क्या है? निश्चित, वीणा के बिना पैदा नहीं होता, लेकिन वीणा केवल उसकी अभिव्यक्ति में साधन है; वीणा उसका स्वरूप नहीं है। वह वीणा से कुछ ज्यादा है। वह वीणा पर थोड़ी देर के लिए टिक जाता है। उतरता है किसी आकाश से–वापिस आकाश को लौट जाता है। वीणा माध्यम है।

ऐसी ही मनुष्य की जैविक वासना है; वह माध्यम है। उसी में प्रेम उतरता है। जो बजाना जानता है, जिसने काम पर ठीक-ठीक बजाना सीख लिया–उसे राम मिल जाता है। काम की वीणा में ही राम के स्वर उत्पन्न होते हैं।

फिर मनस्विद अध्ययन किसका करते हैं? मनस्विद अकसर पागलों का अध्ययन करते हैं–विकृत मनोदशाओं का। और तो कोई उनके पास जाएगा भी क्यों?

फ्रायड ने जिंदगी-भर विक्षिप्त लोगों का अध्ययन किया और विक्षिप्त लोगों के आधार पर उसने नतीजे निकाले, जिन नतीजों को यह सारी मनुष्यता पर लागू करना चाहता है। यह बात बड़ी बेहूदी है। यह ऐसा ही है कि एक आदमी जमाने-भर के जड़बुद्धि मूढ़ लोगों को इकट्ठा कर ले और उनका अध्ययन करे और फिर अध्ययन का निष्कर्ष आइंसटीन पर और बर्टेंड रसेल पर भी लगाना चाहे। हम उसे मूढ़ कहेंगे। हम कहेंगे : पहले तुम मूढ़ों का अध्ययन करते हो और फिर मूढ़ों का अध्ययन करके तुम उस अध्ययन को सब पर फैलाना चाहते हो–जो कि मूढ़ नहीं हैं। यह बात अवैज्ञानिक है। यह न्यायोचित नहीं है।

फ्रायड ने अध्ययन किया विक्षिप्त लोगों का, और विक्षिप्त लोगों के अध्ययन से उसने पाया कि सारी बीमारियाँ कामवासना की हैं। और सच पाया। क्योंकि मनुष्य-जाति ने कामवासना को इतना दबाया है, इतना दबाया है कि लोगों को रुग्ण कर दिया है। वीणा बजाना तो आता नहीं, तो वीणा को ले जाकर खूब गहरे में दबा दिया है, क्योंकि वह घर में रखी रहे तो भी झंझट है। कभी बच्चे छेड़ देते हैं; कभी गिर जाती है तो आवाज होती है; कभी बीच रात में चूहे दौड़ जाते हैं और आवाज कर देते हैं तो नींद टूट जाती है। इस वीणा को घर में रखने से फायदा क्या है? इसे दबा दो। इससे उपद्रव ही होता है।

अगर संगीत जगाना न आए तो वीणा से उपद्रव ही होता है तो तुमने वीणा को दबा दिया है। जिससे महासंगीत पैदा होता है, उसे तुम दबाकर बैठ

गए हो। और उस दबाने के कारण हजार रोग पैदा होते हैं। क्योंकि जीवन में कुछ भी दबाया जाएगा तो रोग पैदा होगा।

जीवन में विकास होना चाहिए—दमन नहीं। और जीवन सतत विकासमान है—ऊपर, और ऊपर। अगर तुम रुके तो तुम रुग्ण हो जाओगे। जैसे ही कोई धारा रुकती है, सड़ना शुरू हो जाती है। धारा बहती रहे तो स्वच्छ रहती है।

तो तुम्हारे तथाकथित धार्मिक लोगों ने भी इसमें हाथ बँटाया है—जिन्होंने दमन सिखाया है।

कामवासना के दमन का परिणाम है कि मनुष्य-जाति पागल होती है फिर पागलों का अध्ययन करते हैं मनोवैज्ञानिक और वे उस अध्ययन को लागू करते हैं सभी के ऊपर। किसी मनोवैज्ञानिक ने मीरा का अध्ययन किया नहीं, बुद्ध का अध्ययन किया नहीं। और यही असली सबूत हैं मनुष्य के। बुद्ध का अध्ययन हो, मीरा का अध्ययन हो, मंसूर का अध्ययन हो, इनके अध्ययन से जो निष्पत्तियाँ मिलेंगी, वे हमें खबर देंगी कि मनुष्य क्या हो सकता है; मनुष्य की संभावना का द्वार खोलेंगी।

इसलिए मनस्विदों से सावधान रहना। धार्मिकों से सावधान रहना, क्योंकि वे दमन सिखाते हैं। मनस्विदों से सावधान रहना, क्योंकि वे पागलों के द्वारा ली गई निष्पत्तियों को सबके ऊपर आरोपित करते हैं।

दोनों ही गलत हैं। दमन की कोई जरूरत नहीं है। जीवन सहज और सरल हो, मुक्त, निर्बाध! मगर उतना ही काफी नहीं। उतने से तुम स्वस्थ हो जाओगे, रुग्ण नहीं होओगे मगर स्वास्थ्य काफी नहीं है।

अपने-आपमें स्वास्थ्य का क्या मूल्य है? स्वास्थ्य का इतना ही मूल्य हो सकता है कि वह साधन बन जाए परमात्मा तक पहुँचने का। निर्बंध-अबाध जीवन की धारा हो तो स्वस्थ होगी। स्वस्थ धास हो तो फिर सागर की तरफ ले चलो। फिर बहो सागर की तरफ। जिस दिन तुम जानोगे प्रेम को उस दिन पाओगे कि मनोवैज्ञानिक गलत कहते हैं। जिन्होंने प्रेम का थोड़ा-सा भी अनुभव किया है, वे जानते हैं कि मनोवैज्ञानिक गलत हैं।

लेकिन अड़चनें कुछ हैं। अड़चनें यह हैं कि प्रेम का अनुभव हो तो तुम्हें होता है। इस अनुभव को दुनिया के सामने रखा नहीं जा सकता। और इस अनुभव को दुनिया के सामने रखो तो दुनिया कुछ-का-कुछ समझेगी। क्योंकि दुनिया वही समझ सकती है जो समझ सकती है—जहाँ तक दुनिया की समझ है।

तुमने कभी कोशिश की? एक छोटे बच्चे को, चार साल के बच्चे को, तुम अगर कामशास्त्र समझाना चाहो वात्स्यायन का, तो नहीं समझा पाओगे, लाख सिर पटको। कैसे समझाओगे? और बिलकुल मत समझाओ। वात्स्यायन के कामसूत्र का पता ही न चलने दो इसको, लेकिन जब यह जवान हो जाएगा और इसकी काम-उर्जा पकेगी तो तुम्हारे बिना समझाए भी समझ लेगा।

पशु-पक्षियों को कौन समझाता है? वात्स्यायन की किताब पढ़ते नहीं, खजुराहों के मंदिर जाते नहीं। कौन समझाता है इनको? जब ऊर्जा पकती है तो समझ आती है।

ऐसे ही एक दिन जब प्रेम पकता है तो समझ आती है। मनस्विद ऐसे ही है जैसे चार साल का बच्चा; उसको हम कामवासना नहीं समझा सकते। ऐसे ही मनस्विद है; उसे हम प्रेम का रहस्य नहीं समझा सकते, क्योंकि उसने प्रेम के रहस्य को पकने ही नहीं दिया। पकना तो दूर है, वह तो एक जिद्द मानकर बैठा है कि ऐसी कोई चीज होती ही नहीं। जब होती ही नहीं तो खोज बंद हो गई। फिर इसके बड़े अजीब-अजीब परिणाम होते हैं।

एक मित्र ने प्रश्न पूछा है :

'एक महिला ने मीरा पर महानिबंध लिखा है। उसने उसमें कहा है कि मीरा एक साधारण औरत थी और उसका गोपाल पाँच हजार साल पहले हुआ कृष्ण नहीं था। लेकिन साधु उसके घर आया था, वह उसी साधु के प्रेम में पड़ गई थी। और उस समय वह पाँच साल की नहीं थी, बल्कि युवती थी।

आपके बारे में भी समाज में एक बड़ा हिस्सा मानता है कि आप धर्म की आड़ में निर्बंध कामाचार को प्रोत्साहन दे रहे हैं।

क्या प्रत्येक ज्ञानी का मार्ग इसी प्रकार के क्लिष्ट धुएँ से आच्छादित रहता है?

अब जिस महिला ने मीरा पर यह खोज की होगी, यह खोज उसी महिला के संबंध में है, मीरा के संबंध में जरा भी नहीं है। और मुझे उस बेचारी पर दया आती है। नाम तो उन्होंने लिखा नहीं, जिसने यह महानिबंध लिखा है।

उस पर मुझे दया आती है, लगता है, उसे साधु भी नहीं मिला। खुद साधु मिल जाता तो महानिबंध लिखने में समय खराब करती? तो मीरा पर महानिबंध लिखने की जरूरत क्या है?

अब यह बड़े मजे की बात है। एक तो मीरा गलत; उसकी जिंदगी खराब गई इसके हिसाब से। और यह अपनी जिंदगी खराब कर रही है उस

पर महानिबंध लिखकर। महानिबंध लिखने में वक्त लगता है--तीन-चार साल, पाँच साल, ये पाँच साल किसलिए खराब करते हो?

मगर यह जो महिला लिखी होगी किताब, ये उन्हीं तथाकथित मनस्विदों के आधार पर कही गई बातें हैं। अब पहली तो बात यह है कि मीरा को समझने के लिए मीरा-जैसी भाव-दशा चाहिए, मीरा को समझने के लिए किसी यूनिवर्सिटी की डिग्री की कोई जरूरत नहीं है।

मीरा के पास कोई डिग्री नहीं थी। मीरा को समझने के लिए मीरा का भाव चाहिए। बजाए इन देवी को कि ये महानिबंध लिखें, थोड़ा भक्ति-भाव सीखें, साधु-संगत करें; किसी साधु के प्रेम में पड़ें; थोड़ा बिगड़ें, कुछ रस लगे। कुछ धुन पकड़े। और किसी दिन अपने को पाएँ नाचते मीरा जैसा--तो कुछ समझ में आएगी बात; तो रास्ता खुलेगा। नहीं तो यह निष्कर्ष स्वाभाविक है।

यह बिलकुल स्वाभाविक है कि पाँच हजार साल पहले कृष्ण हुए--अब पाँच हजार साल पहले हुए कृष्ण को तो कैसे प्रेम करोगे? क्योंकि हमारा प्रेम तो बड़ा भौतिक अर्थ का होता है; शारीरिक होता है। हमारी धारणा उतनी है कि बस शरीर से होता है। शरीर से ही जो प्रेम होता है, वह कैसे मान सकता है कि पाँच हजार साल के फासले पर प्रेम हो सकता है।

अब यह बड़ी मुश्किल है। यह ऐसा ही है जैसे अंधे आदमी को समझाओ कि रोशनी होती है--ऐसे ही उसको समझाना, जिसको केवल शारीरिक प्रेम का ही पता है। उसको समझाना मुश्किल है कि प्रेम अनंतकाल की दूरी पर भी हो सकता है। प्रेम के लिए कोई बाधा न समय की है और न काल की है। प्रेम के लिए अगर कोई बाधा है तो सिर्फ अहंकार की है; और कोई बाधा नहीं है। सिवाय अहंकार के और कोई चीज प्रेम में बाधा बनती ही नहीं।

अगर यह अकड़ है कि मैं हूँ कुछ, तो भर प्रेम नहीं होता। फिर चाहे तुम्हारा प्रेमी तुम्हारे पास ही क्यों न बैठा हो; गलबाँही डाले क्यों न बैठा हो। अगर अहंकार है तो प्रेम नहीं होता। पास बैठे रहो। शरीर से लगाया हुआ शरीर लगा हो, बैठा हो, तो भी प्रेम नहीं होता। अगर अहंकार है तो इतना बड़ा फासला है कि उसको पूरा नहीं किया जा सकता। और अगर अहंकार नहीं है--और वही तो भक्ति का सूत्र है--तो फिर कोई फर्क नहीं पड़ता। कृष्ण पाँच हजार साल पहले हुए हों या पचास हजार साल पहले हुए हों, कोई फर्क नहीं पड़ता। कृष्ण यहाँ हों कि किसी और चाँद-तारे पर हों, कोई फर्क नहीं पड़ता।

तो पहले तो इन देवी का यह कहना है कि मीरा एक साधारण औरत

थी, सिर्फ अपने संबंध में संकेत देना है।

दूसरी बात : मुझसे अगर कोई कहे तो मैं कोई साधारण औरत को कुछ बुरा नहीं मानता। सभी साधारण हैं। असाधारण का क्या अर्थ होता है? असाधारण का इतना ही अर्थ होता है–जिसने अपनी साधारणता को पहचान लिया, वही असाधारण हो गया। जिसने अपनी निर-अहंकारिता को पहचान लिया, वही असाधारण हो गया। असाधारण का अर्थ होता है–अपनी साधारणता में मस्त हो गए।

मीरा को साधारण औरत कहने से यह महिला ही साधारण हो जाती है। अपने को साधारण जान लो, तो असाधारण हो जाओ। और मीरा ने अपने को बड़ा साधारण माना है। इतना ही कहती है कि हे प्रभु, मुझे चाकर रख लो; मुझे नौकर रख लो; मैं तुम्हारे पैर दबा दूँगी; मैं तुम्हारा काम कर दूँगी; सेवा-टहल कर लाऊँगी। मुझे चाकर राखो जी और तो कुछ माँगती नहीं। कुछ तो माँग नहीं है मीरा की।

तो पहले तो मैं कहूँ : मीरा को कोई भी दंभ नहीं है असाधारण होने का यही उसकी असाधारणता है। वह बिलकुल साधारण है।

दूसरी बात इन देवी ने खोजी कि जो साधु उसके घर आया था, वह उसी साधु के प्रेम में पड़ गई थी; वह पाँच हजार साल पहले हुए कृष्ण के प्रेम में नहीं थी। लेकिन इस साधु में भी कृष्ण उतने ही हैं। इस साधु की कोई खराबी है? इसका कोई कसूर? इस साधु के भी प्रेम में अगर मीरा पड़ जाए, तो इन देवी को कोई अड़चन मालूम होती है? कृष्ण तो सर्वव्याप्त हैं। कृष्ण कोई व्यक्ति का नाम थोड़े ही है।

अगर तुम मुझसे पूछो तो मैं ऐसा नहीं कहूँगा कि कृष्ण से प्रेम करो। मैं कहूँ : प्रेम करो; जिससे प्रेम हो जाए वही कृष्ण है। कृष्ण से थोड़े ही प्रेम होता है; प्रेम से कृष्ण होते हैं। क्या फर्क पड़ता है? ठीक, चलो, यह अनाम साधु जो आया था, इसके प्रेम में पड़ गई होगी। तो भी कुछ हर्जा नहीं। प्रेम में पड़ गई, यह बात पक्की है। और प्रेम में पड़ गई कि मीरा-मीरा हो गई। किसके प्रेम में पड़ी क्या फर्क पड़ता है? यहाँ नाम-धाम का ही फर्क है, बाकी तो एक ही बसा है।

मगर इन देवी की चेष्टा यह है कि कृष्ण का प्रेम कुछ खास; कृष्ण का प्रेम होता तो चलो क्षमा कर देतीं ये उसको; मान लेतीं कि चलो, ठीक है, चलने दो। मगर साधु। साधु में तुम्हें परमात्मा नहीं दिखाई पड़ता। तो कृष्ण

में ही ऐसी क्या खूबी थी? ग्वाले थे।

किसी को कृष्ण की निंदा करनी हो तो क्या अड़चन है? कि इस ग्वाले के प्रेम में पड़ गई। साधु भी उनका ही रूप है।

मगर यह देवी इस कोशिश में ही लगी हैं कि किसी तरह मीरा को छोटा सिद्ध करना है। कहीं इन देवी को चोट लग रही होगी। शायद ये भी कुछ तुक बंदी वगैरह जानती हों, तो शायद सोचती हों कि ये भी कुछ कवि इत्यादि हैं।

मुल्ला नसरुद्दीन एक दिन मुझसे बात कर रहा था। ऐसे साहित्य की बात चल पड़ी तो कहने लगा कि उर्दू साहित्य की हालत बड़ी खराब है। मैंने पूछा : मतलब? तो उसने कहा कि अब आप तो जानते ही हैं, मिर्जा गालिब को मरे कितना समय हो गया। फिर इकबाल भी चले गए। और फिर मेरी भी तबीयत कुछ दिनों से ठीक नहीं रहती।

बस उर्दू साहित्य पूरा हो गया। 'इधर कुछ दिनों से मेरी तबीयत भी ठीक नहीं रहती। उर्दू साहित्य की हालत बड़ी खराब है।' शायद कुछ तुकबंदी इन देवी को भी आती होगी। मीरा से अड़चन पड़ती होगी। मीरा को किसी तरह नीचे लाना जरूरी है।

तुम ध्यान रखना : संतों की निंदा में अकसर कारण यही होता है : ईर्ष्या। यह बात मानना बहुत कठिन होती है अहंकार को कि कोई हमसे ऊपर। खींचो। किसी भी तरह खींचो। इसलिए संतों की जब भी निंदा चलती है, तुम तत्क्षण मान लेते हो, तुम फिर खोजबीन ही नहीं करते। फिर कोई फिक्र ही नहीं करता—इस बात की खोजबीन करने की कि इसमें सचाई कितनी है।

निंदा हम तत्क्षण स्वीकार करते हैं। प्रशंसा—हम एकदम ठिठक जाते हैं। हम कहते हैं : 'प्रशंसा! यह हो नहीं सकता।' अच्छा तो हो ही नहीं सकता, हमारी यह मान्यता है। यह तो सिद्ध सिद्धांत है हमारा कि शुभ तो यहाँ होता ही नहीं; अशुभ ही होता है। अशुभ कोई कहे तो हम मान लेते हैं। शुभ की कोई खबर दे, हम लाख झँझटें खड़ी करते हैं, तर्क उठाते हैं।

इसलिए उनको यह भी अड़चन है। वे कहती हैं कि 'साधु के प्रेम में पड़ गई थीं—जो साधु घर आकर रुका था। और उस समय वह पाँच साल की नहीं थीं, बल्कि युवती थीं।' यह भी उसको अड़चन रही होगी कि अब पाँच साल की अगर मानो तो फिर यह साधु के प्रेम में पड़ना कुछ जँचेगा नहीं; इसमें कुछ ताल-मेल नहीं बैठेगा। फिर इसको वासना नहीं कहा जा सकेगा। तो मीरा को खींचकर युवती बनाना पड़ता है, हो सकता है, साधु का नाम

गोपालदास जी या ऐसा कुछ रहा हो। बाबा गोपालदास। या रणछोड़दासजी! कुछ ऐसा नाम रहा हो और मीरा धोखा दे रही है दुनिया को। पड़ी है इस लफंगे के चक्कर में और बातें कर रही है कृष्ण की। ऐसी उनकी चेष्टा है।

यह चेष्टा क्षुद्र वृत्ति से उठी है। मीरा को समझने के ये ढंग नहीं।

मुझे कुछ अड़चन नहीं है। मीरा अगर जवान रही हो तो और भी अच्छा। इसमें क्या अड़चन है? जवानी में कुछ बुराई नहीं है। जवानी में बुराई होती तो परमात्मा जवानी लाता ही नहीं। परमात्मा जवानी से बहुत खुश है–इसलिए तो जवानी को सौंदर्य देता, प्रतिभा देता, रूप-रंग देता। जब फूल पूरा खिलता है तो कोई कसूर तो नहीं है। कोई बौड़ी जो खिली नहीं है, कोई बड़ी महिमा की बात तो नहीं है। तो पाँच साल की बच्ची बौड़ी है। जवान युवती खिल गया फूल है। क्या हर्ज है?

और मीरा किसके प्रेम में पड़ी, यह मुझे अड़चन नहीं आती। हाँ, दूसरों को अड़चन आएगी। ऐसे धर्मगुरु तुम्हें मिल जाएँगे, जो इसका खंडन करेंगे, कि यह बिलकुल गलत है। मुझे इसमें अड़चन नहीं आती कि किसके प्रेम में पड़ी। प्रेम में पड़ी, यह काफी है।

मैं प्रेम का हामी हूँ, पक्षपाती हूँ। तुम किसी को तो प्रेम करो! तुम प्रेम तो करो! तुम प्रेम का स्वाद तो ले लो। तुम किसी के साथ प्रेम का स्वाद ले लो, तुम धीरे-धीरे पाओगे : वहीं से परमात्मा का रास्ता बनना शुरू हो गया। क्योंकि प्रेम उसका रास्ता है। अप्रेम विपरीत जाना है परमात्मा के; प्रेम, उसके अनुकूल जाना है। जिससे हो जाए, उससे करो। प्रेम के संबंध में शर्तबंदी न रखो।

प्रेम प्रार्थना का प्रथम रूप है; भक्ति की शुरूआत है।

चौथा प्रश्न *: भक्त की भाव-दशा के संबंध में कुछ कहें।*

भक्त की भाव-दशा ऐसे ही है जैसे प्रतिपल बदलता हुआ मौसम। अभी सूरज निकला है और हवाएँ शांत हैं और वृक्ष किरणों में नहाए खड़े हैं। और अभी-अभी वर्षा हो सकती है, मेघ घिर जाएँ, जल बरसने लगे; सूरज बदलियों में छिप जाए। अभी-अभी हवा के झोंके आ सकते हैं और वृक्षों को हिला डालें। और अभी-अभी सब कुछ हो सकता है।

भक्त की भाव-दशा बड़ी तरंगायित दशा है। भक्त जड़ नहीं है–प्रवाह है।

तो किसी एक शब्द से भक्त की दशा नहीं कही जा सकती। कभी रोता है–विरह में। और कभी हँसता है–मिलन में। कभी भक्त को नाचते पाओगे,

जैसे सारे जगत की संपदा मिल गई; और कभी ऐसे जार-जार रोते पाओगे, जैसे सब खो गया। कभी प्रभु का गुणगान करते पाओगे–'भगत देख राजी हुई'। और कभी संसार की तरफ देखते हुए भक्त को बड़ा उदास पाओगे– 'जगत देख रोई!'

तो कोई भाव-दशा को एक शब्द नहीं दिया जा सकता; परिभाषा नहीं हो सकती। भक्त की भाव-दशा बदलती है। तब तक बदलती रहती है, जब तक भक्त भगवान ही नहीं हो जाता; जब तक भगवान में लीन नहीं हो जाता।

तो मीरा के भजनों में भी तुम अलग-अलग भावों के प्रतिबिंब पाओगे। कभी रोने के, कभी हँसने के, कभी मस्ती के, कभी आनंद के–कभी नाराजगी के भी। भक्त भगवान से नाराज भी हो जाता है। वह हक है उसका नाराज होने का। ज्ञानी तो डरता है। वह तो सँभलकर चलता है। वह तो व्यवहार की बातें करता है–भगवान से भी औपचारिकता!

भक्त नहीं डरता। भक्त को क्या डरना! प्रेम कभी डरता ही नहीं। जिससे तुम्हारा प्रेम है, उससे तुम निर्भय हो जाते हो। तो भक्त कभी जूझ भी लेता है; कभी दो-दो बातें भी हो जाती हैं। कभी मनमुटाव भी हो जाता है। कभी दो-चार दिन के लिए नाराज भी हो जाता है तो भक्ति इत्यादि छोड़ देता है। रख देता है मूर्ति-वूर्ति बंद करके संदूक में–कि रहो पड़े!

भक्त की यह तरलता समझनी होगी। उसकी सरलता समझनी होगी। उसकी सहजता समझनी होगी। कभी-कभी रूठ जाता है और प्रतीक्षा करता है कि मनाओ अब। और भगवान मनाते भी हैं। भक्त को मनाना ही होगा। यह खेल दोनों तरफ से चलता है।

ज्ञानी तो बिलकुल अकेला है। वहाँ छिया-छी खेलने का उपाय ही नहीं। लेकिन भक्त एक अपूर्व स्थिति में है; वहाँ छिया-छी चल सकती है। कभी छिप जाता है। कभी आवाज देता है कि खोजो मुझे। कभी खोजने निकलता है।

काँटों पै एतबार किया है कभी-कभी
फूलों को शर्मसार किया है कभी-कभी
पैमानाए बहार किया है कभी-कभी
जल्वों को आशकार किया है कभी-कभी
रहम आ गया जो इनपै मेरे ज़ब्ते इश्क़ को,
आँखों को अश्क़बार किया है कभी-कभी
रस्मो-रिवाजे-इश्क़ का कायल नहीं मगर

दामन को तार-तार किया है कभी-कभी
गो बेख़बर नहीं हूँ हक़ीक़त से खार की
फूलों पै एतबार किया है कभी-कभी
जो देवता भी पा न सके मैंने वो क़दम
चूमे हैं, उनसे प्यार किया है कभी-कभी
सर आस्ताँ पे तेरे झुकाए रहा मगर
इसको सुपुर्द-ए-दार किया है कभी-कभी
मैं हूँ तो कोई दूसरा कैसे हुआ नहीं
मैं ही को 'तू' शुमार किया है कभी-कभी।

ऐसा चलता है।

काँटों पै एतबार किया है कभी-कभी
फूलों को शर्मसार किया है कभी-कभी।

कभी भरोसा काँटों पर हो जाता है। कभी जीवन का दुःख परमात्मा से विरह—एक काँटे की तरह चुभ जाता है। बड़ी विषाद की दशा हो जाती है। अँधेरी रात छा जाती है। अमावस आ जाती है भक्त के प्राणों पर। और कभी-कभी फूल खिलने लगते हैं, पूर्णिमा हो जाती है। संसार भूल जाता है, विरह भूल जाता है। उसकी एक छोटी-सी किरण भी मिलती तो मिलन का रस ... आलिंगन मिलने लगता है।

पैमानाए बहार किया है कभी-कभी
जल्वों को आशकार किया है कभी-कभी

कभी सब मरुस्थल-जैसा मालूम पड़ता है; कभी सब पतझड़ हो जाता है। और कभी बसंत आता है और बसंत का सारा सौंदर्य आता है और बसंत की जवानी आती है। और खूब फूल खिलते हैं और पक्षी खूब गीत गाते हैं।

भक्त में सारे मौसम हैं। ज्ञानी एक मौसम में जीता है—स्थिर; स्थितप्रज्ञ। ज्ञानी की लौ ऐसी है कि जहाँ हवा का झोंका भी नहीं आता। वह ज्ञानी की चेष्टा है। ध्यान का वही अर्थ है। ध्यान का अर्थ है : चित्त बिलकुल स्थिर हो जाए; जरा भी हिले-डुले नहीं। स्थिरता ज्ञानी का प्रयास है।

भक्त कहता है : डुलाओ मुझे! हिलाओ मुझे! नचाओ मुझे!

पैमानाए बहार किया है कभी-कभी
जल्वों को आशकार किया है कभी-कभी

रहम आ गया जो इनपै मेरे ज़ब्ते इश्क़ को
आँखों को अश्कबार किया है कभी-कभी।

कभी मुस्कुराता है, कभी आँखों से आँसुओं की झड़ी लग जाती है।

रस्मो-रिवाजे-इश्क का कायल नहीं मगर
दामन को तार-तार किया है कभी-कभी।

भक्त कहता है कि मुझे रस्मो-रिवाज, वे जो प्रेम के औपचारिक नियम हैं, उनका मैं कायल नहीं हूँ, उनको मैं मानता भी नहीं हूँ; लेकिन फिर भी कभी ऐसी घड़ियाँ आ गईं कि अपने वस्त्रों को फाड़कर फेंक दिय है।

दामन को तार-तार किया है कभी-कभी
गो बेख़बर नहीं हूँ हक़ीक़त से ख़ार की

—हालाँकि मुझे पता है कि काँटे की भी असलियत है।

गो बेख़बर नहीं हूँ हक़ीक़त से ख़ार की
फूलों पै एतबार किया है कभी-कभी।

फिर भी फूलों पर भरोसा, वह भी हुआ है। सब हुआ है।

भक्त का जीवन बड़ा समृद्ध है। ज्ञानी का जीवन एक-आयामी है; भक्त का जीवन बहु-आयामी।

जो देवता भी पा न सके मैंने वो क़दम
चूमे हैं, उनसे प्यार किया है कभी-कभी।

मगर 'कभी-कभी'। यह रोज बदलती है बात। यह रोज घटती है बात। भक्त का भाव रूपांतरित होता रहता है। भक्त का भाव जीवंत है। जहाँ जीवन है, वहाँ रूपांतरण है। भक्त का भाव बहती हुई गंगा की भाँति है। ज्ञानी का ज्ञान सरोवर की तरह बंद—ठहरा हुआ। भक्त के जीवन में सब आता है, सब जाता है। लेकिन इन सबके पीछे एक सारसूत्र है—जो ठहरा रहता है

जैसे फूलों की माला में एक सूत्र, धागा पिरोया होता है, अलग-अलग फूल हो सकते हैं—गुलाब का फूल, गेंदे का फूल, चंपा, चमेली—मगर सबके पीछे पिरोया हुआ एक सूत्र होता है—समर्पण का भाव; प्रेम। वह भाव-दशा उसकी थिर है। नाराज होता है, तब भी प्रेम में कमी नहीं है। रूठ जाता है, तब भी प्रेम में कमी नहीं है। पूजा करता है, तब भी प्रेम में कुछ फर्क नहीं है। आँसू बहाता है, उदास है कि खुश है; लेकिन प्रेम सतत बना रहता है। ऊपर-ऊपर सब फूल बदलते हैं; भीतर एक एकरसता बनी रहती है।

बसाया बिजलियों में आस्माँ की
इलाही ख़ैर मेरे आशियाँ की
समेटा दो जहाँ को अपने दिल में
ख़बर पाई निशाने-बेनिशाँ की
जिधर उठती निगाहे-शौक अपनी
उधर आई सिमट रौनक जहाँ की,
जहाँ जोश आया एक नारा लगाया
भर आया जी तो पैहम एक फुगाँ की
जहाँ सर झुक गया सजदे हुए हैं
रही बंदिश न संगे-आस्ताँ की।

भक्त पर कोई बंदिश नहीं है; कोई नियम-व्यवस्था, अनुशासन नहीं है। भक्त का भाव परम स्वच्छंद भाव है। 'जहाँ सर झुक गया सजदे हुए हैं' जहाँ सिर झुक गया है, वहीं प्रार्थना हो गई। 'रही बंदिश न संगे-आस्ताँ की।'

फिर इसकी फिक्र नहीं की कि किसी देहरी पर सिर झुका—मंदिर था कि मस्जिद थी; कि राम थे कि रहीम थे; कि कृष्ण थे कि क्राइस्ट थे। इस पर कोई बंदिश नहीं है भाव की। भाव बंदिश जानता ही नहीं। भाव परम स्वतंत्रता की दशा है।

बसाया बिजलियों में आस्माँ की
इलाही ख़ैर मेरे आशियाँ की।

और कितनी ही पीड़ा मिले, धन्यवाद नहीं छूटता। और कितना ही विरह सताए, धन्यवाद नहीं छूटता। कहा है :

बसाया बिजलियों में आस्माँ की
इलाही ख़ैर मेरे आशियाँ की।

अगर बिजलियों में भी आसमान की, भक्त को अपना घर बनाना पड़ा हो, अपना आशियाँ बनाना पड़ा हो, अपना नीड़ बसाना पड़ा हो—तो भी वह कहता है : 'इलाही ख़ैर मेरे आशियाँ की!' तेरी बड़ी कृपा है!

समेटा दो जहाँ को अपने दिल में
ख़बर पाई निशाने-बेनिशाँ की।

और जिसने भी, ये जो दो दुनियाएँ हैं—यह और वह; संसार और परलोक—जिसने इन दोनों को समेट लिया अपने दिल में, और जिनकी वासना इन दोनों की तरफ दौड़ती अब नहीं, बंद हो गई, रुक गई, न इस दुनिया में

कुछ चाहता है न उस दुनिया में कुछ चाहता है; जिसने ऐसी स्थिति बना ली कि परमात्मा को चाहता है, और कुछ भी नहीं चाहता है–न स्वर्ग के सुख, न संसार के सुख ...

समेटा दो जहाँ को अपने दिल में
ख़बर पाई निशाने-बेनिशाँ की

...उसे खबर मिलती है उस निशान की–जो बेनिशाँ है। उसे उस जगह का पता मिल जाता है, जो ला-पता है। उसे अज्ञात का ज्ञान होना शुरू होता है। उसे अदृश्य दृश्य होता है; अश्राव्य सुनाई पड़ता है।

जहाँ सर झुक गया सजदे हुए हैं
रही बंदिश न संगे-आस्ताँ की।

जैसे-जैसे भक्त आगे बढ़ता जाता है, जैसे-जैसे भक्ति प्रगाढ़ होती है, प्रांजल होती है, वैसे-वैसे सभी मूर्तियाँ उसी की हो जाती हैं। तब सभी में वह–अगर कृष्ण का भक्त है तो कृष्ण को देखने लगता है; राम का भक्त है तो राम को देखने लगता है। वह तो बहाना है–राम और कृष्ण। वह तो शुरूआत है–क, ख, ग। जैसे-जैसे बढ़ते जाते हो, फिर कुछ फर्क नहीं रह जाता।

फिर तो दिखाई पड़ता है, वही कृष्ण दिखाई पड़ता है। और जब तक ऐसा न हो जाए तब तक जानना : अभी भक्ति की बातें तुमने सुनीं और बातें तुमने कीं; लेकिन भक्ति में बहे नहीं, भक्ति को पीया नहीं।

***पाँचवाँ प्रश्न** : आप पूना पधारे, इसमें हमारी क्या पात्रता हो सकती है? फिर भी आपने अपनी करुणा का सागर ही हम पर उड़ेल दिया। मैं उससे थोड़ा ही भीग पाया, लेकिन उससे भी जीवन में बहुत आनंद पाता हूँ। साथ ही यह खटका भी है कि पूर्ण जीवन रूपांतरण का अवसर सामने है और मैं चूकता चला जाता हूँ। इसकी जिम्मेवारी पूरी-की-पूरी मेरी है। लेकिन भगवान, जो भी आपने दिया, वह बहुत है और उसके लिए मेरा अहोभाव स्वीकार करें।*

पूछा है–स्वामी सत्य निरंजन ने। एक ही भूल है इस प्रश्न में, बाकी सब ठीक है। और भूल समझ में आ जाए तो वह जो अड़चन मालूम हो रही है, मिट जाएगी, बाधा हट जाएगी। और भूल ऐसी सूक्ष्म है कि एकदम से समझ में न आएगी। और जब मैं कहूँ तो तुम चौंकोगे।

... कहा है सत्य निरंजन ने कि 'करुणा का सागर हम ही पर उँडेल दिया। इसमें हमारी क्या पात्रता हो सकती है।'

पात्र तो तुम हो ही जन्म से। अपात्र तो कोई होता ही नहीं। अपात्र परमात्मा बनाता ही नहीं। क्योंकि अगर तुम अपात्र हो तो फिर बनाने वाला अपात्र हो जाएगा। अगर घड़ा ठीक न बने तो घड़े को थोड़े ही दोष देते हो; कुम्हार को दोष देते हो। और कुम्हार वही है—एक ही है। वही बुद्ध का घड़ा बनाता है, वही मीरा का, वही तुम्हारा निरंजन है। कुछ भेद नहीं है बनाने वाले में। वे ही हाथ, वही कला। सच तो यह है कि बनाते-बनाते और कलाकार हो गया है।

बुद्ध को ढाई हजार साल पहले बनाया था; तुमको ढाई हजार साल बाद बनाया। तो ऐसा थोड़े ही है कि बूढ़ा होता जा रहा है और बुद्धि गँवाता जा रहा है, कि सठिया गया है। ढाई हजार साल के अनुभव के बाद तुम्हें बनाया—और सुंदर बनाया है।

रवींद्रनाथ ने कहा है : परमात्मा हारता ही नहीं; बनाए जाता है। हम चाहे उसकी मरजी पूरी करें, न करें। मगर वह थकता नहीं। वह नए-नए संस्करण भेजता ही चला जाता है। वह जगत को रोक नहीं देता। वह उसके प्रेम की लीला है।

तुम पात्र ही हो। पात्रता के लिए कुछ और करना नहीं है। लेकिन तुम्हारे धर्मगुरुओं ने तुम्हें सिखाया है कि पात्रता के लिए बहुत कुछ करना पड़ेगा : ब्रह्मचर्य साधो, नहीं तो अपात्र! परमात्मा ने दी है काम-ऊर्जा और तुम्हारा धर्मगुरु सिखा रहा है : ब्रह्मचर्य साधो; नहीं तो अपात्र। अब तुम झंझट में पड़े। अब यह ब्रह्मचर्य सधता नहीं। साधने की कोशिश करो तो और मुश्किल खड़ी होती है। जितना साधो उतना ही मन और कामनाग्रस्त होता चला जाता है। तो फिर अपात्रता का खयाल पैदा होता है।

अपात्रता पैदा की तुम्हारे धर्मगुरु ने। वह तुममें अपराध-भाव पैदा करवाता है; यह ऐसा ही है कि तुम दो बार खाना खाते हो, धर्मगुरु कहता है : एक बार खाओ तो पात्र। अब तुम एक बार खाते हो, तो दिन-भर भूख लगी रहती है। बार-बार भोजन के ही खयाल आते हैं।

बिस्तर पर लेटते हो तो बस थालियाँ सज जाती हैं। रास्ते पर निकलते हो तो और कुछ दिखाई नहीं पड़ता। इधर से हलवे की गंध आती है, उधर से भजिए की गंध आती है। वैसे कभी नहीं आती थी; जबसे एक दफा भोजन शुरू किया, तो एकदम रास्ते पर जाओ तो बस आदमी तो दिखाई ही नहीं पड़ते—भजिए, मिठाई की दूकानें, भोजनालय। और चित्त बड़े-बड़े विचारों में पड़ता है। अब तुम अपात्र हुए। अब झंझट बनी। अब तुमको लगा कि यह

मामला क्या है; मैं क्या पागल हूँ भोजन के पीछे?

पागल नहीं हो। तुम्हारे धर्मगुरु ने तुम्हें अस्वाभाविक करके पागलपन की हालत करवा दी। उल्टा-सीधा कुछ करोगे–अपात्र मालूम होने लगोगे। किसी ने बता दिया कि रोज तीन बजे रात उठना। अब उठने लगे तीन बजे; अब दिन-भर नींद आती है। पूछने गए गुरु से तो गुरुदेव कहते हैं कि तामसी हो। यह तामस का लक्षण है–दिन में नींद का आना। स्वभावत: तामस का लक्षण है। तुमको भी जँचती है कि बात तो ठीक है। और यही गुरुदेव ने बताया था कि तीन बजे उठना। अब गुरुदेव समझाते हैं कि तामस से छूटना है तो तामसी भोजन छोड़ो; तुम सिर्फ दूध पर ही रहने लगो। अब तुम दूध पर रहने लगो तो अब भोजन के खयाल आते हैं।

जाओ गुरु के पास। गुरु कहते हैं : तुम भ्रष्ट हो, पापी हो। भोजन के खयाल! ये होने ही नहीं चाहिए। तुम अपात्र हो।

सारे संसार को परमात्मा तो पात्र की तरह बनाता है, लेकिन तुम्हारे परमात्मा सब पात्रों को यह भ्रांति दे देते हैं कि तुम अपात्र हो। यहाँ पात्र-ही-पात्र हैं, क्योंकि सब पर परमात्मा के हस्ताक्षर हैं; अपात्र कोई हो कैसे सकता है। मैं तुम्हें यही स्वतंत्रता देना चाहता हूँ कि तुम पात्र हो और अगर कभी अपात्रता पैदा होती है तो जरा गौर करना : तुम जरूर किसी मूढ़ की बात मानकर चल रहे होओगे, जिससे अपात्रता पैदा होती है।

तुम अस्वाभाविक हो रहे होओगे। तुम निसर्ग से चूक रहे होओगे, इसलिए अपात्रता पैदा होती है। अपात्रता तुम्हारी नियति नहीं है, तुम्हारा स्वभाव नहीं है। और अगर तुम नैसर्सिक हो जाओ तो तुम पात्र हो। एक बात।

दूसरी बात पूछते हो कि जो भी थोड़ा मैं भीग पाया, उससे जीवन में बहुत आनंद है। थोड़े भी भीग गए तो शुरूआत हो गई। बच न सकोगे। एक कदम मुझमें उतरे तो फिर लौट न सकोगे। एक कदम मेरे साथ चल लिए तो बात खतम हो गई; अब पीछे लौटना नहीं है। देर-अबेर कुछ भी हो जाए, आगे बढ़ना ही होगा। क्योंकि जहाँ आनंद मिलना शुरू हुआ–आनंद खींचता है चुंबक की तरह। फिर तुम अब नहीं कल, सब दाँव पर लगा दोगे। और निरंजन, जल्दी ही दाँव पर लगाने की तैयारी आ रही है। समय आ रहा है, सब दाँव पर लगाना होगा।

थोड़े भीग गए, पर्याप्त है। ये थोड़े-से जो छींटें पड़ गए, ये काफी हैं। ये तुम्हें पूरा रंग डालेंगे। ये छींटे ऐसे नहीं हैं सिर्फ छींटे हैं–एक-एक बूँद

सागर को लिए है। एक-एक बूँद सागर है।

और तुम कहते हो : 'यह खटका भी रहता है कि पूर्ण जीवन रूपांतरण का अवसर सामने है, और मैं चूकता चला जाता हूँ। इसकी जिम्मेवारी पूरी-की-पूरी मेरी है।'

यह भ्रांति छोड़ो। यही मैं तुमसे कहना चाहता हूँ कि इसकी जिम्मेवारी पूरी-की-पूरी मेरी है—यह भ्रांति छोड़ो। क्योंकि यह भी सूक्ष्म अहंकार है। यह तुम्हें कठिन होगा समझना। लेकिन समझना जरूरी है। यह भी सूक्ष्म अहंकार है कि जिम्मेवारी मेरी है। यह 'मैं' छोड़ो। मैं अनेक-अनेक ढंगों से निर्मित हो जाता है। अब वह एक नया रास्ता खोज रहा है। वह कह रहा है कि कोई क्या करे! वे तो इतना बरसा रहे हैं, मैं नहीं ले रहा तो जिम्मेवारी मेरी है। यह बात बिलकुल तर्कयुक्त लगेगी कि जिम्मेवारी मेरी है। 'मैं' इससे ही भर जाएगा। और वही अड़चन है।

'मैं' अड़चन है। 'मैं' के कारण ही पूरा रूपांतरण नहीं हो रहा है। और 'मैं' अब एक नई शकल ले रहा है, और ऐसी शकल ले रहा है कि बड़ी होशियारी की, कि तुम पहचान भी न पाओगे।

अब 'मैं' कह रहा है कि अब क्या किया जा सकता है? मैं ही अपात्र! मैं ही पापी। मैं ही अज्ञानी। मैं ही बुरा-भला।

खयाल रखना : मैं इतना कुशल है कि अगर ठीक चीजें न मिलें तो विपरीत चीजों से भी अपने को भरता है। पहले कहता है : मैं ज्ञानी। अगर यह सिद्ध हो जाए कि मैं ज्ञानी नहीं तो भी छोड़ता नहीं पीछा; कहने लगता है : मैं अज्ञानी। पहले कहता है : मैं दुनिया का सबसे श्रेष्ठ व्यक्ति। पर फिर समझ में आने लगे कि यह बात तो ठीक नहीं है, तो वह कहने लगता है : मैं नाकुछ, आपके चरणों की धूल! मगर 'मैं' वहाँ भी कायम है।

'मैं' अपने को बचाता है। 'मैं' के रास्ते सूक्ष्म हैं, बड़े सूक्ष्म हैं। और इस कुशलता से बचाता है कि तुमको शक भी न आएगा। अब इस पर तुम्हें शक भी नहीं आ सकता है कि इसकी जिम्मेवारी पूरी-की-पूरी मेरी है। पूरी-की-पूरी। अभी तुम पूरे हो ही नहीं, तो पूरी-की-पूरी जिम्मेवारी तुम्हारी कैसे हो जाएगी? अभी तुम हो कहाँ कि जिम्मेवारी तुम्हारी हो जाए? जिम्मेवारी हो ही कैसे सकती है?

बुद्ध से किसी ने कहा कि मेरे पास बहुत धन-संपत्ति है, मैं लोगों की सेवा करना चाहता हूँ। आप मुझे आज्ञा दें, मैं क्या करूँ?

बुद्ध उसकी तरफ देखते रहे और बड़े उदास हो गए। और उस आदमी ने कहा : आप एकदम उदास क्यों हो गए? आपका चेहरा एकदम उदास क्यों हो गया? आप फूल की तरह खिले रहते हैं, आप एकदम कुम्हला क्यों गए?

बुद्ध ने कहा : इसलिए कि तू अभी है ही नहीं, सेवा कैसे करेगा। सेवा के पहले होना चाहिए।

गुरजिएफ कहता था अपने शिष्यों को कि तुम अभी हो ही नहीं। इसलिए पहली बात तो है कि तुम हो जाओ, फिर दूसरी बातें। लेकिन हमने यह मानकर पकड़ ली है बात कि हम हैं। यह मूल भ्रांति है।

तो निरंजन, यह फिक्र छोड़ो कि इसकी जिम्मेवारी तुम्हारी है। तुम हो ही नहीं अभी। और मैं यह नहीं कह रहा हूँ कि तुम यह कहने लगो कि मैं नहीं हूँ। नहीं तो तुम फिर पकड़ जाओगे। सिर्फ समझ लो।

एक शून्य है। इस शून्य को समझ लो, पहचान लो। और जैसे ही शून्य का भाव स्पष्ट हो जाएगा, फिर कोई रुकावट न रहेगी। शून्य पूर्ण से भर ही जाता है; अपने-आप भर जाता है, कुछ करना नहीं पड़ता। यह 'मैं' ही अड़चन बना है।

इसलिए अकसर ऐसा हो जाता है कि बहुत निष्ठावान लोग, बड़े उत्तरदायी लोग चूकते चले जाते हैं। निरंजन ऐसे ही निष्ठावान हैं। उनकी श्रद्धा मुझमें गहरी है। उनका लगाव गहरा है। चुपचाप छाया की तरह यहाँ वे मेरे काम में लगे रहते हैं। यह भी पहली दफा प्रश्न पूछा है। प्रश्न भी कभी नहीं पूछा है; लेकिन चुपचाप? कानों-कान किसी को खबर न हो।

जो लोग पूना में मेरे बहुत निकट आए हैं, उनमें निरंजन एक हैं। लेकिन यह दायित्व का भाव बचा हुआ अहंकार है। इसे भी जाने दो। इसके जाते ही सब हो जाएगा। और सब होने की घड़ी करीब आ रही है।

आखिरी प्रश्न *: मैं ईश्वर में भरोसा नहीं करता हूँ। क्या आप ईश्वर के होने का कोई प्रमाण दे सकते हैं?*

मैं प्रमाण हूँ। और क्या प्रमाण होता है? मेरे प्रेम को देखो। मेरी शांति को देखो, मेरे आनंद को देखो। चखो थोड़ा।

मैं जो कहूँगा, उससे प्रमाण होगा? कहे हुए शब्द ही तो शब्द ही होंगे। मेरे पास आओ। प्रमाण तो मिलेगा निकटता से। मेरे साथ बिगड़ो। मेरे साथ राजी होओ। कुछ चिंता न करो कि ईश्वर पर भरोसा नहीं है। हो भी कैसे

भरोसा? कैसे भरोसा आए? जो तर्क दिए गए हैं, सब लचर और कमजोर हैं। क्योंकि ईश्वर के लिए कोई ठीक तर्क हो नहीं सकता। ईश्वर तर्कातीत है। जिन्होंने तर्क दिए, हानि की, लाभ नहीं किया। क्योंकि उनके तर्कों के कारण ईश्वर को असिद्ध करने का उपाय मिल गया। जिन्होंने तर्क दिए ईश्वर के लिए कि ये-ये कारण हैं ईश्वर के होने में, उन्होंने रास्ता खोल दिया नास्तिकों के लिए। क्योंकि नास्तिक उन तर्कों का खंडन कर सकते हैं। खंडन की वजह से फिर ऐसा लगता है कि नास्तिक जीत गए। और जो भी तर्क दिए गए हैं ईश्वर के लिए, सब खंडित किए जा सकते हैं, मैंने अब तक ऐसा एक तर्क नहीं पाया, जो खंडित न किया जा सकता हो।

अगर नास्तिक और आस्तिक का तार्किक विवाद हो, तो नास्तिक ही जीतेगा, आस्तिक नहीं जीत सकता है। यह बात सच है। यह मैं आस्तिक होकर कह रहा हूँ। आस्तिक कमजोर है। आस्तिक लचर है। उसकी दलीलें नपुंसक हैं। वह जो कहता है, ठीक नहीं है; मगर रास्ता बना देता है—नास्तिक का खंडन करने का रास्ता बना देता है।

आस्तिक को चुप हो जाना चाहिए—नास्तिक विदा हो जाएँगे। आस्तिक को तर्क देना ही नहीं चाहिए, क्योंकि ईश्वर के लिए तर्क हो नहीं सकता। आस्तिक को तर्क बनना चाहिए—तर्क देना नहीं चाहिए।

उसे यह नहीं कहना चाहिए कि हर चीज को बनानेवाला होता है, तो इतनी बड़ी पृथ्वी, इतने चाँद-सूरज, इतना बड़ा विराट ब्रह्मांड—तो कोई बनानेवाला होना चाहिए। नास्तिक तत्क्षण पूछता है : फिर उस बनानेवाले का बनानेवाला कौन? .. चारों खाने चित्त! अगर तुम यह कहो कि उस बनानेवाले का कोई बनानेवाला नहीं, जैसा कि आस्तिक कहते रहे—तो यह बेईमानी की बात है। फिर अगर उस बनानेवाले को बनानेवाले की जरूरत नहीं, तो इस ब्रह्मांड को ही बनानेवाले की क्या जरूरत है? फिर तो तुम्हारा तर्क बेमानी हो गया। तर्क की बुनियाद यही थी कि हर चीज के लिए कोई बनानेवाला होना चाहिए।

तुम अगर यह कहो कि यह ब्रह्मांड इतना जटिल है, इसके पीछे कोई-न-कोई कारीगर होना चाहिए—ठीक। लेकिन तुम्हारा कारीगर तो इससे भी ज्यादा जटिल होगा न! उसके पीछे भी कोई कारीगर होना चाहिए। यह बात कहाँ अंत होगी? यह दलील फिज़ूल है। यह बचकानी है।

मैं ईश्वर के लिए कोई प्रमाण तर्क की तरह नहीं देना चाहता। न ही दे सकता हूँ। और मैं चाहूँगा कि कोई न दे। जिन्होंने दिए हैं, उन्होंने ईश्वर

को नहीं जाना—तो ही दिए हैं। मेरी अपनी दृष्टि यही है कि जिन-जिन ने ईश्वर के लिए तर्क दिए हैं वे तार्किक थे; अनुभवी संत नहीं। अनुभवी तो चुप रह जाएगा। अनुभवी कहेगा : ईश्वर के लिए क्या प्रमाण?

विवेकानंद ने रामकृष्ण से पूछा : ईश्वर है? मैं प्रमाण चाहता हूँ।

रामकृष्ण ने कहा : तू देखना चाहता है?

विवेकानंद ने बहुत लोगों से पूछी थी यह बात, लेकिन किसी ने यह नहीं कहा कि 'तू देखना चाहता है?' जिसके पास गए थे, उसने कुछ तर्क बताया था। लेकिन रामकृष्ण ने कोई तर्क ही न दिया तो खंडन का कोई उपाय ही न छोड़ा। उलटा दूसरा प्रश्न पूछा, प्रश्न के उत्तर में प्रश्न पूछा कि तू ईश्वर को जानना चाहता है, यह बोल? अभी जानना है? इसी वक्त?

तो विवेकानंद थोड़ा घबड़ाए कि यह मामला क्या है जानने का, कि कोई पास की कोठरी में बंद है! विवेकानंद पहली बार डरे किसी आदमी से। कहा : मैं सोचकर आऊँगा।

रामकृष्ण ने कहा : यह भी कोई प्रश्न है? सोचकर आओगे! पहले ही सोच लेना था। ईश्वर के संबंध में प्रश्न उठाते हो तो पहले ही सोच लेना था।

मैं तुम्हें कोई तर्क नहीं दूँगा। मैं भी तुमसे कहता हूँ : जानना है? अभी जानना है? तैयार हो जाओ। हिम्मत करनी होगी। यह बड़ी बेबूझ यात्रा है। कच्ची हिम्मत के लोग इसमें न जा सकेंगे। यह बड़ा दुर्धर्ष मार्ग है। क्यों? क्योंकि अपने को बिना मिटाए कोई परमात्मा को नहीं जान सकता, इसलिए।

तुम कहते हो : परमात्मा को जानना है।

मैं तुमसे कहता हूँ : मिटना होगा, तो ही जान सकोगे।

रोशनी को जानना है? अँधेरा जाएगा, तो जान सकोगे।

परमात्मा को जानना है? अहंकार को जाना होगा, तो ही जान सकोगे। तुम चाहो कि अहंकार के रहते जान लूँ, तो न जान सकोगे।

यह तो ऐसे ही हुआ आदमी कहे कि मैं आँख तो बंद रखूँगा और रोशनी जानना चाहता हूँ; आँख मैं नहीं खोलूँगा, आँख तो बंद ही रखूँगा और रोशनी जाननां चाहता हूँ। और अगर हम उससे कहें कि आँख खोलकर ही जान सकते हो, तो वह कहे, 'मैं आँख भी क्यों खोलूँ, मुझे रोशनी पर भरोसा भी नहीं है, पहले भरोसा आए, तब मैं आँख खोलूँ'—तो क्या करोगे इस आदमी के साथ? और ये आँखें तो बाहर की हैं, जबरदस्ती भी खोली जा सकती हैं। भीतर की आँखें जबरदस्ती नहीं खोली जा सकतीं। इन पंक्तियों पर ध्यान करना :

निकल के जन्नत से आए थे हम, वहाँ कोई हमनफस नहीं था
चले हैं दुनिया से तेरी या-रब यहाँ कोई हमनवा नहीं है
यह सिलसिला मौत-औ-जिंदगी का तो है फरेबे निगार यकसर
न कोई आया यहाँ कहीं से, यहाँ से कोई गया नहीं है
तलाशे-दरमाँ में मैं भटकता कहाँ फिरूँगा मेरे मसीहा
तेरी नज़र के सिवा मेरे दर्दे-दिल की कोई दवा नहीं है
तुम्हीं कहो मैं तुम्हारे दर से कहाँ चला जाऊँ उठके आख़िर
सिवा तुम्हारे जहाँ में मेरा कोई भी तो आसरा नहीं है
जो तू है तो मैं नहीं हूँ पैदा, जो मैं हूँ तो तू नहीं है ज़ाहिर
यहाँ तो बस बात एक की है, यहाँ कोई दूसरा नहीं है
ख़ुदा के बंदे ख़ुदा को पाते हैं अपनी हस्ती को ख़ुद मिटा के
ख़ुदी की तकमील करके देखें जो कह रहे हैं ख़ुदा नहीं है
ख़ुदा के बंदे ख़ुदा को पाते हैं अपनी हस्ती को ख़ुद मिटा के!

एक ही रास्ता है उसे पाने और जानने का : अपने को मिटा देना।

ख़ुदा के बंदे ख़ुदा को पाते हैं अपनी हस्ती को ख़ुद मिटा के
ख़ुदी की तकमील करके देखें जो कह रहे हैं ख़ुदा नहीं है।

जो कहते हैं ईश्वर नहीं है, वे एक छोटा-सा काम करके देखें; अपने को शून्य करके देखें; अपने को मिटाकर देखें। तत्क्षण, क्षण भी नहीं जाता, पल भी नहीं बीतता : इधर तुम मिटे, उधर परमात्मा हो जाता है।

जो तू है तो मैं नहीं हूँ पैदा, जो मैं हूँ तो तू नहीं है ज़ाहिर
यहाँ तो बस बात एक की है, यहाँ कोई दूसरा नहीं है।

तुम पूछते हो : परमात्मा कहाँ है? और मैं कहता हूँ : परमात्मा कहाँ नहीं है? तुम पूछते हो : परमात्मा का प्रमाण? मैं पूछता हूँ : तुम्हारा प्रमाण? तुम हो, इसका प्रमाण है? क्या प्रमाण है? क्योंकि जो भी अपने भीतर गए, उन सभी ने पाया कि वहाँ कोई नहीं है; वहाँ सन्नाटा है; वहाँ 'मैं' नहीं है। कभी जरा शांत बैठकर अपने भीतर जाकर खोजो कि 'मैं' कहाँ है? और तुम बड़ी मुश्किल में पड़ोगे; टटोलोगे—इस द्वार, उस द्वार; इस किनारे उस किनारे, अँधेरे में भटकोगे, टकराओगे—मगर कभी 'मैं' न पाओगे; क्योंकि कभी किसी ने पाया ही नहीं।

तुम यह जानकर चकित होओगे कि परमात्मा को पाने वालों की तो लंबी कतार है और छोटे-मोटे पानेवालों की नहीं; उनकी जिनकी बात की

गरिमा होगी ही। वेदों से लेकर अब तक परमात्मा को पानेवाले गवाह तो बहुत हैं। लेकिन तुमने कभी ऐसा कोई गवाह सुना, जिसने अहंकार पाया हो; जिसने यह सिद्ध कर दिया हो कि मैं हूँ? आज तक नहीं हो सका। जो भी सिद्ध करने गए—असिद्ध हो गए हैं। जो भीतर गए, उन्होंने पाया : मैं नहीं हूँ। और पाया कि परमात्मा है।

परमात्मा तुम्हारे भीतर है। 'मैं' तुम्हारी भ्रांति है। परमात्मा की किताब को तुमने गलत ढंग से पढ़ा है; 'मैं' की तरह पढ़ लिया है। और तुम भीतर जाते भी नहीं। वहाँ असली किताब है। वहाँ वेदों का वेद, कुरानों को कुरान है। वहाँ श्रीमद्भगवद्गीता है। वहाँ भगवान है। वहाँ तुम जाते ही नहीं; तुम बाहर दौड़ रहे हो : धन कमाओ, पद कमाओ, यह कमाओ, वह कमाओ! और यह सारी कमाई किसलिए है, तुम्हें पता है? 'मैं' को सिद्ध करने के लिए। बड़ा राज्य होगा तो बड़ा 'मैं' सिद्ध हो जाएगा। धन का ढेर होगा तो बड़ा 'मैं' सिद्ध हो जाएगा। राष्ट्रपति हो जाऊँगा, प्रधानमंत्री हो जाऊँगा—तो 'मैं' सिद्ध हो जाएगा। यह 'मैं' की दौड़ है। 'मैं' को सिद्ध करने में लगे हो।

और 'मैं' कभी सिद्ध होता नहीं, क्योंकि 'मैं' है नहीं। जो है नहीं, वह सिद्ध हो नहीं सकता। तुम दो और दो को पाँच बनाने में लगे हो; यह होता नहीं; यह असंभव है।

सिकंदर से पूछा मरते वक्त,कहा कि मुझे अर्थी पर ले जाना तो मेरे दोनों हाथ लटके रहने देना बाहर। वजीरों ने पूछा : क्यों? तो उसने कहा : इसलिए ताकि लोग देख लें कि मैं खाली हाथ जा रहा हूँ। दौड़-धूप, आपा-धापी की; मगर हाथ खाली-के-खाली रहे। मैं शून्य की तरह जा रहा हूँ।

क्या कह रहा है सिकंदर? सिकंदर यह कह रहा है : अहंकार पाया नहीं; शून्य ही था और शून्य ही जा रहा हूँ। काश, इस शून्य को स्वीकार कर लिया होता, राजी हो गया होता, अहंकार की दौड़ में समय खराब न किया होता—तो परमात्मा उतर आता!

जो तू है तो मैं नहीं हूँ पैदा, जो मैं हूँ तो तू नहीं है ज़ाहिर
यहाँ तो बस बात एक की है, यहाँ कोई दूसरा नहीं है
ख़ुदा के बंदे ख़ुदा को पाते हैं अपनी हस्ती को ख़ुद मिटा के
ख़ुदी की तकमील करके देखें जो कह रहे हैं ख़ुदा नहीं है।

आज इतना ही।

मैं तो गिरधर के घर जाऊं

3

मैं तो गिरधर के घर जाऊँ।
गिरधर म्हारो साँचो प्रीतम, देखत रूप लुभाऊँ।
रैन पड़ै तब ही उठि जाऊँ, भोर भए उठि आऊँ।
रैन-दिना वाके संग खेलूँ, ज्यूँ-ज्यूँ वाहि रिझाऊँ।
जो पहिरावै सोई पहरूँ, जो दे सोई खाऊँ।
मेरी उनकी प्रीत पुराणी, उन बिन पल न रहाऊँ।
जहाँ बैठावे तित ही बैठूँ, बैचैं तो बिक जाऊँ।
मीरा के प्रभु गिरधर नागर, बार-बार बलि जाऊँ।

मीरा मगन भई हरि के गुण गाय।
साँप पिटारा राणा भेज्यो, मीरा हाथ दियो जाय।
न्याह-धोय जब देखन लागी, सालिगराम गई पाय।
जहर का प्याला राणा भेज्यो, अमृत दीन्ह बनाय।
न्याह-धोय जब पीवन लागी, हो अमर अंचाय।
सूल सेज राणा ने भेजी, दीन्यो मीरा सुलाय।
साँझ भई मीरा सोवण लागी, मानो फूल बिछाय।
मीरा के प्रभु सदा सहाई, राखे बिघन घटाय।
भजन भाव में मस्त डोलती, गिरधर पै बलि जाय।

मैं तो गिरधर के घर जाऊं

मनुष्य की खोज क्या है? मनुष्य की खोज है : अपने घर की खोज। यहाँ परदेस है। यहाँ सब वीराना है। अपना यहाँ कुछ भी नहीं। और यहाँ से जाना है। और जो थोड़ा-बहुत अपना मान लोगे, वह भी मौत छीन लेती है। यहाँ घर तो कोई कभी बना नहीं पाया। यहाँ तो घर उजड़ने को ही बनते हैं। यहाँ तो घर बन भी नहीं पाते कि उजड़ जाते हैं। यहाँ हम ही नहीं टिक पाते, तो हमारे बनाए घर कैसे टिकेंगे? यहाँ की गई मेहनत तो अकारथ जाती है।

आदमी की खोज उस घर की खोज है, जो मिले तो सदा के लिए मिल जाए। आदमी की खोज उस घर की खोज है, जो सच में घर हो, सराय न हो। यहाँ तो सब सराएँ हैं, धर्मशालाएँ हैं—बस रैनबसेरा है। सुबह हुई, चल पड़ना होगा। बहुत मोह मत लगा लेना। सराय से बहुत ममता मत बिठा लेना। यह छूट ही जाना है। यह छूटा ही हुआ है। तुमसे पहले बहुत लोग यहाँ ठहरे और गए; तुम भी उसी कतार में हो।

इसलिए चाहे यहाँ कितना ही धन हो, कितना ही पद हो, प्रतिष्ठा हो; फिर भी तृप्ति नहीं मिलती। तृप्ति यहाँ मिलती ही नहीं। तृप्ति का संसार से कोई संबंध ही नहीं है।

अकसर ऐसा होता है कि गरीब को तो थोड़ी आशा भी रहती है, अमीर की आशा भी टूट जाती है। गरीब को तो लगता है कि एक मकान होगा अपना, तो शांति होगी। थोड़ा धन-संपत्ति होगी, सुविधा होगी; फिर सुख और चैन से रहेंगे। उसे यह पता ही नहीं है कि सुख-चैन यहाँ हो नहीं सकता। धर्मशाला में कैसा सुख-चैन? कब उठा लिए जाओगे...! आधी रात में पुकार लिए जाओगे! कब मौत का दूत द्वार पर खड़ा हो जाएगा और दस्तक देने

लगेगा—कुछ भी तो नहीं कहा जा सकता! यहाँ चैन कैसे हो सकता है? बेचैनी यहाँ स्वाभाविक है।

फिर भी गरीब को थोड़ी आशा होती है। लगता है : मकान ठीक नहीं है, कैसे चैन करूँ? पास धन नहीं, कैसे सुखी होऊँ? लेकिन अमीर तो बिलकुल निराश हो जाता है। धन भी है, पद भी, प्रतिष्ठा भी, साम्राज्य भी, सब है—और उतना-का-उतना ही परदेश। परदेश रत्तीभर कम नहीं हुआ और अब तो आशा भी करनी व्यर्थ है। जिससे आशा हो सकती थी, वह तो है हाथ में।

तो धनी से ज्यादा निराश कोई भी नहीं होता।

जिनके पास है वे भी सुखी कहाँ हैं!

जिनके पास नहीं है, वे तो दु:खी हैं ही, यह समझ में आता है; लेकिन जिनके पास है वे भी दु:खी हैं—शायद और भी घने दु:ख में हैं।

आदमी सुख की तलाश करता है, लेकिन सुख शाश्वत में हो हो सकता है। इस सूत्र पर ध्यान करना, सुख शाश्वत का लक्षण है। क्षणभंगुर में सुख नहीं हो सकता। यह जो पानी के बबूले-जैसा जीवन है, इसमें तुम कितने ही भ्रम पैदा करो और कितने ही सपने देखो, सुख नहीं हो सकता।

और तुम कैसे अपने को धोखा दोगे! तुम रोज देखते हो कोई चला, किसी की अर्थी उठी। तुम रोज देखते हो, किसी की चिता जली। तुम रोज देखते हो लोगों को गिरते—जो क्षणभर पहले तक ठीक थे, तुम जैसे थे, चलते थे, दौड़ते थे, वासनाओं से भरे थे, बड़ी महत्त्वाकांक्षाएँ थीं—और अब धूल भरी रह गई है मुँह में। तुम कैसे झुठलाओगे इस सत्य को? यह इतना चारों तरफ खुदा हुआ है। इस सत्य की सब तरफ प्रामाणिकता है।

रोज कोई मरता है। फूल वृक्ष से गिरता है, कि फल वृक्ष से गिरता है, कि आदमी पृथ्वी पर गिर जाता है। यहाँ हम भी ज्यादा देर नहीं हो सकते। लाख अपने मन को समझाएँ, लाख अपने मन को बुझाएँ, और कहें कि और मरते हैं, मैं थोड़े ही मरता हूँ, सदा कोई और मरता है, मैं थोड़े ही मरता हूँ, फिर मैं अपवाद हूँ, कौन जाने मैं कभी न मरूँ!—मगर कैसे तुम धोखा दोगे? इतने प्रमाणों के विपरीत तुम कैसे अपने को धोखा दोगे? सारे मरघट, सारे कब्रिस्तान प्रमाण हैं इस बात के कि यह जगह घर नहीं है।

जैसे ही यह खयाल बहुत स्पष्ट हो जाता है, काँटे की तरह चुभने लगता है प्राणों में कि यह हमारा घर नहीं—तब एक खोज शुरू होती

है—असली घर की खोज।

मीरा कहती है : 'मैं तो गिरधर के घर जाऊँ।' वह असली घर परमात्मा का ही घर हो सकता है। परमात्मा यानी जो सदा है। आदमी यानी जो कभी था और कभी नहीं हो जाएगा। परमात्मा यानी जो सदा था, सदा है, सदा होगा। सातत्य, सनातनता, शाश्वतता, अनंतता जिसका स्वभाव है, वहीं विश्राम है। उसकी गोद में ही विश्राम है। फिर तुम उसे राम कहो, रहीम कहो—यह तुम्हारी मौज की बात। मीरा का नाम उसके लिए 'गिरधर' है, गोपाल है। यह नाम का ही भेद है। नाम में बहुत मत उलझ जाना। मतलब की बात समझ लेना। आम का रस चूस लेना, गुठलियाँ गिनने मत बैठ जाना।

तुम किसी तरह उसे पुकारते हो, यह तुम्हारी मौज है—मगर पुकारो! पृथ्वी से जरा आँखें ऊपर उठाओ—आकाश की तरफ। प्यारे को खोजो।

और ऐसा नहीं है कि प्यारा बहुत दूर है। और ऐसा नहीं है कि तुम्हें बड़ी-बड़ी पहाड़ियाँ चढ़नी हैं, तब तुम्हें प्यार मिलेगा। मजा तो यह है कि प्यारा बहुत करीब है। संसार बहुत दूर है, इसलिए किसी को नहीं मिल पाता। चलते हैं, चलते हैं लोग—लगता है मिला, मिला, अब मिला तब मिला—मिलता कभी नहीं। संसार कभी किसी को मिला? बस ऐसा ही लगता है जैसा दूर जमीन को छूता हुआ आकाश, क्षितिज : 'यह रहा! और थोड़े दौड़ लें, मिल जाएगा! लेकिन तुम जितना दौड़ते हो, क्षितिज भी उतना ही दौड़ जाता है। तुम्हारे और क्षितिज के बीच की दूरी सदा बराबर रहती है, वही-की-वही; एक ही अनुपात रहता है, उसमें फर्क नहीं पड़ता।

संसार कब किसको मिला है? संसार मिलता ही नहीं और मजा यह है कि संसार बड़ा पास मालूम होता है। और परमात्मा पास मालूम नहीं होता और मिल सकता है, क्योंकि पास है—इतना पास है, पास से भी पास है! तुम्हारे अंतरतम में बैठा है; शायद इसीलिए दिखाई भी नहीं पड़ता।

मछली को सागर कैसे दिखाई पड़े? उसी में पैदा होती है, उसी में लीन हो जाती है। आदमी को परमात्मा कैसे दिखाई पड़े? उसी में हम पैदा होते हैं, उसी में जीते, उसी में श्वास लेते, उसी में एक दिन लीन हो जाते हैं! हम उसकी ही तरंग हैं। हम उसकी ही वीणा पर उठे स्वर हैं। हम उसके ही फूल से उड़ी सुवास हैं। हम उसके ही दीए की किरण हैं। हमारा उससे तादात्म्य है। इसलिए भेद न होने के कारण देखना बहुत मुश्किल है।

भेद चाहिए दृश्य और द्रष्टा में, तभी देखना हो पाता है। कोई चीज

तुम्हारी आँख के बहुत करीब ले आई जाए, तो फिर तुम न देख सकोगे।

और एक तो बात तुम जानते हो कि अपनी आँख को तुम कभी नहीं देख पाते। आँख, जिससे तुम सब देखते हो, अपने प्रति बिलकुल ही अपरिचित है। अगर आँख को देखना हो तो दर्पण में देखना पड़ता है। दर्पण में आँख दूर हो जाती है। प्रतिबिंब बनता है, प्रतिबिंब दूर हो जाता है। मगर आँख थोड़े ही देखते हो दर्पण में तुम; आँख की छाया देखते हो। अपनी आँख को तो कभी किसी ने देखा ही नहीं। क्योंकि देखना आँख की क्षमता है—इतनी करीब है कि उसको अलग कैसे रखोगे? और अलग रख दोगे तो फिर देखोगे किससे?

ऐसा ही परमात्मा है : तुम्हारे चैतन्य की क्षमता है। घर बहुत दूर नहीं है। शायद तुम घर की तरफ पीठ किए खड़े हो।

मीरा के इन वचनों को सुनना। ये वचन तुम्हारे हृदय के भी वचन किसी दिन बनें तो तुम्हारा सौभाग्य होगा। इन्हें तुम गीत, काव्य और भजन ही मत समझना। यह प्राणों की प्यास है। यह प्राणों की पुकार है। मीरा ने जो कहा है, यह उसके हृदय का भाव है। यह कोई दर्शनशास्त्र नहीं है। मीरा किसी सिद्धांत को सिद्ध करने नहीं चली है और न दुनिया को कोई धर्म देने चली है। मीरा तो अपनी प्यास की अभिव्यक्ति कर रही है।

इसलिए जिन लोगों को सच में ही प्यासे होना है, वे मीरा का हाथ पकड़ लें; वे उसकी भाव-भंगिमा में डूबें। वे उसके भाव को अपना भाव बना लें। गुनगुनाओ मीरा को। डुबकी लो उसमें।

मैं तो गिरधर के घर जाऊँ।

मीरा कहती है : मुझे तो अब एक ही घर याद आता है—परमात्मा का—वहीं मुझे जाना है। यहाँ से मुझे हटा लो। मुझे वापस बुला लो। यह निष्कासन बहुत हो गया। यह दंड काफी है। अब मुझे और दूर न रखो।

गिरधर म्हारो साँचो प्रीतम, देखत रूप लुभाऊँ।

प्रेमी तो तुम बहुत पाओगे; गली-कूचे मिलते हैं। प्रेमी तो बहुत पाओगे। लेकिन प्रेम टिकता कितनी देर? बड़े-से-बड़े प्रेमियों का प्रेम भी क्षणभंगुर है; बन भी नहीं पाता और बिखर जाता है। जो प्रेम बनता ही नहीं और बिखर जाता है, सपने जैसा है, पानी पर खिंची एक लकीर जैसा है, इस प्रेम में और कब तक जीवन को गँवाओगे? जन्मों-जन्मों से इसी के पीछे भाग रहे हो, प्रेमी को खोज रहे हो। मगर असली प्रेमी को नहीं खोजते। असली प्रेमी से क्या

अर्थ है मीरा को? 'गिरधर म्हारो साँचो प्रीतम'। क्यों कहती है कि गिरधर मेरे सच्चे प्यारे हैं? सच्चे यानी एक बार मिल गए तो मिल गए; फिर बिछुड़न नहीं होती; फिर विरह का कोई उपाय नहीं। यह जो विवाह है, एक बार हो गया तो इसमें फिर तलाक नहीं। इस पृथ्वी पर तो जितने विवाह होते हैं, सबमें तलाक मौजूद ही रहता है; न भी दो तलाक, तो भी मौजूद रहता है; न भी दें कानूनी ढंग से, तो भी हो जाता है।

बहुत कठिन है इस जगत में प्रेम को थिर बनाना। क्योंकि जिस मन से हम प्रेम करते हैं वही थिर नहीं है। दोनों व्यक्तियों के मन तूफान में हैं और दोनों थिर होने की सोच रहे हैं प्रेम में।

ध्यान में जो थिर नहीं हुए, वे प्रेम में कैसे थिर होंगे? एक थिर नहीं हो सकता हो दो मिलकर कैसे थिर होंगे? एक ही काफी चंचल होता है, दो मिलकर चंचलता अनंत गुनी हो जाती है। टक्कर और टकराव!

प्रेमियों की सारी कथा संघर्ष की कथा है। लड़ाई-झगड़ा। बने रहें साथ तो भी, साथ कभी का टूट चुकता है। बने रहते हैं—और किन्हीं कारणों से; आर्थिक सुविधा है, परिवार है, बच्चे हैं, प्रतिष्ठा है, नाम है। जाएँ-तो-जाएँ भी कहाँ? उस साँचे प्रीतम की तो कोई खबर भी नहीं मिलती। उसका तो कुछ पता भी नहीं है। तो जो हाथ में है उसी को पकड़े रहो। कहते हैं समझदार लोग कि हाथ की आधी रोटी भी ठीक—सपने की पूरी रोटी से। तो वह पता नहीं साँचा प्रीतम, माना कि पूरी रोटी है और तृप्त कर देगा; लेकिन कहाँ है उसका तो कुछ पता नहीं है। तो पकड़े रहो जो भी आधा, बासा। अज्ञात के भय से, अपरिचित के भय से, जो भी हाथ में है—उसे पकड़े रहो, जकड़े रहो, छोड़ मत दो!

इसलिए प्रेमियों में इतनी ईर्ष्या पैदा हो जाती है। क्यों इतनी ईर्ष्या प्रेमियों में पैदा हो जाती है? क्यों पत्नी पीछे पड़ी रहती है पति के कि कहीं किसी और से तो लगाव नहीं बनता जा रहा है? पति क्यों इतना घबड़ाया रहता है कि मेरी पत्नी कहीं किसी और के साथ तो संबंध नहीं बना लेगी? इतना भय क्यों है? यह भय इसीलिए है कि यहाँ भरोसा हो ही नहीं सकता। पूरी संभावना यही है कि ऐसा होगा ही। पत्नी को भी पता है, पति को भी पता है। इस जगत में कोई चीज थिर तो होती नहीं, तो यह संबंध भी कैसे थिर होगा? इसकी हमें अंतस-चेतना है : यहाँ कुछ भी शाश्वत नहीं है, यह संबंध भी कैसे शाश्वत होगा? तो भयभीत हम पहले से ही हैं। पहले से ही सुरक्षा

कर रहे हैं कि बाँध लें ईर्ष्या के जाल में।

पति-पत्नी एक-दूसरे पर पहरा देते रहते हैं। और जरा-सा मौका उन्हें लगा कि दूसरा स्वतंत्र होने की कोशिश कर रहा है, कि अपनी पूरी शक्ति लगा देते हैं—उस स्वतंत्रता को नष्ट करने में। यह कैसा प्रेम हुआ, जो स्वतंत्रता की गर्दन दबा डालता हो, जो स्वतंत्रता को फाँसी लगा देता हो?

सच्चा प्रेम तो स्वतंत्रता लाता है। सच्चे प्रेम में तो ईर्ष्या की कोई झलक ही नहीं होती। सच्चे प्रेम में तो ईर्ष्या की छाया भी नहीं होती। सच्चे प्रेम में तो श्रद्धा अनंत होती है। मगर सच्चा प्रेम सच्चे प्रीतम से ही हो सकता है। इन छायाओं से नहीं बन सकेगा। यहाँ कैसे भरोसा करो किसी पर! जिस पति पर तुमने भरोसा किया, जिस पत्नी पर तुमने भरोसा किया, उसकी साँस बंद हो जाए कल, जीवन खो जाए—क्या करोगे? और मन ऐसा चंचल है—आज तुमसे लगाव है, कल किसी और से हो जाए! मन इतना चंचल है। मन इतना क्षुद्र है! मन व्यर्थ में इतना उत्सुक है : कल कोई और धनी मिल जाए; कोई और सुंदर देह का व्यक्ति मिल जाए; कल कोई और रूपवान मिल जाए—तो बात खतम हो गई।

परमात्मा से और रूपवान तो पाया नहीं जा सकता; और परमात्मा से और धनी भी नहीं पाया जा सकता। परमात्मा से और ऊपर तो कोई है नहीं। इसलिए परमात्मा के साथ जो प्रेम बन जाता है, उसमें कोई प्रतिस्पर्धा, कोई ईर्ष्या नहीं जनमती।

और फिर परमात्मा के साथ यह भी भय नहीं है कि वह तुम्हें छोड़ दे। तुम्हें पकड़े ही हुए है। तुम चाहे उसे पकड़ो या न पकड़ो—उसका हाथ तुम्हारे हाथ में है ही। तुम जब सोचते हो तुमने परमात्मा का ध्यान भी नहीं किया, विचार भी नहीं किया—तब भी वही तुम्हें सँभाले हुए है। अन्यथा कौन तुम्हारे भीतर श्वास लेगा? कौन तुम्हारे खून को दौड़ाएगा रगों में? कौन तुम्हारे हृदय में धड़केगा? तुम चाहे उसे इनकार करो; परमात्मा ने तुम्हें इनकार कभी नहीं किया है। इसलिए जिस दिन तुम भी स्वीकार कर लोगे, वह तो स्वीकार किए ही है—जिस दिन ये दोनों स्वीकृतियाँ मिल जाएँगी, उसी दिन महामिलन हो जाता है।

गिरधर म्हारो साँचो प्रीतम देखत रूप लुभाऊँ

और उसका रूप अनिर्वचनीय है। इस जगत में थोड़ा-बहुत रूप दिखाई

पड़ता है, उसी का प्रतिबिंब है। इस जगत में जो थोड़ा-बहुत संगीत दिखाई पड़ता है, यह उसी के संगीत की प्रतिध्वनि है। किसी स्त्री के चेहरे पर कभी तुम्हें अगर रूप दिखाई पड़ा है, तो सावधानी बरतना, जरा गौर से देखना : वह रूप 'उसकी' ही झलक है। किसी फूल में अगर सौंदर्य मालूम पड़ा है, जरा ध्यान से बैठ जाना फूल के पास, जरा गहरे में खोजना—और तुम पाओगे : वह सौंदर्य उसी का है। चाँद-तारों में, पर्वत-पहाड़ों में, सागरों-नदियों में, चारों तरफ जो हजार-हजार रूपों में प्रकट हो रहा है, वह उसी का रूप है। वह अरूप का ही रूप है। ये सब चेहरे उसी के हैं। ये सब रंग-ढंग उसी के हैं। ये सब अदाएँ उसी की हैं।

एक बार साँचे प्रीतम से संबंध जुड़ने लगे, और उसका रूप दिखाई पड़ने लगे तो फिर सभी रूप उसी में समाहित हो जाते हैं। जैसे सभी नदियाँ सागर में गिर जाती हैं, ऐसे सभी रूप उसी एक रूप में समा जाते हैं।

गिरधर म्हारो साँचो प्रीतम, देखत रूप लुभाऊँ।
मैं तो गिरधर के घर जाऊँ।

इस जगत की पीड़ा यही है कि प्रेम की हमारे भीतर आकांक्षा तो है, और जगत् में उसकी तृप्ति का कोई उपाय नहीं। इसलिए जितने प्रेमी इस जगत् में कष्ट पाते हैं, दूसरे लोग नहीं पाते। दूसरे तो कठोर हैं। दूसरों ने तो कठोर कर लिया है दिल। वे प्रेम की झंझट में ही नहीं पड़ते। इसे समझना।

प्रेम उपद्रव है। क्योंकि प्रेम की प्यास है, और यहाँ कोई भी व्यवस्था नहीं है कि उसकी प्राप्ति हो सके। परमात्मा ने वह आयोजन रखा है। प्रेम की प्यास दी है और प्रेम का कोई उपाय यहाँ तृप्त करने का दिया नहीं, ताकि तुम यहाँ भटक न जाओ; ताकि तुम घर लौट ही जाओ; ताकि तुम्हें घर लौटना ही पड़े। प्यास तुम्हारे रोएँ-रोएँ में भर दी है।

इसलिए एक ऐसा आदमी खोजना कठिन है, जो प्रेम पाकर आनंदित न होता हो। ऐसा आदमी खोजना कठिन है, जो आने-अनजाने प्रेम न पाना चाहता हो। छोटे-से बच्चे से लेकर, दुधमुँहे से बच्चे से लेकर मृत्यु-शैया पर पड़े बूढ़े आदमी तक—सतत हम प्रेम के लिए टटोलते रहते हैं; खोजते रहते हैं : कहाँ से मिल जाए, कैसे मिल जाए! और यहाँ कभी मिलता नहीं। यह परमात्मा की बड़ी अनुकंपा है। प्रेम की प्यास दी है और प्रेम को तृप्त करने का कोई उपाय नहीं दिया है।

इसलिए एक-न-एक दिन टकरा-टकराकर, भटक-भटककर, द्वार-दीवालों

को खटका-खटकाकर यह बात समझ में आ ही जाती है कि अगर प्रेम को तृप्त करना है तो तृप्ति का उपाय परमात्मा में है, और कहीं नहीं। जिस दिन यह बोध होता है, उसी दिन व्यक्ति धार्मिक होता है। यहाँ तो प्रेम के नाम पर ईर्ष्या है, मोह है, मत्सर है। यहाँ तो प्रेम के नाम पर एक-दूसरे की हत्या है। यहाँ तो प्रेम के नाम पर गुलामी चलती है।

जैसे हवा में अपने को खोल दिया है इन फूलों ने
आकाश और किरणों और झोंकों को सौंप दिया है अपना रूप
और उन्होंने जैसे अपने में भरकर भी उन्हें छुआ नहीं है
ऐसा नहीं हो सकता क्या तुमसे मेरे प्रति?
नहीं हो सकता शायद, और इसी का रोना है
या ऐसा भी किसी दिन होना है?
तुम्हारे वातावरण में डाल दी है कितनी बार मैंने अपनी आत्मा
तुमने उसे या तो अपने अंक में ही नहीं लिया
या फिर इतना अधिक भींच लिया है, जितना तुम्हें न पा सकने पर
मैंने जीवन को छाती तक खींच लिया है
क्यों नहीं रह सकते हम परस्पर फूल और आकाश की तरह?
यह नहीं हो सकता शायद और इसी का रोना है।
या ऐसा भी किसी दिन होना है?

देखा तुमने फूल और आकाश को? आकाश फूल पर कोई बंधन नहीं डालता। फूल आकाश से कुछ अपेक्षाएँ नहीं रखता। आकाश फूल को अवसर देता है खिल जाता है तो अपनी सारी सुवास आकाश को लुटा देता है। लेन-देन तो खूब होता है, लेकिन शर्तबंदी बिलकुल नहीं है। न तो फूल कहता है कि आकाश, तुम मेरे हुए; न आकाश कहता है कि फूल तुम मेरे हुए। मेरे-तेरे की बात ही नहीं उठती। मैं-तू का भाव ही नहीं उठता।

इन पंक्तियों के लेखक ने आदमी के मन की गहरी बात कही है।

जैसे हवा में अपने को खोल दिया है इन फूलों ने
आकाश और किरणों और झोंको को सौंप दिया है अपना रूप
और उन्होंने अपने में भरकर भी उन्हें छुआ नहीं है
ऐसा नहीं हो सकता क्या तुमसे मेरे प्रति?

नहीं हो सकता शायद, और इसी का रोना है
या ऐसा भी किसी दिन होना है?

प्रेमियों का रोना क्या है? व्यथा क्या है? पीड़ा क्या है? विडंबना क्या है? एक ही विडंबना है कि जिससे हम प्रेम करते हैं, वहीं जंजीरें बन जाती हैं। जिससे हम प्रेम करते हैं, कर भी नहीं पाते कि वही कारागृह बन जाता है। जिसे हम देने चले थे, हम देने का निवेदन भी नहीं करते कि वह मालकियत की घोषणा कर देता है। जिसे हमने पहले दिन अपने सहज आनंद से दिया था, वह दूसरे दिन अपेक्षा करता है—कानूनी अपेक्षा; मिलना ही चाहिए।

आकाश को आज फूल ने अपना रूप दिया है; कल सुबह आकाश आकर फूल के द्वार पर कहेगा नहीं : 'अब क्या हुआ तुम्हारा रूप? अब मुझे दो। कल दिया था, आज भी दो और सदा देना। यह गठबंधन हो गया। नहीं दोगे तो उपद्रव है।' न तो फूल ही कल आकर आकाश से कहता है कि 'कल मुझे खिलाया था, कल मुझे जगह दी थी; मुझे सम्मान से स्वीकारा था, सिंहासन दिया था—आज मैं मिट्टी में गिर रहा हूँ, अब मुझे सम्हालो! आज मेरी पंखुड़ियाँ बिखरी जाती हैं। आज मैं मृत्यु की गोद में जा रहा हूँ, मुझे बचाओ। अगर नहीं बचाते तो यह कैसा तुम्हारा प्रेम?' नहीं कोई शर्त है। नहीं कोई आग्रह है।

न तो आकाश फूल को छूता, न फूल आकाश को छूता, और लेन-देन पूरा हो जाता है। फूल अपना सब निवेदन कर देता है आकाश को। आकाश अपनी सारी स्वतंत्रता दे देता है फूल को। दोनों एक-दूसरे की मुक्ति में सहयोगी हैं।

यही तो प्रेमी का रोना है। क्योंकि प्रेम की आकांक्षा, मूलत: बहुत गहरे में स्वतंत्रता की आकांक्षा है। प्रेम बीज है मोक्ष का। लेकिन जैसे ही तुमने किसी को प्रेम किया, स्वतंत्रता गई; परतंत्र हुए। और परतंत्र हुए कि प्रेम मरा, क्योंकि प्रेम परतंत्रता में जी नहीं सकता। प्रेम को परतंत्रता में जिलाने की कोशिश ऐसे ही है जैसे आकाश को कोई डिब्बों में बंद करना चाहे; सूरज की किरणों को कोई संदूकों में बंद करना चाहे; फूलों की सुवास को कोई मुट्ठियों में भींच लेना चाहे। यह नहीं हो सकता। यह अस्वाभाविक है। मगर यही प्रेमी करते हैं। और प्रेम के नाम पर फिर जंजीरें रह जाती हैं। बोझिल जंजीरें। मुँह में एक तिक्त और कड़वा स्वाद रह जाता है।

अगर इस जगत में यही हो सकता है। तुम जो माँग कर रहे हो कि न फूल आकाश को छुए, न आकाश फूल को छुए—यह तो सिर्फ परमात्मा का ही प्रेम हो सकता है। इसलिए उसको मीरा ने 'साँचा प्रीतम' कहा है। उसके प्रेम में कोई बंधन नहीं है। उसके प्रेम में परिपूर्ण स्वतंत्रता है। उसके प्रेम में तुम पर कोई सीमा नहीं लगती; तुम्हें कोई मर्यादा नहीं बाँधनी होती उसका प्रेम तुम्हें स्वीकार करना है—तुम जैसे हो वैसा ही। उसका प्रेम यह भी नहीं कहता कि तुम ऐसे होओगे तो मेरा प्रेम अवरुद्ध हो जाएगा।

इस जगत में तो सभी प्रेम सशर्त हैं। तुम जब भी किसी को प्रेम करते हो, तुम कहते हो; ऐसा करो, तो ही मेरा प्रेम मिलेगा; ऐसा नहीं किया तो मैं अपने प्रेम को रोक लूँगा' यह तो प्रेम न हुआ; यह तो सौदा हुआ; यह तो व्यवसाय हुआ।

प्रेम तो अबाध बहना चाहिए। उसके पीछे कोई है और हेतु और कारण नहीं होना चाहिए। 'मेरी मानोगे तो प्रेम दूँगा और मेरी नहीं मानोगे तो प्रेम छीन लूँगा।' तो यह प्रेम नहीं था; यह तो केवल रिश्वत थी। यह तो केवल फुसलावा था। यह तो तुम्हें राजी करने के लिए ... ऐसा ही था जैसे कि कोई काँटे में आटा लगाकर जल के किनारे बैठ जाता है—मछली को पकड़ने को। कोई मछली को आटा खिलाने के लिए बैठा है; आटे में काँटा छिपाया हुआ है। ऐसे ही तुम्हारे प्रेम में काँटा छिपा हुआ है। इसलिए मीरा कहती है : यह साँचा प्रेम नहीं है। यह सच्चा प्रेम नहीं है। इसमें भीतर को काँटा है—जहर से भरा हुआ।

गिरधर म्हारे साँचों प्रीतम।

परमात्मा आकाश-जैसा विराट् है। विराट् से दोस्ती करोगे तो तुम भी विराट हो जाओगे; क्षुद्र से दोस्ती करोगे तो क्षुद्र हो जाओगे। दोस्ती सोच-समझकर करना।

और अकसर हम बड़े नासमझ हैं, हम क्षुद्र से दोस्ती कर लेते हैं। किसी ने धन से दोस्ती कर ली है; बस वह नोट ही गिनता रहता है। वह नोट को ही देखता रहता है। उसे सारे जगत का सौंदर्य नोट में समाया हुआ मालूम पड़ता है। किसी ने पद से दोस्ती कर ली है; वह दिन-रात एक ही चिंता में रहता है : कैसे और कुर्सी बड़ी हो जाए; थोड़ी और ऊँची हो जाए। थोड़ी और ऊँची हो जाए। सारी जिंदगी दाँव पर लगाकर बस कुर्सी बड़ी कर लेता है। और तब कुर्सी-सहित गिर जाता है कब्र में।

ये दोस्तियाँ तुमने बड़ी क्षुद्र से कर ली हैं। दोस्ती ही करनी है तो कुछ विराट् से करो; चरम से करो; परम से करो। वही अर्थ है : 'गिरधर म्हारे साँचो प्रीतम, देखत रूप लुभाऊँ।'

रैन पड़े तब ही उठि जाऊँ भोर भए उठि आऊँ।
रैन दिना बाके संग खेलूँ ज्यूँ-ज्यूँ वाहि रिझाऊँ।

मीरा कहती है कि दिन हो कि रात, बस एक ही समाया है हृदय में; सुबह हो कि साँझ, बस एक ही समाया है हृदय में। साँझ भी उसकी पूजा को उठ आती हूँ। रात पड़ते ही उसकी याद से भर जाती हूँ। उसके ही सपने आँखों में तैरते हैं। हृदय में उसकी ही रसधार बहती है। और सुबह उठते भी उसकी ही प्रभाती, उसी का नाम-स्मरण। रोआँ-रोआँ उसी की धुन से भरा है।

रैन पड़े तब ही उठि जाऊँ भोर भए उठि आऊँ।
रैन दिना बाके संग खेलूँ...।

सुबह हो कि साँझ, दिन हो कि रात, एक खेल चल रहा है उस प्यारे के संग। जिन्होंने इस रस को कभी नहीं जाना, वे समझेंगे पागलपन है। किसकी बातें हो रही हैं? यह मीरा किसके रस की बातें कर रही है? जिसने नहीं जाना है इस प्रेम को, उसके लिए ये बातें बिलकुल ही बेबूझ मालूम पड़ेंगी; बेबूझ ही नहीं, विक्षिप्त मालूम पड़ेंगी। लेकिन जिसने जाना है, उसके लिए सारा जगत फीका हो जाता है।

निर्णय मत लेना बिना जाने। सुनकर ही निर्णय मत ले लेना। क्योंकि तुम भी अगर मीरा को पाओगे एकांत में बैठे हुए गिरधर-गोपाल से बातें करते, तो क्या सोचोगे? तुम सोचोगे : दिमाग इस स्त्री का खराब हुआ। यह किसकी मस्ती में मस्त रहती है?

अदृश्य की मस्ती भी होती है और अदृश्य से भी संबंध बनते हैं। यह सच है कि अदृश्य से जो संबंध बनते हैं, वे दूसरों के सामने प्रमाणित नहीं किए जा सकते। मगर प्रमाणित करने की जरूरत किसे है? मीरा मस्त है। मीरा आनंदित है। और तुम दु:खी हो।

मुझसे पूछते हो तो मैं तुम्हें एक कसौटी देता हूँ। आनंद को तुम सत्य की कसौटी मानना; और कोई कसौटी मत मानना। जो आदमी दु:खी हो, समझना कि असत्य में जी रहा है। और जो आदमी आनंद में मस्त हो, मग्न हो, समझना कि सत्य में जी रहा है। आनंद कसौटी है।

जैसे सर्राफ के घर जाते हो न, तो सोने को कसने का पत्थर होता है;

अपने पत्थर पर उठकर सोने को घिस लेता है। जैसे ही स्वर्ण-रेखा खिंच जाती है उसकी कसौटी पर, समझ जाता है कि असली है या नकली है; या कितना असली, कितना नकली।

आनंद कसौटी है। तुम अपने हर अनुभव को आनंद पर कस लेना। तुम बैठे अपनी पत्नी से बात कर रहे हो, कोई तुम्हें पागल नहीं कहेगा—क्योंकि पत्नी दिखाई पड़ती है; चित्र लिया जा सकता है, चार गवाह जुड़ाए जा सकते हैं। पत्नी तुमसे बात कर रही है। मगर सवाल यह है कि क्या तुम इस बात करते वक्त आनंदित हो? अगर आनंदित नहीं हो तो सारी दुनिया गवाही दे, कि पत्नी असली है, तुम असली हो और तुम्हारे बीच जो वार्ता हो रही है वह असली है—क्या सार! अगर नर्क ही पैदा हो रहा है असली से तो क्या सार!

मीरा को पागल मत कहना; क्योंकि मीरा को अगर पागल कहा, तो तुम उस दिशा में जाने से अपने को रोक लोगे, भयभीत हो जाओगे। पागल तुम हो। पागल यानी जो दुःखी है; और जिसने अपने दुःख को ही वास्तविक मान रखा है। और जिसने वास्तविकता की ऐसी व्याख्या की है कि सिर्फ दुःख ही वास्तविक मालूम होगा, और आनंद कभी वास्तविक नहीं मालूम होगा—वह बड़ी झंझट में पड़ जाएगा। उसने द्वार ही बंद कर दिए परमात्मा के।

थोड़ा-थोड़ा सरको अपने दुःख से। अपनी तथाकथित वास्तविकता से थोड़ा-थोड़ा सरको। इसलिए ज्ञानियों ने इस संसार को माया कहा है, जो दिखाई पड़ता है; और परमात्मा को सत्य कहा है, जो दिखाई नहीं पड़ता। यह तो संसार है, चारों तरफ दिखाई नहीं पड़ रहा है। हर जगह टक्कर लग जाती है। परमात्मा तो कहीं दिखाई नहीं पड़ रहा है। अजीब थे ये लोग भी जिन्होंने कहा कि परमात्मा सच है, जो दिखाई नहीं पड़ता है; दिखाई पड़ने में कोई कमी नहीं होती। सुबह उठकर पाते हो कि सपना था। ऐसे ही एक दिन जब मौत आएगी द्वार पर, पाओगे कि सब सपना था, मगर तब बहुत देर हो जाएगी। उसके पहले थोड़ा अवसर का उपयोग कर लो।

आनंद को कसौटी समझो। अपने जीवन की हर अनुभूति को आनंद पर कसो कि इससे आनंद उपलब्ध हो रहा है? इससे मगन भाव आ रहा है? अगर आ रहा है तो छोड़ो फिक्र विज्ञान क्या कहता है। तुम ठीक राह पर हो। जैसे कोई बगीचे के करीब आता है तो धीरे-धीरे हवाएँ ठंडी होने लगती हैं। बगीचा दिखाई भी न पड़ता हो, तो भी तुम अनुभव करते हो कि तुम ठीक दिशा में जा रहे हो; हवाएँ ठंडी होने लगी हैं। फिर और करीब आते हो अभी भी बगीचा दिखाई नहीं

पड़ता। और करीब आते हो तो पक्षियों के गीत सुनाई पड़ने लगते हैं; यद्यपि अभी कुछ भी दिखाई नहीं पड़ता। और करीब आते हो तो देखते हो कि दो आदमी पास से गुजर गए उस दिशा से आते हुए और उनके वस्त्रों में फूलों की सुवास थी; वे बगीचे से ही आते होंगे। और प्रमाण मिल रहा है।

जैसे-जैसे तुम्हारे जीवन में आनंद बढ़े, शांति बढ़े, मस्ती बढ़े, समाधि बढ़े, समझना कि परमात्मा की तरफ जा रहे हो। और अगर कभी किसी आदमी में ऐसी मस्ती और समाधि मिल जाए तो समझना कि परमात्मा के पास से आ रहा है। उसकी संगति करना, उसके पास बैठना।

'भगत देख राजी हुई, जगत देख रोई।' उसके साथ बिगड़ना। वह ले जाए जहाँ, वहाँ जाना।

'रैन दिना बाके संग खेलूँ, ज्यूँ-त्यूँ वाहि रिझाऊँ।' और मीरा कहती है : उसे रिझाती हूँ, जैसे बनता है—जिस तरह बनता है—जिस तरह भी बन जाता है। कभी रूठ जाती हूँ, कभी रिझाती हूँ, कभी नाराज हो जाती हूँ; कभी प्रेम की बातें करती हूँ; कभी फुसलाती हूँ; कभी गीत गाती हूँ। ... 'ज्यूँ-त्यूँ वाहि रिझाऊँ।'

इसलिए मैंने कहा कि भक्त का भाव बदलता रहता है, मौसम की तरह।

तू मुझे बता कि क्या था तू मेरे बयाँ से पहले
तेरी थी तो क्या हक़ीक़त थी मेरे गुमाँ से पहले

भक्त पूछता है भगवान से भी कि तू यह मत समझ कि हम ही तुझ पर निर्भर हैं; तू भी हम पर निर्भर है!

तू मुझे बता कि क्या था तू मेरे बयाँ से पहले,

मैंने जब तेरे संबंध में बात न की थी तो तू था ही क्या, यह बता!

तेरी थी तो क्या हक़ीक़त थी मेरे गुमाँ से पहले

और जब तक मैंने अपनी अनुभूति को स्वर न दिए थे, तेरे होने न होने में क्या था?

यह बात सच है। जैसा मीरा ने गाया है गोपाल को, वैसा किसी ने गाया नहीं। मीरा के गाने के बाद गोपाल में जितना सत्य है, उतना इसके पहले कभी भी नहीं था। अगर मीरा न होती तो गोपाल कुछ कमजोर होते; तो गोपाल कुछ दरिद्र होते। मीरा ने कुछ समृद्धि जोड़ी है।

ऐसा ही नहीं कि भक्त ही भगवान को कुछ देता है। भगवान देता है;

भक्त देता है। यह लेन-देन दोनों तरफ से चलता है। यह आग दोनों तरफ लगती है। यह कोई प्रेम ऐसा नहीं है कि एकतरफा है कि भक्त ही रोता रहता है; भगवान भी रोता है। ऐसा होना ही चाहिए; नहीं तो प्रेम का कोई अर्थ ही न रह जाएगा।

तू मुझे बता कि क्या था तू मेरे बयाँ से पहले,
तेरी थी तो क्या हक़ीक़त थी मेरे गुमाँ से पहले।
मिला राजे-लामकाँ भी तो मकाँ की ही आगही से,
न शऊरे लामकाँ था कहीं भी मकाँ से पहले।
इसे मैंने ही बसाया, इसे मैंने ही सजाया,
यह चमन चमन नहीं था तेरा बागवाँ से पहल।
न पता था बिजलियों को, कोई अपनी मंज़िलों का,
यूँ ही बस झटक रही थी, मेरे आशियाँ से पहले।
तेरे जोहए लनतरानी को अयाँ किया था मैंने,
तेरा जल्वा कब था जलवा मेरे इम्तहाँ से पहले।
हुआ दर्दे दिल से पैदा, ये तसब्बरे मुसर्रत,
ये निशाते जहाँ कहाँ थी, ग़मे-जावदाँ से पहल।
न फ़ुगाने नीम शब थी, न दुआएँ सुबहगाही,
तेरा ज़िक्र तक नहीं था, मेरी दास्ताँ से पहले।

भक्त कहता है : न कोई भजन था, न कोई कीर्तन था; न सुबह कोई प्रभाती करता था; न संध्या कोई तेरा गीत गाता था; न मंदिरों में कोई घंटियाँ बजती थीं, न दीप सजाए जाते थे, न धूप जलाई जाती थी, न पूजा के आरती के थाल उतारे जाते थे।

'न फुगाने नीम शब थी...।' न तो संध्या को मंदिरों की घंटियाँ बज्ती थीं और संध्या की प्रार्थना या नमाज होती थी। 'न दुआएँ सुबहगाही ...' और न सुबह की कोई प्रार्थना थी।

तेरा जिक्र तक नहीं था मेरी दास्ताँ से पहले।

जब तक मेरी कहानी न घटी थी, तब तक तेरी किसी को खबर भी न थी, तेरा जिक्र भी नहीं था।

मेरे शौक-ए-बंदगी से बने दैर-औ-हरम सब,
तेरी सिजदागाह कहाँ थी मेरे आस्ताँ से पहले।

भक्त कभी-कभी जूझता है और वह कहता है कि यह मैंने ही बनाए

हैं—ये मंदिर और मस्जिद और ये गुरुद्वारे, ये गिरजे।

मेरे शौक़-ए-बंदगी से बने दैर-औ-हरम सब

यह मेरा ही प्रेम है, यह मेरी ही पुकार है—जिसने ये सारे मंदिर-मस्जिद बनाए हैं।

तेरी सिजदागाह कहाँ थी मेरे आस्ताँ से पहले

और जब तक मेरा माथा झुकने को नहीं था, तब तक कहाँ थी तेरी प्रतिमा और कहाँ था तेरा पूजा-स्थल। कहाँ था तू? तेरा होना मुझसे पहले नहीं हो सकता।

मेरे नक़्शे-पा से पैदा हुए ज़िंदगी के रस्ते,
मैं ही गामजन हुआ था, यहाँ कारवाँ से पहले।
तेरा नाम, तेरी हस्ती, तेरी अस्ल तेरी सूरत,
ये तमाम लफ़्जो-मानी थे कहाँ बयाँ से पहले।

मेरे कहने के पहले इन शब्दों में अर्थ ही क्या था!

भक्त कभी जूझता, कभी रूठता, कभी मनाता। भक्त सारी उन प्रक्रियाओं से गुजरता है, जिनसे इस जगत में साधारणतः प्रेमी गुजरते हैं। फर्क, दो प्रेमियों के बीच जो घटनाएँ घटती हैं, उसमें और भगवान और भक्त के बीच में इतना ही है कि दो प्रेमियों के बीच थोड़े दिन घटती हैं; सुहागरात ज्यादा लंबी नहीं होती। क्षणभंगुर होती है; आई और गई। जल्दी ही रस-स्रोत सूख जाते हैं; एक-दूसरे के प्रति उदासी हो जाती है। झरने फिर नहीं बहते। फर्क इतना ही है : परमात्मा और भक्त के बीच झरना फिर सदा बहता है; एक दफा बहा तो बहा। यही तो अर्थ है साँचे प्रीतम का। शाश्वत प्रेमी है परमात्मा।

'रैन दिनाँ बाके संग खेलूँ, ज्यूँ-त्यूँ वाहि रिझाऊँ।
जो पहिरावै सोई पहिरूँ, जो दे सोई खाऊँ।'

भक्त कहता है : तेरी मरजी, मेरा जीवन। तेरी मरजी, मेरा अनुशासन।

'जो पहरावै सोई पहरूँ, जो दे सोई खाऊँ।' भक्त अपनी इच्छा हटा लेता है। प्रेमी अपनी इच्छा को हटा लेता है। इच्छा होगी तो अपने को थोप देने की आकांक्षा रह जाती है। इच्छा होगी तो हम अपनी मरजी से कुछ करवाना चाहते हैं। नहीं, प्रेमी अपनी सारी मरजी हटा लेता है।

जो पहिरावै सोई पहिरूँ, जो दे सोई खाऊँ।

तो जो दे देता है भगवान, वही ...।

मेरी उनकी प्रीत पुराणी, उन बिन पल न रहाऊँ।

और जैसे-जैसे यह प्रेम का संबंध गहरा होता है, यह संवाद सफल होता है; जैसे-जैसे भक्त का हृदय परमात्मा के करीब धड़कने लगता है; जैसे-जैसे भगवान की मूरत स्पष्ट होती है—वैसे-वैसे पता लगता है कि जन्मों-जन्मों में इसी को तो खोजा है। यह प्रीत पुरानी है। यह कोई नई खोज नहीं है। और जब हम किसी और को भी प्रेमी समझ लिए थे, तब भी हम इसी को खोज रहे थे, यह पता चलता है कि प्रेम में पड़ गए; किसी माता-पिता के प्रेम में पड़ गए; किसी दोस्त के प्रेम में पड़ गए—जिस दिन तुम परमात्मा से संबंध जोड़ पाओगे, उस दिन चकित होकर देखोगे कि उन सब संबंधों में तुमने वस्तुतः परमात्मा को ही खोजा था। और इसलिए वे कोई भी संबंध तृप्त न कर पाए; क्योंकि तुम खोजते थे परमात्मा को और खोजते कहीं और थे—खोजते थे संसार में। माँग तुम्हारी बड़ी थी, तलाशते थे बूँद में और खोजते थे सागर को। अतृप्त न होते तो क्या होगा? असफल न होते तो क्या होता? खोजते थे हीरों को, तलाशते थे कंकड़-पत्थरों में। विषाद हाथ न लगता तो क्या होता? असफलता स्वाभाविक थी; निश्चित थी।

'मेरी उनकी प्रीत पुराणी, उन बिन पल न रहाऊँ।' और यह मैं तुमसे कहना चाहता हूँ : यह मीरा का ही अनुभव नहीं है; यह जिन्होंने जाना सभी का अनुभव है कि हमारा प्रेम एक ही है—वह परमात्मा है। हम उसी की तलाश कर रहे हैं। कभी गलत दिशा में, तो भी तलाश उसी की है। कभी ठीक दिशा में, तो भी तलाश उसकी की है। हम कुछ और खोजते ही नहीं, हम कुछ और खोज ही नहीं सकते।

यहाँ तक भी मैं तुमसे कहना चाहूँगा कि जिन बातों में तुम कभी नहीं सोचते कि परमात्मा हो सकता है, उनमें भी हम उसी को खोजते हैं। एक आदमी पद को खोज रहा है। जब तुम जागोगे कभी तब तुम पाओगे कि पद में भी परमपद की ही खोज छिपी थी। पद में भी आकांक्षा यही थी कि वहाँ पहुँच जाऊँ, जहाँ से कोई गिरा न सके; वहाँ पहुँच जाऊँ, जहाँ गिरने का भय न रहे। वही आकांक्षा थी।

जब तुम धन खोजते हो, तब भी परमात्मा को खोजते हो, क्योंकि परमात्मा परमधन है। हालांकि धन में मिलेगा नहीं, लेकिन धन में उसी की तुम्हारी आकांक्षा है। जब तुम धन की इतनी वासना करते हो तो तुम्हारी मूल वासना है क्या?

गरीब आदमी को सीमा मालूम पड़ती है। आज गरीब आदमी ने एक

राह से गुजरती कार देखी, वह नहीं खरीद सकता। सीमा आ गई। छाती मसोसकर रह गया। पैसे होते तो खरीद लेता। पैसे होते तो थोड़ी स्वतंत्रता होती। सीमा थोड़ी इतने करीब न होती।

धनी को क्या सुविधा है? धनी को यही सुविधा है कि उसकी जो मौज हो खरीद ले; जो चाहिए, वह पा ले। उसके पास जरा बड़ी रस्सी है। वह जरा लंबा घेरा ले सकता है। गरीब की फाँसी बिलकुल लगी है, उसके पास रस्सी है ही नहीं। बस वहीं कोल्हू के बैल की तरह छोटे-से घेरे में घूमता रहता है। किसी को हजार रुपए की सुविधा है, किसी को लाख रुपए की सुविधा है, किसी को करोड़ की सुविधा है—तो घेर बड़ा हो गया।

धन की तलाश स्वतंत्रता की तलाश है। धन की तलाश शक्ति की तलाश है। और परमात्मा परमशक्ति है; परम स्वतंत्रता है। धन से मिलती नहीं है परमशक्ति, लेकिन तलाश तो वही है।

कोई स्त्री सुंदर रहना चाहती है; सद जवान रहना चाहती है। स्त्रियाँ अपनी उम्र कम बताती हैं; ठहर ही जाती हैं एक उम्र पर; उसके आगे हटती ही नहीं। क्यों? क्या बात है? परम सौंदर्य की इच्छा है। शाश्वत सौंदर्य की इच्छा है। और कुछ भी नहीं। इस शरीर में यह घटने वाला नहीं है; तुम चाहे बढ़ो या न बढ़ो, उम्र तो बढ़ ही रही है। तुम चाहे कहो या न कहो, शरीर कहने लगेगा। तुम कितना ही छिपाने की कोशिश करो, कुछ छिपेगा नहीं; प्रकट होने ही वाला है। चेहरे की झुर्रियाँ कह देंगी, हाथ-पैर में आती कमजोरी कह देगी। यह तो हो ही जानेवाला है। कब तक छिपाओगे? कैसें छिपाओगे?

मगर आकांक्षा को समझो, आकांक्षा क्या है? आकांक्षा यही है : काश ऐसा हो सकता कि जीवन ऐसा होता कि जो सदा सुंदर और युवा होता। परमात्मा की ही खोज है, क्योंकि उनमें ही जीवन सदा सुंदर है, और शाश्वत है, और सदा युवा है। वहाँ समय नहीं है; इसलिए कोई बूढ़ा होने का उपाय नहीं है। वहाँ समय के पार आदमी निकल जाता है। और वहाँ शरीर भी नहीं है; इसलिए कमजोर होने का भी कोई उपाय नहीं है और वहाँ शरीर की ज़रूरतें भी नहीं हैं; इसलिए कोई गरीब नहीं है, कोई अमीर नहीं है।

हम जीवन में जो भी खोजते हैं—अंतिम विश्लेषण में पाया जाता है कि वह सब परमात्मा की ही खोज है। हाँ, कुछ लोग गलत खोजते हैं, मगर फिर भी उनकी मंशा तो वही है। कुछ लोग सही खोजते हैं। मंशा में कोई भेद नहीं है।

और जब परमात्मा की थोड़ी-थोड़ी झलक मिलने लगेगी तो फिर एक पल भी उसके बिना रहना अच्छा न लगेगा। उसके बिना रहने में कोई अर्थ नहीं रह जाता।

तू पास नहीं मेरे तो कुछ पास नहीं है,
तेरी जो नहीं आस कोई आस नहीं है।
लब पर है हँसी तेरे तो सब कुछ है मुझे रास,
रंजीदा अगर तू है तो कुछ रास नहीं है।
तेरे लिए हूँ चाके गरेबाँ को छुपाए,
दुनिया का तो कुछ इतना मुझे पास नहीं है।
सुन लेते हो तो हो जाती है तसल्ली मेरे दिल की,
रूदादे-मुहब्बत मेरी कुछ खास नहीं है।
तुमसे नहीं बाबस्ता मेरी कौन-सी उम्मीद
कहने को मुझे तुमसे कोई आस नहीं है।

धीरे-धीरे परमात्मा के पास जितने क्षण बीतते हैं, वे ही सार्थक रह जाते हैं; जो उसके बिना बीतते हैं–वे विषाद के, दु:ख के और नरक के क्षण हैं। जो उसके पास बीतते हैं, वे ही स्वर्गीय क्षण हैं।

तू पास नहीं मेरे तो कुछ पास नहीं है,
तेरी जो नहीं आस कोई आस नहीं है।
लब पर है हँसी तेरे तो सब कुछ है मुझे रास
रंजीदा अगर तू है तो कुछ रास नहीं है।
सुन लेते हो तो हो जाती है तसल्ली मेरे दिल की,
रूदादे-मुहब्बत में कुछ खास नहीं है।

भक्त कहता है कि मेरी प्रेम की कहानी में कुछ खास मामता नहीं है–कि तुमसे कहूँ, कि बार-बार तुम्हें सुनाऊँ।

मीरा के इन भजनों में भी क्या खास है! ... वही भक्त का पुरान भाव। वही प्रीत पुरानी। वे ही उपमाएँ, वे ही प्रतीक, वे ही शब्द। खास क्या है?

'रूदादे मुहब्बत में कुछ खास नहीं है।' प्रेम की हो भी क्या सकती है कहानी! ढाई अक्षर में पूरी हो जाती है; कहानी कुछ खास हो भी क्या सकती है! लेकिन–'सुन लेते हो तो हो जाती है तसल्ली मेरे दिल की।'

भक्त जब भगवान का भजन कर रहा होता है या भगवान की स्तुति करता है, उसकी प्रशंसा के गीत गाता है–तो इसलिए नहीं कि इस गीत से

कुछ भगवान को रस आएगा; इसलिए भी नहीं कि कुछ कहने योग्य बात है। लेकिन बस–'सुन लेते हो तो हो जाती है तसल्ली मेरे दिल की।'

तुमसे नहीं बाबस्ता मेरी कौन-सी उम्मीद

और भक्त कहता है : तुमसे कहूँ भी क्या! ऐसा क्या है, जो तुम्हें पता नहीं? मेरी कौन-सी आकांक्षा है, जो तुम्हें ज्ञात नहीं? कहने को तो कुछ भी नहीं है।

कहने को मुझे तुमसे कोई आस नहीं है।

फिर भी भक्त कहता है। फिर भी भक्त रोता है। फिर भी भक्त नाचता है। भक्त उन सारे भावों से गुजरता है, जिनसे प्रेमी गुजरते हैं। फर्क इतना ही है कि भक्त ने साँचे प्रेमी को पा लिया और प्रेमी झूठे प्रेमियों के सामने सब चर्चा-वार्ता चलाए जाते हैं।

झूठे प्रेमी से जागो, क्योंकि वही बाधा है। और जब मैं कहता हूँ कि झूठे प्रेमी से जागो तो भूलकर भी यह मत समझना कि मैं कह रहा हूँ कि घर-द्वार छोड़कर भाग जाओ, कि पत्नी छोड़ दो, बच्चे छोड़ दो। नहीं, जब मैं कहता हूँ झूठे प्रेमी से जागो, तो मेरा मतलब है : पत्नी में अब पत्नी मत देखो, परमात्मा देखना शुरू करो। पति में अब पति मत देखो, परमात्मा देखना शुरू करो। वह जो बच्चा तुम्हारे घर में पैदा हुआ है, उसमें परमात्मा तुम्हारे घर आया है। इस मेहमान की फिक्र करो। इस मेहमान को प्रेम दो और स्वतंत्रता दो। भागने की कहीं कोई जरूरत नहीं, सिर्फ दृष्टि बदलनी चाहिए।

जहाँ बैठावै तित ही बैठूँ, बेचै तो बिक जाऊँ।
मीरा के प्रभु गिरधर नागर, बार-बार बलि जाऊँ।
'जहाँ बैठावै तित ही बैठूँ...।

मीरा कहती है : अब तो वह जहाँ आज्ञा कर देता है, वहीं। उसकी आज्ञा–बस मेरा जीवन है। जहाँ बिठा देता है वहाँ बैठ जाती हूँ। ज़हाँ से उठा देता है, वहाँ से उठ जाती हूँ। अब मेरी अपनी तरफ से कोई विचार और निर्णय की व्यवस्था नहीं रही। अब वह बात समाप्त हो गई है।

यही समर्पण-भाव है : जहाँ बिठा दे! और जिसने यह कला सीख ली, उसे इस जगत में फिर कोई अड़चन नहीं है। उसे कष्ट आते ही नहीं। कष्ट आते ही इसलिए हैं कि तुम उससे राजी नहीं होते। तुम्हारे भीतर वासना सरकती रहती है कि मुझे ऐसा बनाओ। और अगर वैसे तुम नहीं बन पाते तो नाराजगी पकड़ती है। नाराजगी पकड़ती है तो परमात्मा से संबंध टूट जाते हैं।

क्रोध पकड़ता है, तो संबंध टूट जाता है।

एक आदमी ने मुझसे आकर कहा कि मेरा लड़का बीमार था और मैंने जाकर प्रार्थना की। हनुमानजी का भक्त था। और मैंने समय भी दे दिया उनको, अल्टीमेटम दे दिया। किसी फैक्टरी में काम करता था तो हड़ताल शब्द सीख गया होगा; अल्टीमेटम! अल्टीमेटम दे दिया हनुमानजी को कि अगर पंद्रह दिन के भीतर लड़का ठीक नहीं हुआ तो बस समझ लेना, फिर मुझे पक्का हो जाएगा कि कोई भगवान इत्यादि नहीं है। सब बकवास है।

लड़का ठीक हो गया तो वह मेरे पास आया कि हनुमानजी ने मेरी लाज रख ली। मैंने कहा : तुम्हारी रखी लाज कि अपनी रखी? अल्टीमेटम तुमने दिया था कि हनुमान ने दिया था?

और मैंने कहा : अब दोबारा मत देना अल्टीमेटम, नहीं तो उसकी लाज बार-बार वे न रख जाएँगे। यह तो संयोग की बात है कि लड़का बच गया। अब दोबारा भूलकर मत करना, नहीं तो नास्तिक हो जाओगे, यह तुम्हारी आस्तिकता बहुत कमजोर है। लड़का मर जाता तो? तो लड़का नहीं मरता, हनुमानजी मरते। तो लड़के की अर्थी नहीं निकलती, हनुमानजी की अर्थी निकलती। अब यह भूलकर तुम दोबारा मत करना।

उसने कहा : आप यह क्या कहते हैं? मुझे तो एक कुंजी हाथ लग गई।

तो मैंने कहा : तुम्हारी मरजी। जल्दी ही तुम पाओगे कि झंझट में पड़े।

और दो महीने बाद वह आया। उसने कहा : आप ठीक कहते थे सब श्रद्धा, आस्था नष्ट हो गई। मेरे बड़े लड़के की नौकरी नहीं लग रही थी, मैं अल्टीमेटम दे आया। पंद्रह दिन निकल गए, कुछ नहीं हुआ। फिर मैंने कहा कि चलो पंद्रह दिन और दो। वे पंद्रह दिन भी निकल गए, फिर भी कुछ नहीं हुआ। अब मुझे अश्रद्धा पैदा हो रही है।

मैंने कहा : भई पंद्रह दिन और दे। अब तू झंझट में तो पड़ेगा ही। क्योंकि अब तेरी एक वासना है; वह अगर परमात्मा पूरी करे तो उनका होना न होना, इसी पर निर्भर है।

यह कोई श्रद्धा थोड़े ही है; यह सुविधा है। यह तो तुम परमात्मा का भी उपयोग करने लगे।

नहीं, उठा ले परमात्मा तो भी राजी हो जाना। जैसा रखे वैसे से राजी होना। अपनी कोई शर्त ही न हो।

डा.शुक्ल यहाँ बैठे हैं। उनकी पत्नी चल बसी। उसका नाम मीरा था। उसे मैंने नाम मीरा दिया था। अब वे दु:खी हैं; बेचैन हैं। स्वभावत: उन्होंने बहुत लगाव से अपनी पत्नी को रखा था, उनका बड़ा मोह था। अब पत्नी चली गई तो अब वे बिलकुल दीवाने हैं। अब वे कहते हैं। मैं अकेला कैसे रहूँ? कोई बच्चा भी नहीं है; घर सूना है।

और वर्षों से दोनों साथ थे; अब बड़ी बेचैनी है, बड़ी तड़पन है, स्वीकार नहीं कर पा रहे हैं कि परमात्मा की मरजी थी, तो इसमें भी कुछ लाभ ही होगा; कुछ कल्याण ही होगा। कौन जाने परमात्मा ने इसीलिए मीरा को उठा लिया कि डा. अब चौंको, कब तक मीरा से उलझे रहोगे! अब गोपाल की सुधि लो! नहीं तो वे बिलकुल छाया बन गए थे। उन्हें लग रहा था कि सब ठीक हो गया है! इससे अन्यथा और क्या चाहिए! शायद इसीलिए मीरा को हटा लिया गया है; ताकि यह जो प्रेम क्षणभंगुर में लग गया था, यह शाश्वत की तरफ उठे।

भक्त ऐसा ही सोचेगा। भक्त सदा मार्ग खोज लेगा कि प्रभु ने चाहा है तो कुछ अर्थ होगा। अगर प्रेमी को छीन लिया है तो इसलिए छीना है कि अब एक नई शुरूआत हो; एक नए प्रेम का जन्म हो। देह तो गई। देह से प्रेम किया था, वह टूट गया; अब अदेही से प्रेम करो। अब ऐसे से प्रेम करो जो कभी नहीं मरेगा। मरने वालों से तो बहुत प्रेम किया जन्मों-जन्मों में, और हर बार तकलीफ हुई; हर बार वही बेचैनी। यह कोई डाक्टर को पहली दफे थोड़े हो गई है; कितनी-कितनी बार नहीं हुई होगी!

चौंको! जागो! सजग हो जाओ! अब एक नए प्रेम की शुरूआत करो। एक नया प्रेम—जो शाश्वत से है; जिसकी कोई मृत्यु नहीं होती।

मेरी-उनकी प्रीत पुराणी, उन-बिन पल न रहाऊँ।
जहाँ बैठावै तित ही बैठूँ, बेचैं तो बिक जाऊँ।।

और यह भाव होना चाहिए कि बेचे तो बिकने को राजी; ना-नुच जरा भी नहीं। 'नहीं' उठेगी ही नहीं। बेच दे तो बिकने को राजी।

हालाँकि लोग कहते हैं ऐसा। यहाँ मेरे पास आ जाते हैं। कहते हैं : 'हम बस आप जो कहेंगे वही करेंगे। आप जो आज्ञा देंगे, वही करेंगे।' तो मैं उनको कहता हूँ कि ठीक है कि घर वापिस जाओ, ध्यान करो, पत्नी-बच्चे की फिक्र करो।

वे मुझसे कहते हैं : अब हम कहीं जाने वाले नहीं। मैं उनसे कह रहा

हूँ : घर जाओ। वे मुझको कहते हैं : अब हम कहीं नहीं जाएँगे। अब तो आप जो कहेंगे वही हम करेंगे। अब तो हमने आपके चरण पकड़ लिए; अब हम आपको छोड़ने वाले नहीं हैं।

मैं उनसे कह रहा हूँ कि बाबा, अपने घर जाओ; तुम्हारे बच्चे हैं, पत्नी है। वे कहते हैं : अब नहीं। अब तो समर्पण कर दिया।

उनकी समझ में ही यह बात नहीं आती कि वे कह रहे हैं कि जो मैं कहूँगा वह करेंगे; और मैं कह रहा हूँ : घर जाओ! नहीं, वे बातचीत ही कर रहे हैं–'जो आप कहेंगे वही करेंगे।'

कभी-कभी किन्हीं मित्रों को यहाँ मैं आश्रम में लेता हूँ। जब वे आश्रम में सम्मिलित होते हैं, तब वे कहते हैं : बस, हमने सब आप पर छोड़ दिया–आप जो कहेंगे, जैसा आप कहेंगे! आप हमारा प्राण लें तो हम तैयार हैं।

प्राण-व्राण तो मैं लेता नहीं, क्योंकि कोई अदालत में फँसवाना है! मगर महीने-दो-महीने भूल जाते हैं प्राण-व्राण की बात। फिर तो उनको जो काम दो वही नहीं जँचता, कि यह हमसे नहीं होता; हमें यह काम चाहिए। वह काम दे दो, 'दो-चार-आठ दिन में यह भी हमसे नहीं होता; इसमें हमें रस ही नहीं है।'

फिर उनकी सब जरूरतें खड़ी होनी शुरू हो जाती हैं। उनको भोजन भी विशेष चाहिए; कमरा भी विशेष चाहिए। इतने से ज्यादा देर वे काम भी नहीं कर सकेंगे। वह घड़ी देखकर उठ जाते हैं। और भाव उनका यह है, कहते वे यही रहते हैं कि सब आप पर समर्पित कर दिया; आप जो कहेंगे सो हम करेंगे।

मुल्ला नसरुद्दीन ने अपनी प्रेयसी को पत्र लिखा कि मेरा तुझसे प्रेम ऐसा है कि अगर आग भी बरसती हो तो भी आऊँगा, मिलने। अगर बढ़ भी आ गई हो, प्रलय भी हो जाए तो भी तैरकर आऊँगा, मिलने।

और पुनश्च ... नीचे लिखा था कि अगर शनिवार को वर्षा न हुई तो जरूर आऊँगा। आग बरसे तो भी आ रहे थे, प्रलय आ जाए तो भी आ रहे थे! अब शनिवार को अगर वर्षा न हुई तो मिलने आएँगे। वह जो 'पुनश्च' है, वही असली है।

जहाँ बैठावै तित ही बैठूँ..।

इसको खूब गहरे पकड़ो। यह सूत्र है क्रांति का। यह एक सूत्र पर्याप्त

है; सारे शास्त्रों का सार इसमें है। सरल-सा वचन है : 'जहाँ बैठावै तित ही बैठूँ।' मगर इसमें सब आ गया। इतना तुम कर लो तो फिर कुछ और करने को नहीं बचता। और क्या बचा?

बेचैं तो बिक जाऊँ...

मगर मीरा ने प्रमाण भी दिया अपने जीवन से। सब गँवाया गोपाल के लिए--प्रतिष्ठा, लोकलाज खोई--सम्मान, घर-द्वार, परिवार सब तरह के अपमान सहे। सब गँवाया। बिकी। पूरी तरह बिकी। इसमें रत्तीभर भी धोखा नहीं दिया। 'पुनश्च' रखा ही नहीं। इसलिए पहुँची। इसीलिए पहुँच पाई परमपद को। बहुत थोड़ी स्त्रियाँ उस परमपद को पहुँची हैं, जिसको मीरा पहुँची है। मगर इसी सूत्र में सारी बात छिपी है।

मीरा के प्रभु गिरधर नागर बार-बार बलि जाऊँ।

और मीरा कहती है कि एक बार तो क्या होगा? बार-बार बलि जाना चाहती हूँ। एक बार निछावर करने से क्या हाल होगा! बार-बार निछावर करना चाहती हूँ; क्योंकि हर बार निछावर करती हूँ और मोक्ष के द्वार खुलते हैं। हर बार निछावर करती हूँ और स्वर्ग बरस जाता है। हर बार अपने को मिटाती हूँ और अमृत की घनी वर्षा होती है।

राजी हो रजा पर तेरी
हुए मजबूर थे हम, मुख़्तार बने,
ये हार हमारी हार है वो
जो जीत को भी शरमाती है।

'राजी हो रजा पर तेरी, हुए मजबूर थे हम, मुख्तार बने।' यह बड़ा उलटा वचन है। यह बड़ा विरोधाभाषी वचन है। लेकिन धर्म का सार-सूत्र हमेशा विरोधाभाषी वचनों में होता है। यह वचन कहता है : राजी हो रजा पर तेरी, हुए मजबूर थे हम, मुख्तार बने। तेरी बात मानने को राजी क्या हो गए, उसके पहले तो हम बहुत मजबूर थे, असहाय थे; जबसे तेरी बात मानने को राजी हुए, सब असहाय अवस्था चली गई, मुख्तार बने! तबसे हम अपने मालिक हो गए। जबसे तेरे गुलाम हुए, तबसे अपने मालिक हो गए। जब तक अपनी मालकियत का वहम था, तब तक गुलाम थे। जब तक अपने को चलाने की कोशिश की, कहीं पहुँचे नहीं; सिर्फ लँगड़ाए। जब तक अपनी बात कहनी चाही, तब तक तुतलाए, हकलाए। और जबसे तेरे ऊपर छोड़ दिया, तबसे अपूर्व गीतों का जन्म हुआ है; मालकियत पैदा हुई है।

राजी हो रजा पर तेरी हुए मजबूर थे हम, मुख़्तार बने,
ये हार हमारी हार है वो, जो जीत को भी शरमाती है।

एक ऐसी हार भी है प्रेम की, जो जीत से भी बड़ी है; विजय से बड़ी है। प्रेम में जो हारा सो जीता। प्रेम में जिसने जीतने की कोशिश की, वह प्रेम का शास्त्र ही नहीं समझा। वह तो प्रेम के दरवाजे में प्रवेश ही नहीं पा सकेगा। प्रेम में हार ही विजय का सूत्र है।

ये हार हमारी हार है वो, जो जीत को भी शरमाती है,
ये नूरे जोहदो-तायत है, जो बिजली बनकर गिरता है,
इसियाँ की काली बदली तो रहमत की घटा बन जाती है।

अगर तुमने सोचा कि मैंने तप किया, तपश्चर्या की, व्रत, उपवास, नियम इत्यादि-इत्यादि--तो यह तुम्हारा अहंकार ही बन जाएगा। और यह अहंकार तुम पर बिजली की तरह गिरेगा और तुम्हें नष्ट कर देगा।

ये नूरे जोहदो-तायत है, जो बिजली बनकर गिरता है।

यह तुम्हारा अहंकार तुम्हें जला देगा, खाक कर देगा। यह तुम्हारा तप, यह तुम्हारा व्रत, यह तुम्हारी साधना और सिद्धियाँ काम नहीं आएँगी।

इसियाँ की काली बदली तो रहमत की घटा बन जाती है।

भक्त तो कहता है : मैं पानी हूँ। कहाँ पुण्य! कैसा तप, कैसा व्रत! मेरी सामर्थ्य क्या!

जहाँ बैठावै तित बैठूँ बेचैं तो बिक जाऊँ।

मैं तो तेरा गुलाम; तेरी छाया; तेरा दास। अगर यह भाव हो तो .... 'इसियाँ की काली बदली तो रहमत की घटा बन जाती है' ... तो पाप की काली बदली भी करुणा को बरसाने लगती है ...। रहमत की घटा बन जाती है।

अहंकार मत निर्मित करना। और अहंकार कैसे निर्मित होता है?--मैं अपनी चलाकर रहूँगा, अपनी करके रहूँगा। जब तक तुम्हें ऐसा खयाल है कि तुम्हें कुछ करके दिखाना है, दुनिया में, कुछ होकर दिखाना है, ऐसा होना चाहिए--तब तक तुम अहंकारी हो। भक्त के जगत में अहंकार को कोई जगह नहीं है; संकल्प को कोई जगह नहीं है। सिर्फ समर्पण ही चाहिए--मात्र समर्पण।

जो चाहे दुनिया कहने दो, तुम अपना काम किए जाओ,
मय्यार ज़माने के हिम्मत इंसान की आप बनाती है

बख़्शी है मुसलसल एक तड़प तो इतना एहसाँ और करो,
हम पर भी नज़र वो हो जाए, जो दोनों जहाँ गरमाती है।

बस इतनी प्रार्थना काफी है कि हम पर भी एक नजर कर लेना। हम राजी हैं। और अभी न करोगे को कल भी हम प्रतीक्षा करते होंगे। और कल नहीं तो परसों भी। हमारा धैर्य तो है। निवेदन कर दिया है कि एक नजर हम पर भी करो—वह नजर, जिससे दोनों दुनियाओं को प्राण मिलता है; जिससे यह लोक और परलोक दोनों का जीवन सँभला हुआ है। एक नजर हम पर हो जाए!

मगर यह नजर उसी पर होती है, जो ... 'जहाँ बैठावै तित ही बैठूँ, बेचैं तो बिक जाऊँ। मीरा के प्रभु गिरधर नागर बार-बार बलि जाऊँ।' ... इस भाव से भर जाता है।

मीरा मगन भई हरि के गुण गाय।

और हरि के गुण तुम तभी गा सकते हो, जब यह भाव-दशा तुम्हारी निर्मित हो गई हो, जब यह समर्पण आ गया हो; नहीं तो तुकबंदी होगी। मीरा तभी गा सकी। फिर मीरा ने नहीं गाया; मीरा तो बाँस की पोंगरी हो गई, बाँसुरी हो गई—गाया कृष्ण ने ही। वही है गायक।

जहाँ बैठावै तित ही बैठूँ, बेचैं तो बिक जाऊँ।

यही तो बाँस की पोंगरी हो गए तुम। अब जो मरजी—गाए तो गाए; न गाए तो न गाए।

मीरा मगन भई हरि के गुण गाय।

और तब एक मगनता आती है; एक तल्लीनता आती है; तब एक समाधि उतरती है।

पीए बगैर ही रहता हूँ मस्त, मेरे लिए
ये जामो वादाओ पैमाना ओ सबू क्या है।

भक्त कहता है कि न तो मुझे सुराही चाहिए शराब की, न शराब को पीने के पात्र चाहिए; मुझ कुछ नहीं चाहिए—शराब भी नहीं चाहिए।

पीए बगैर ही रहता हूँ मस्त, मेरे लिए
ये जामो वादाओ पैमाना ओ सबू क्या है
मेरी निगाह में रक्साँ है मौजे हुस्ने-अजल,
जमाल जोहरा जबीना की आबरू क्या है।

मुझे अप्सराएँ नहीं चाहिए, सुंदरियाँ नहीं चाहिए, क्योंकि मेरी आँखों में तो, मेरी निगाह में रक्साँ है मौजे हुस्ने अजल, वह जो अनंत का सौंदर्य है,

वह मेरी आँखों में रम रहा है। गोपाल नाच रहा है आँखों में! अब मुझे कोई अप्सरा और कोई सुंदरी नहीं चाहिए।

मेरी निगाह में रक्साँ है मौजे हुस्ने अजल,
जमाल जोहरा जबीना की आबरू क्या है,
मेरे ख़याल से तख़लीक है बहारों की,
मैं जानता हूँ ए अफ्सूँ रंगों-बू क्या है।

और अब फूलों में क्या खुशबू है? और अब बहारों में क्या रख है? अब तो बहारों का बनानेवाला मेरे भीतर बसा है।

मेरे ख़याल से तख़लीक है बहारों की,
मेरे सकूत के पर्दों से राग उठते हैं,
तिलस्म हुस्ने बयाँ सहरे गुफ़्तगू क्या है
मेरे सकूत के पर्दों से राग उठते हैं!

जब तुम्हारा अहंकार गया, तो सकूत, तो शांति आई। सब उपद्रव अहंकार का है। यह सब तू-तू, मैं-मैं जो तुम्हारे भीतर मची है, अहंकार की है। यह जो युद्ध तुम्हारे भीतर चल रहा है सतत, अहंकार का है।

मेरे सकूत के पर्दों से राग उठते हैं,
तिलस्म हुस्ने बयाँ सहरे गुफ़्तगू क्या है।

वह जो सुबह हवा दौड़ती है वृक्षों से, सुगंधों से भरी हुई, और वृक्षों में सरसराती है और गीत गाती है—वह कुछ भी नहीं है—जिस दिन तुम शून्य हो गए और तुम्हारे भीतर से परमात्मा के स्वर दौड़ने लगते हैं।

मेरे ही शौके तमाशा का इक करिश्मा है,
हजूमे जल्वा-ए-अनवार चारसू क्या है,
बिनाए जीस्त हूँ अस्ले निशात है मुझसे,
मेरा ही खेल है तूफाने आरजू क्या है,
मेरे ही क़दमों से मिलता है मंज़िलों का पता,
ये देख जौके सफ़र शौके जुस्तजू क्या है,
मेरा मकाने-फना है सकून, पर्दा-ए-गैब,
बस इक जहूरे खुदी शौरशे नमू क्या है।

भक्त का लक्ष्य क्या है? भक्त का लक्ष्य है : परम शून्य हो जाना—फना हो जाना।

मेरा मकाने-फना है सकून, पर्दा-ए-गैब।

मिट जाना! वहीं असली जादू है। वही तिलिस्मों का तिलिस्म है। वही रहस्यों का रहस्य है। जहाँ तुम मिटे, वहाँ परमात्मा हुआ। जब भक्त मिट जाता है तो गीत उठते हैं। उनकी मस्ती बड़ी अनूठी है।

मीरा मगन भई हरि के गुण गाय।
साँप पिटारा राणा भेज्यो, मीरा हाथ दिया जाय।

मस्ती ऐसी थी जैसे शराबी की। शराबी की क्या मस्ती उस मुकाबले! साँप में भी साँप दिखाई नहीं पड़ा। साँप भेज दिया है राणा ने। परिवार दु:खी हो रहा है। मीरा की मस्ती कष्ट का कारण बन गई है। धर्मगुरु, पंडित, पुरोहित जा-जाकर राणा को शिकायत कर रहे हैं कि अब कुछ करना पड़ेगा; यह तुम्हारी इज्जत-आबरू का सवाल है। ये पंडित-पुरोहित कबीर के भी खिलाफ थे। ये पंडित-पुरोहित रैदास के भी खिलाफ थे। ये पंडित-पुरोहित जीसस के भी खिलाफ थे। बुद्ध से भी खिलाफ थे; लेकिन मीरा के ये बहुत ही ज्यादा खिलाफ थे। उसका कारण है कि कबीर जुलाहे थे, नाराजगी इस बात से थी कि वे शूद्र हैं। रैदास चमार थे; नाराजगी इससे थी कि वे शूद्र हैं। बुद्ध ऐसी बातें कह रहे थे, जो कि हिंदू संस्कार और परंपरा के विपरीत थीं। महावीर नग्न खड़े हो गए थे, जो कि पंडितों को लगता था अशोभन है। मगर मीरा के साथ तो बात और भी गहरी हो गई। गहरी बात इसलिए हो गई कि मीरा स्त्री भी थी।

पुरुषों ने पुरुषों को तो किसी तरह बरदाश्त भी कर लिया; लेकिन स्त्री को बरदाश्त करना और भी मुश्किल है। पुरुष का अहंकार यह मान ही नहीं सकता कि स्त्री और परमात्मा को पा ले! पुरुषों के रहते और स्त्री परमात्मा को पा ले! जैनों ने अपने शास्त्रों में निषेध ही कर दिया है कि कोई स्त्री, स्त्री-पर्याय से मोक्ष नहीं जा सकती। और मजा यह है कि यही स्त्रियाँ जैन मुनियों के वचन सुनती रहती हैं; यही उनको पालती हैं।

उन सबको निकाल भगाओ! उनसे कहो कि ये शास्त्र बदलो! यह स्त्रियों का अपमान है।

मगर मजा यह है कि मंदिरों में तुम्हें पुरुष शायद ही कभी दिखाई पड़ते हों। औसत अनुपात चार स्त्रियाँ और एक पुरुष, ऐसा रहता है; और वह एक भी ऐसे ही आ गया है; कोई दब्बू पुरुष होगा, पत्नी के साथ चला आया। मंदिर से उसको कुछ लेना-देना नहीं है। पत्नी आती थी तो क्या करें! और पत्नी ने कहा कि चलना पड़ेगा, तो चले आए हैं, ठीक है। या किसी और कारण से आ गया होगा।

और ये शास्त्र दोहराते रहते हैं कि स्त्री को मोक्ष नहीं। देखते हैं, जैन-साधु 'पुरुष' हो, चाहे वह नया दीक्षित हो, तो भी पुरानी दीक्षित स्त्री साध्वी को उसे झुककर नमस्कार करना पड़ता है। क्यों? वह 'स्त्री' है। वह चाहे बीस साल पुरानी दीक्षित हो, तो भी नए दीक्षित पुरुष के सामने भी उसको झुकना पड़ता है।

और मजा ऐसा है कि स्त्री साध्वियों में थोड़ी साधुता शायद मिल भी जाए, पुरुष साधुओं में कुछ नहीं दिखाई पड़ता। क्योंकि स्त्री में एक सौम्यता है, एक सरलता है। बेईमानी की कमी है। पाखंड की कमी है। स्त्री जब साध्वी होती है तो वह पूरी तरह से हो जाती है। पुरुष तो और भी हिसाब से होता है--नमालूम कौन-कौन हिसाब उसके हैं! बड़ा गणित बिठाता है। और पहुँच जाने के बाद भी उसका गणित जारी रहता है। उसकी राजनीति जारी रहती है। संघ का मुखिया कैसे हो जाए! फलाँ कैसे हो जाए! ढिकाँ हो जाए! आचार्यपद पर कैसे बैठ जाए। यह सब राजनीति चलती रहती है।

मगर जैन शास्त्र कहते हैं : स्त्री का मोक्ष नहीं स्त्री-पर्याय से। यह स्त्री देह का बड़ा अपमान हुआ। और यह ऐसे लोग कहें, जो अध्यात्मवादी हैं, वे भी देह को इतना मूल्य दें--यह बात समझ में नहीं आती। आत्मा न तो स्त्री होती है, न पुरुष होती है। लेकिन यह सदा से उपद्रव रहा है। सारे धर्मों ने स्त्रियों का अपमान किया है।

तो तुम सोच सकते हो मीरा को कैसे अड़चन का सामना नहीं करना पड़ा होगा। और सबसे बड़ी कठिनाई तो यह है कि पुरुष तो मीरा के खिलाफ रहे ही होंगे, स्त्रियाँ बहुत खिलाफ रही होंगी। स्त्रियों में एक जन्मजात वैमनस्य है दूसरी स्त्रियों के प्रति।

अभी कल ही जो प्रश्न था न कि किसी देवी ने लिखा है वह, महाशोध का ग्रंथ मीरा के खिलाफ; किसी देवता को नहीं सूझी। देवी को अखरा होगा। स्त्रियाँ बड़ी ईर्ष्यालु हैं एक-दूसरे के प्रति। स्त्रियाँ जितनी खोजबीन करती हैं एक-दूसरी स्त्रियों के खिलाफ, उतना पुरुष नहीं करते। और पुरुषों को इतना रस भी नहीं है इसमें कि ठीक है। मगर स्त्रियाँ तो पूरा जीवन लगाए रखती हैं : कौन गलत हो रहा है, कहाँ क्या-क्या गलती हो रही है, कौन की स्त्री क्या गलती कर रही है! सारा रस ही इसमें है उनके जीवन का। तो पुरुषों ने खिलाफत की होगी, क्योंकि मीरा स्त्री थी। स्त्रियों ने खिलाफत की होगी, क्योंकि मीरा स्त्री थी। मीरा को बहुत कष्ट दिए होंगे।

मीरा टिक न सकी। राजस्थान छोड़ना पड़ा। मथुरा, वृंदावन गई; फिर वहाँ से भी भागना पड़ा। भागती रही।

हमने अब तक इस जगत में जो लोग भी परमात्मा के प्रेम में पूरे डूबे हैं, उनके साथ बड़ा दुर्व्यवहार किया है। हमारे अहंकार को चोट पड़ती है।

गरेबाँ चाक भी होगा फुगाँ तक बात आ पहुँची,
वहाँ तक जा ही पहुँचेगी जो याँ तक बात आ पहुँची,
मिटाकर अपनी हस्ती तुझको आख़िर पा ही लूँगा मैं,
जलेंगे बालो-पर भी आशियाँ तक बात आ पहुँची,
बनाया था जलाने ही को आख़िर आशियाँ अपना,
चमन में शुक्र है बर्के-तपाँ तक बात आ पहुँची,
शरीके कारवाँ हूँ मैं गुबारे गारवाँ होकर,
मेरे मिटने की मीरे कारवाँ तक बात आ पहुँची,
मुझे जो मुस्कुराकर अपने हाथों जाम बख़्शा था,
इनायत थी मगर अब दास्ताँ तक बात आ पहुँची,
चमन वालों उठो आराइशे-महफ़िल का वक़्त आया,
खिजाँ से अब बहारे बेखिजाँ तक बात आ पहुँची,
सजायेदार हो तजवीज अब मेरे लिए शायद,
जो कह बैठा हूँ मैं पीरे मुगाँ तक बात आ पहुँची।

जब किसी के भीतर से अनलहक का नाद होता है, अहं ब्रह्मास्मि का नाद होता है ...

चमन वालो उठो आराइशे महफ़िल का वक़्त आया,
खिजाँ से अब बहारे बेखिजाँ तक बात आ पहुँची।

जब कोई उस मोक्ष की खबर लाता है—जहाँ कभी कोई पतझड़ नहीं आता, जहाँ बसंत शाश्वत है—जब कोई उस परम आनंद की खबर लाता है, उस परम नृत्य की खबर लाता है, जब किसी के पैरों में थोड़ी-सी भनक उस नृत्य की होती है और किसी के कंठ में थोड़ी आवाज उस संगीत की होती है, और जब किसी की आँखों में परमात्मा थोड़ा झाँकता है—तो अड़चन शुरू होती है।

सजाएदार हो तजवीज अब मेरे लिए शायद

अब शायद वही मेरे लिए भी इंतजाम होगा, जो मंसूर के लिए हुआ था; शायद अब सूली बनेगी।

'जो कह बैठा हूँ मैं पीरे मुगाँ तक बात आ पहुँची।' वह पंडित-पुरोहितों तक बात पहुँच गई है। वह जो मैं कह चुका, 'जो कह बैठा हूँ, मैं पीरे मुगाँ तक बात आ पहुँची।' वह पहुँच गई है लोगों तक। अब जल्दी ही वह होने वाला है, जो मंसूर के लिए हुआ था—वही जो जीसस के लिए, वही जो सुकरात के लिए।

मीरा ने ऐसे अनूठे वचन कहे, प्यार से ऐसे गद्गद्, ऐसे मधुरस से भरे—मगर हमने क्या दिया उत्तर में? हमने पत्थर फेंके, हमने गालियाँ दीं। हमने इस अद्भुत स्त्री को गाँव-गाँव भटकाया, सताया। अड़चन कई तरह की थी। सबसे बड़ी अड़चन तो यह थी कि वह स्त्री थी। और स्त्री ने ऐसी उद्घोषणा इसके पहले इस देश में कभी भी नहीं की थी। प्यारे को पा लेने की ऐसी खबर अगर पहले कभी घटी भी होगी स्त्रियों को तो वे चुप्पी मारकर बैठ गई थीं; उन्होंने कभी घोषणा नहीं की थी। क्योंकि कौन उनकी मानेगा! कौन उनका भरोसा करेगा! लेकिन मीरा हिम्मतवर थी। क्षत्राणी थी। छोड़ दी होगी फिक्र। कूद पड़ी। जो हुआ था, कहने लगी। जैसा हुआ था वैसा कहने लगी। नाचने लगी गाँव-गाँव।

महावीर के नग्न खड़े होने से भी जो लोगों को चिंता नहीं हुई थी, उनको भी मीरा के नाचने से ज्यादा चिंता हुई। वे बड़े हैरानी में पड़ गए। तो राणा ने साँप का पिटारा भेजा।

साँप पिटारा राणा भेज्यो, मीरा हाथ दिया जाय।

वह तो मस्त होगी।

तुमने कभी देखा, छोटे बच्चे हैं—साँप मिल जाए तो उसे भी पकड़ लें! और एक और आश्चर्य की बात है कि बच्चे अगर साँप को पकड़ लें तो साँप शायद ही काटे। बच्चे का भोलापन, वह दोस्ताना—साँप की भी समझ में आता है।

तुमने देखा, शराबी कभी-कभी साँप को पकड़ ले, नशे में बैठे हैं—वह मस्ती साँप की भी समझ में आती है। तो यह तो शराब परमात्मा की थी। और यह तो जो भोलापन था, परमात्मा से उतरा हुआ था। अगर साँप इसे समझा तो कुछ आश्चर्य नहीं है।

हम जब भी किसी को छूते हैं तो हमारी तरंगें शरीर की, खबर देती हैं—हमारे भाव की।

तुमने देखा, तुम्हारा कोई हाथ पकड़ता है तो तुमने खयाल किया कि

अलग-अलग लोगों के हाथ से अलग-अलग तरंगों का अनुभव होता है! कोई अगर प्रेम से पकड़ता है तो और तरह की ऊष्मा, गरमी-तुममें बहती हुई, उसकी जीवन-ऊर्जा तुममें प्रवेश करती हुई! कोई आदमी ऐसे ही पकड़ लेता है उपचार से तो ठंडा, मुर्दा हाथ! और वह जल्दी में है छुड़ाने की कि कब झंझट मिटे; एक उपचार था, पूरा कर दिया। या कोई आदमी दुश्मनी से पकड़ता है। ... तो तुमने फर्क देखा?

शायद तुमने खयाल न किया हो, क्योंकि लोग बहुत संवेदनहीन हो गए हैं। लेकिन अगर थोड़ा ही खयाल करोगे तो तुम समझ जाओगे : हर बात में फर्क होता है। अब तो वैज्ञानिक कहते हैं कि वृक्षों तक को तरंगों का पता चलता है। अगर कोई कुल्हाड़ी लेकर वृक्ष को काटने आता है तो वृक्ष के प्राण कँप जाते हैं। इसको अब नापने के उपाय हैं। जैसे आदमी के हृदय पर कार्डियोग्राम लगा देते हैं-ऐसा ही कार्डियोग्राम वृक्ष से भी लग सकता है। पश्चिम में काफी शोध हो रही है। और जब कोई माली पानी की बाल्टी लेकर उंडेलने आता है तो वही वृक्ष आनंदित हो जाता है, पुलकित हो जाता है। अभी न तो कुल्हाड़ी जो लाया है, उसने काटा है वृक्ष को; और न जो पानी ले आया है, उसने पानी डाला है। पानी डालने के बाद वृक्ष अगर आनंदित होता है तो भी हम समझते हैं कि चलो पानी डालने से हो रहा है, ठीक है; तृप्ति मिली होगी, प्यासा रहा होगा, जड़ें सूख रही होंगी। मगर पानी को आते ही देखकर, वृक्ष मस्त हो जाता है। आकाश में घिरे बादलों को देखकर, मोर ही नहीं नाचते, वृक्ष भी नाचने लगते हैं। अब इसके वैज्ञानिक प्रमाण हैं।

तो कुछ आश्चर्य नहीं कि मीरा की वह मस्ती, वह मगन-भाव साँप को समझ में आ गया हो।

साँप-पिटारा राणा भेज्यो, मीरा हाथ दिया जाय।
न्हाय-धोय जब देखन लागी, सालिगराम गई पाय।

तो साँप तो मिला ही नहीं मीरा को, सालिग्राम ही मिलेगा। उसे जगह-जगह परमात्मा की ही छवि मिलेगी।

'जहर का प्याला राणा भेज्यो, अमृत दीन्ह बनाय।' वह कहती है : हे प्रभु, तुम्हारी लीला, कि भेजा तो था, सुनते हैं जहर...। 'न्याय-धोय जब पीवन लागी अमृत दीन्ह बनाय!' लेकिन तुमने क्या चमत्कार किया कि जहर अमृत हो गया!

सब दृष्टि की बात है-कैसे तुम लेते हो! यहाँ तुम अगर ठीक से लो,

सद्भाव से लो तो काटें भी फूल हो जाते हैं; और दुर्भाव से लो तो फूल भी काँटें हो जाते हैं। प्रेम से लो तो गालियाँ भी गीत की तरह बरसती हैं; और प्रेम से न लो तो गीत भी गालियाँ की तरह हो जाते हैं। सब दृष्टि की बात है, दृष्टि ही सृष्टि है।

'सूल सेज राणा ने भेजी, दीन्यो मीरा सुलाय।' कहते हैं कि राणा ने एक ऐसी सेज बनवाई, जिसमें काँटे-ही-काँटे थे और इच्छा यह थी--जहरीले काँटे थे, जहर बुझाए काँटे थे– कि जब मीरा उन पर सोएगी तो रात को काँटे उसमें चुभ जाएँगे, उसके सारे शरीर में–और जहर व्याप्त हो जाएगा।

सूल सेज राणा ने भेजी, दीन्यो मीरा सुलाय।
साँझ भई मीरा सोवण लागी, मानो फूल बिछाय।

वे काँटे फूल हो गए जैसे! मानो फूल बिछाय!

जीवन में अगर हमने परमात्मा का साथ पकड़ लिया तो हमारे लिए दु:ख समाप्त हो गए। इतना ही सार-अर्थ है इस बात का। ऐसा वस्तुत: हुआ या नहीं, इसमें मत पड़ना। इतना ही सार-अर्थ है : इस जगत में परमात्मा के प्यारे को काँटें होते ही नहीं; फूल-ही-फूल हैं।

मीरा के प्रभु सदा सहाई, राखे बिघन घटाय।
भजन-भाव में मस्त डोलती, गिरधर पै बलि जाय।

मीरा कहती है : तुम मेरी विघ्न-बाधाएँ काटते चले जाते हो। मेरी कोई पात्रता नहीं है।

मगर और क्या पात्रता होती है? यही तो पात्रता है कि 'जहाँ बैठावे तित ही बैठूँ, बेचैं तो बिक जाऊँ।' बस यही एक पात्रता है। मीरा ने इसे पूरा कर दिया था। तुम इस पात्रता को पूरा कर दो तो परमात्मा तुम्हें अपने अमृत से भर दे–अभी और यहीं! जिस दिन तुम पूरी कर दोगे यह बात, उसी दिन भर जाओगे। मगर यही कठिन लगता है... 'कैसे छोड़ें? कैसे सब उस पर छोड़ दें?'

हमें यह भ्रांति है कि हम अपने जीवन के नियंता हैं। हमें यह भ्रांति है कि हम न सँभालेंगे तो कौन संभालेगा!

और बड़ा मजा है कि क्या सँभाल रहे हो तुम? जन्म हुआ तुम्हारा, यह तुमने तय किया था? फिर तुमने साँस लेनी शुरू कर दी, यह तुमने ली थी? फिर एक दिन साँस बंद हो जाएगी, तुम लेना भी चाहो तो न ले सकोगे।

मुल्ला नसरुद्दीन से कोई पूछ रहा था कि आपकी ज्यादा लंबी उम्र का क्या राज़ है? मैं भी रहना चाहता हूँ ज्यादा दिन तक दुनिया में, मैं क्या करूँ?

मुल्ला ने कहा : कुछ नहीं। साँस लेते रहना। बस साँस बंद मत करना। कुछ भी हो जाए, साँस लेते रहना।

मगर कैसे लोगे साँस? जब मौत आ जाएगी तो क्या करोगे? जो साँस बाहर गई, बाहर गई जो नहीं आएगी, फिर क्या करोगे? अपनी साँस पर भी तो हक नहीं है, और किस बात पर हक होगा?

लेकिन हमको भ्रांति है कि हम नियंता हैं; अगर हमने अपनी व्यवस्था न की तो सब बिखर जाएगा। तुम्हारी व्यवस्था के कारण बिखर रहा है। तुम कृपा करो और व्यवस्था से हट जाओ। और तुम कह दो उसी को कि तू सँभाल! जहाँ बिठाएगा बैठ जाएँगे। जो खिलाएगा खा लेंगे! जो पिलाएगा पी लेंगे। तेरी जैसी मरजी। तेरी मरजी से हम राजी हैं।

ऐसा कहते ही तुम अचानक पाओगे, सब व्यवस्था बैठने लगी। तुम नाहक ही बोझ लिए चल रहे हो। तुम सब बोझ उस पर छोड़ दो। तुम निर्भर हो सकते हो।

आज के सूत्र का सार यही है कि तुम निर्भार हो जाओ तो तुम्हारे जीवन में मस्ती आ जाए। 'भजन-भाव में मस्त डोलती!'–अब रही नहीं कोई चिंता। व्यवस्था न रही, नियंता न रहे, कर्ता न रहे–तो चिंता न रही। और तभी 'भजन-भाव में मस्त डोलती, गिरधर पै बलि जाय।'

और यही मार्ग है–अपने असली घर तक पहुँचने का।

मैं तो गिरधर के घर जाऊँ।
गिरधर म्हारो साँचो प्रीतम, देखत रूप लुभाऊँ।
रैन पड़ै तब ही उठि जाऊँ, भोर भये उठि आऊँ।
रैन दिनां बाके सँग खेलूँ, ज्यूँ-ज्यूँ वाहि रिझाऊँ।
जो पहिरावै सोई पहिरूँ, जो दे सोई खाऊँ।
मेरी-उनकी प्रीत पुराणी, उन बिन पल न रहाऊँ।
जहाँ बैठावै तित ही बैठूँ, बेचैं तो बिक जाऊँ।
मीरा के प्रभु गिरधर नागर, बार-बार बलि जाऊँ।
मैं तो गिरधर के घर जाऊँ!

आज इतना ही।

मृत्यु का वरण:
अमृत का स्वाद

4

प्रश्न-सार

- *प्रवचन सुनते समय भीतर ऐसी खलबली मच जाती है कि जिसका हिसाब नहीं ... क्या प्राण लेकर ही रहेंगे?*
- *भक्ति का शास्त्र और भक्ति के गीत में क्या फर्क है?*
- *क्या पुराने शास्त्र और उनकी सिखावन पर्याप्त नहीं?*
- *कई संत-महात्मा कहते हैं कि मीरा कृष्ण के सगुण रूप से बँधी रही, इसलिए परमपद को प्राप्त न हो सकी?*
- *मैं हार गया, तब भार गया। मैं झुक गया, तो रुक गया। अब आप मिले, प्रभु साथ करें!*
- *मैं जो पा रहा हूँ, उसे बाँटना चाहता हूँ। लेकिन शब्द नहीं जुड़ते। मैं क्या करूँ?*

मृत्यु का वरण: अमृत का स्वाद

पहला प्रश्न : *प्रवचन सुनते समय भीतर से ऐसी खलबली मच जाती है कि जिसका हिसाब नहीं। कुछ समझ में नहीं आता है। आँसू बहते ही चले जाते हैं। क्या प्राण लेकर ही रहेंगे?*

उससे कम में कभी काम चला नहीं। उससे कम में काम चलाने की सोचना भी नहीं। उससे कम में काम चल जाता तो परमात्मा सस्ता होता। उससे कम में काम नहीं चलता, इसलिए तो इतने लोग वंचित हैं परमात्मा से। स्वयं को दिए बिना उसे पाने का कोई उपाय नहीं।

लेकिन स्वयं में ऐसा मूल्यवान क्या है, जिसको बचाने की इतनी आतुरता है? संपदा क्या है तुम्हारे पास? जिसको तुम अपना प्राण कहते हो, उसमें भी क्या है? लेकिन शायद हम इस तरह सोचते ही नहीं कि हमारे होने में क्या है! अगर इसे गँवाना पड़े तो क्या गवाँओगे?

अर्थहीन है यह अस्तित्व; इसमें अर्थ तो परमात्मा के आने से ही आता है। यह वीणा तो ऐसी ही पड़ी है, जब तक इसे हाथ न छुएँ, इसमें कोई संगीत पैदा होता नहीं। और अगर वीणा के टूटने से ही संगीत पैदा होना है, तो टूटने की तैयारी रखो। क्योंकि असली लक्ष्य संगीत है, वीणा नहीं है।

जिन्होंने अपने को गँवाया–उन्होंने परम धन पाया–राम रतन पाया! जो अपने को बचाते रहे, वे अपने को नाहक गँवाते रहे; खाली आए, खाली गए।

धमृत्यु तो आनी है ही। उससे भयभीत होने से क्या होगा? तुम भयभीत होते रहोगे, फिर भी मृत्यु तो आएगी ही। मृत्यु तो आ ही गई है उसी दिन, जिस दिन तुम पैदा हुए। जन्म के साथ ही आ गई। वह जन्म का ही दूसरा

छोर है। जन्म के बाद एक बात निश्चित है कि मरोगे। जन्म के बाद ऐसा कभी नहीं हुआ कि कोई जन्मा हो और मरा न हो। फिर सात दिन बाद मरोगे कि सात साल बाद, इससे बहुत फर्क नहीं पड़ता। मृत्यु तो आ रही है, चल ही पड़ी है। हम रोज-रोज मृत्यु की तरफ सरकते ही जा रहे हैं। एक-एक पल जो बीत रहा है, उसमें मृत्यु बड़ी होती जा रही है; हम छोटे होते जा रहे हैं।

यह तुम्हारा होना ही छिन जाएगा, इससे पहले कि छिन जाए, इसे क्यों न परमात्मा के चरणों में चढ़ा दो। और मजा यह है कि अगर परमात्मा के चरणों में इसे चढ़ा दो, जो कि छिन जाने वाला है, तो तुम कुछ ऐसा पा लोगे, जो कभी नहीं छिन सकता है।

मृत्यु को वरण कर लेने से अमृत का स्वाद मिलता है।

दुनिया में दो ही तरह के लोग हैं : मृत्यु से डरे हुए लोग, कँपते हुए लोग; और मृत्यु को सहज स्वीकार करनेवाले लोग। जो स्वीकार कर लेते हैं, उनके लिए परमात्मा का द्वार खुला है।, जो मृत्यु से डरे हैं, वे अपने ही अंधकार में डूबे रहेंगे; वे कभी-द्वार-दरवाजे न खोल सकेंगे, क्योंकि भय उन्हें लगा ही है कि कहीं प्राण न चले जाएँ। वे कभी प्रेम न कर सकेंगे, क्योंकि प्रेम भी प्राण माँगता है। वे कभी प्रार्थना न कर सकेंगे, क्योंकि प्रार्थना भी प्राण माँगती है। परमात्मा के द्वार पर वे दस्तक न दे सकेंगे, क्योंकि परमात्मा भी उससे कम नहीं माँगता।

इस जगत में जो भी महत्त्वपूर्ण है, वह प्राण देने से ही मिलता है। और मजा ऐसा है कि प्राण में कुछ भी नहीं है। राख ढो रहे हो।

वही तो है ज़िंदगी कि जिसमें अटूट एहसास हो बका का,
है मौत का जिसमें खौफ़, हरदम वह ज़िंदगी-ज़िंदगी नहीं है।
वही तो है रौशनी हो, जिससे दिलो-दिमाग़ बेशर दरकशाँ,
करे जो दीवारो-दर को रौशन वह रौशनी, रौशनी नहीं है।
वही तो है ताज़गी, जो दौड़े रगों में, मौजे-निशान बनकर,
जो आरजो-लब को रंग दे बस, वो ताज़गी ताज़गी नहीं है।
वही तो है कैफ़े हस्त, जिसमें पता न हो कैफ़े-हस्त का भी,
है जिसमें एहसास बेखुदी का वो बेख़ुदी बेखुदी नहीं है।
वही तो है आशकी सरूरे निशाते रहती हो जिसमें हरदम,
हो ग़म का एहसास जिसमें पैदा वह आशकी आशकी नहीं है।

वही तो है खुद सपुर्दगी, जिसमें हो शऊरे ख़ुदी फ़ना सब,
*ख़याल अपना हो जिसमें बाकी वो बेदिली बेदिली **नहीं** है।*
वही तो है बंदगी फकत जो तेरी खुशी के लिए अदा हो,
तलब कि जिसमें हो लाग कुछ भी वो बंदगी बंदगी नहीं है।

जिंदगी जिंदगी ही तब है, जब मौत की छाया से तुम मुक्त हो गए। कौन होता है मौत की छाया से मुक्त?–जो मौत को वरण करने को तैयार है।

तुम्हारे जीवन में उसी दिन अर्थ होता है, जिस दिन तुम्हारे जीवन में ऐसी बात पैदा हो जाती है, जिसके लिए तुम जीवन को भी दे सको। नहीं तो जीवन निरर्थक होता है। जीवन से बड़ी और क्या बात हो सकती है, सिवाय परमात्मा के? जिसके लिए जीवन अर्पित हो सके, उसी के साथ असली जिंदगी शुरू होती है।

वही तो है जिंदगी जिसमें अटूट एहसास हो बका का!

और कौन अपने को कुर्बान कर सकता है परमात्मा के चरणों में? वही, जिसे पता है; जिसे इस बात का अनुभव होने लगा है कि जो है वह सदा रहेगा और जो नहीं है उसे बचाने से भी कुछ बचता नहीं है।

तुम्हारे भीतर जो है–वह पहले भी था, अभी है, आगे भी रहेगा। और जो तुम्हारे भीतर उधार है, बाहर से आया है, वह लौट जाएगा। जो पृथ्वी ने दिया है, पृथ्वी ले लेगी। जो आकाश ने दिया है, आकाश ले लेगा। जो सूरज ने दिया है, सूरज छीन लेगा। आग-पानी से जो आया है, आग-पानी में वापिस लौट जाएगा। हवा से तुमने जो उधार माँगा है वह अमानत है; वह देनी पड़ेगी। यह देह जाएगी। यह श्वास जाएगी। यह रक्त-मांस-मज्जा, यह सब जाएगा। सिर्फ एक तुम्हारे पास कुछ है, जिसका तुम्हें पता ही नहीं चल रहा है–तुम्हारी चेतना–वही भर नहीं जाएगी।

परमात्मा को जब तुम सब चढ़ा देते हो, जो छिन जानेवाला है, वही चढ़ता है और जो नहीं छिन सकता, वही बच रहता है। और जब अकेला बच रहता है, तो प्रगाढ़ता से प्रकट होता है; साफ-साफ दिखाई पड़ता है।

चढ़ाना सीखो अपने को।

वही तो है ज़िंदगी जिसमें अटूट एहसास हो बका का,
है मौत का जिसमें खौफ़ हरदम वो ज़िंदगी ज़िंदगी नहीं।
वही तो है रौशनी जिसमें दिलो-दिमाग़ बशर दरकशाँ,
करे जो दीवारे-दर को रौशन वह रौशनी, रौशनी नहीं है।

घर और मकान को जिस रोशनी से रोशन कर लेते हो, उसको रोशन मत समझ लेना—जब तक कि भीतर की चेतना रोशन न हो।

वही तो है कैफ़े हस्त जिसमें पता न हो कैफ़े हस्त का भी।

और आत्मानंद क्या है? आत्मानंद वहीं है, जहाँ आत्मानंद का पता भी नहीं होता—जहाँ पता करनेवाला अलग नहीं बचता, जहाँ लीनता परिपूर्ण है।

है जिसमें एहसास बेख़ुदी का वो बेख़ुदी बेख़ुदी नहीं है।

जहाँ तुम्हें याद रहे कि मैंने चढ़ा दिया, मैंने सब चढ़ा दिया—तो तुमने कुछ नहीं चढ़ाया। तुम बचे ही हो। यह चढ़ानेवाला अभी बचा ही है। इसी को चढ़ाना था। यह अस्मिता, यह अहंकार जाना चाहिए था।

अगर तुम्हें ऐसा लगे कि देखो कितना आनंद आ रहा है, कितना आनंदित हूँ मैं—तो अभी आनंद नहीं आया। यह जो आया है, यह चला जाएगा। क्योंकि तुम इससे दूर खड़े हो; इसमें डूब नहीं गए हो; इसमें एक नहीं हो गए हो। तुम्हें यह दिखाई पड़ रहा है। यह दृश्य की भाँति है; तुम द्रष्टा हो। जब आनंद ऐसा होता है कि तुम इसके साथ एक होते हो—न देखनेवाला, न दिखाई पड़नेवाला, दृश्य और द्रष्टा का भेद मिट जाता है—तभी बेखुदी बेखुदी है। और जहाँ तुम बेखुद हो, वहीं खुदा है। जहाँ तुम नहीं हो वहीं परमात्मा है। इधर तुम मिटे, उधर वह हुआ।

वही तो है बंदगी फ़कत जो तेरी ख़ुशी के लिए अदा हो।

किसे हम कहते हैं प्रेमी? किसे हम कहते हैं भक्त? किसे हम कहते हैं आशिक? उसे कहते हैं ... 'वही तो है बंदगी फकत जो तेरी खुशी के लिए अदा हो'..•जिसकी कोई माँग नहीं परमात्मा से। जो उसकी खुशी के लिए सब समर्पित कर दिया है। उसकी खुशी में जिसकी खुशी है।

मीरा ने कहा है : जहाँ बिठाता, वहाँ बैठ जाती; जो खिलाता, खा लेती; जो सुलाता सो जाती; उठाता, उठ जाती। उसकी ही खुशी! अपनी अब न कोई आकांक्षा है, न कोई खुशी है।

वही तो है बंदगी फ़कत जो तेरी ख़ुशी के लिए अदा हो,
तलब कि जिसमें हो लाग कुछ भी वो बंदगी बंदगी नहीं है।

और जहाँ कुछ भी पाने की आकांक्षा बनी रहे, वहाँ तुमने परमात्मा पर अपने को समर्पित नहीं किया; प्राण को बचाए हो अभी। तुम्हारी सारी आकांक्षाओं के जोड़ का नाम ही तुम्हारा प्राण है। जब तुम सारी आकांक्षाओं को उसके चरणों में रख देते हो, फिर तुम कहाँ बचे? फिर तुम्हारा अलग होना

न बचा। बूँद गिर गई सागर में, हो गई सागर।

इतना पागलपन चाहिए ही होगा।

जहाँ तक एहसासे बेखुदी है कमाले दीवानगी नहीं है।

और जहाँ तक तुम्हें अपना एहसास हो रहा है कि मैं अलग-थलग, वहाँ तक कमाले दीवानगी नहीं—वहाँ तुम्हें अभी पागलपन का कमाल नहीं आया; अभी तुम्हें भक्त की कला नहीं आई।

पूछा तुमने : 'प्रवचन सुनते समय भीतर ऐसी खलबली मच जाती है कि जिसका हिसाब नहीं।'

मचने दो यह खलबली। ऐसे ही तो परमात्मा आता है। यह उसके आने की खबर है। यह उसके पैरों की आवाज है। यह तुम्हारे हृदय पर दी गई दस्तक है। यह खलबली खलबली नहीं है—यह होनेवाली क्रांति का सूत्रपात है। यह पुकार है उसकी, धन्यभागी हो तुम! अभागे तो वे हैं, जिनमें कोई खलबली नहीं मचती। परमात्मा का नाम उनके मन पर पड़ जाता है, वह बहरे की तरह बैठने रहते हैं। मीरा का भजन आता है, चला जाता है; उनके हृदय में रोमांच नहीं होता, मीरा नाचती है, चली जाती है, वे ऐसे देखते रहते हैं जैसे कहीं कुछ नहीं हो रहा। जूँ नहीं रेंगती; खलबली की तो बात दूर। एक रोआँ नहीं कँपता; प्राणों के कँपने की तो बात दूर।

तुम धन्यभागी हो। तुम्हारा बड़ा सौभाग्य है। इस खलबली को आने दो। इसे बुलाओ। इसे मेहमान बनाओ। इसे सँवारो। इससे डरना मत। इससे चोट भी लगेगी पहले, क्योंकि बहुत कुछ पुराना गिरने लगेगा। यह भूकंप जैसा होगा। मकान कँपेगा, चीजें गिरेंगी। पुरानी सब व्यवस्था टूटेगी। नई व्यवस्था तो देर से आएगी, पुरानी पहले टूट जाएँगी। पुराने को मिट जाना पड़ता है। नए के आने के लिए। तुम डरोगे। तुम्हारी सुरक्षा, तुम्हारे अब तक के आयोजन, तुम्हारे अब तक के विचार, विश्वास, आस्थाएँ, मंदिर, मस्जिद, गुरुद्वारे गिरेंगे; तुम्हारी गीता-कुरान, तुम्हारी बाइबिल, वेद लड़खड़ाएँगे। तुम भी भयभीत होओगे। तुम उन्हें पकड़ लेना चाहोगे।

मैं तुम्हें याद दिलाना चाहता हूँ; यह खलबली असली चीज है, इसे पकड़ना। वेद जाएँ, जाने देना; क्योंकि यह खलबली के पीछे वह आ रहा है जिससे वेद आए, जिससे कुरान पैदा हुए। वह इस खलबली के पीछे आ रहा है।

परमात्मा तूफान की तरह आता है, आँधी-अंधड़ की तरह आता है।

विराट् ऊर्जा है। जैसे एक छोटा-सा तिनका आँधी में फँस जाता है, ऐसा ही तुम भी फँसोगे। मगर अगर तिनका राजी है तो आँधी उठा लेगी उसे सिर पर; आँधी उसे आकाशों की यात्रा करा देगी। तुम राजी हो जाना और तिनके बन जाना।

'प्रवचन सुनते समय भी भीतर ऐसी खलबली मच जाती है कि जिसका हिसाब नहीं।'

हिसाब तुम करना भी चाहो तो न कर सकोगे। परमात्मा की तरफ से जो भी आता है, सब बेहिसाब है। उसे तुम गिनती नहीं कर सकते; नाप नहीं सकते तराजू पर; कोई मापदंड नहीं है, कोई माप नहीं है—अमाप है सब।

'कुछ समझ में नहीं आता है।'

समझ तो तुम्हारी जो है, वह जाएगी, तब समझ में आएगा। यह तुम्हारी समझ ही तो आने में बाधा है। तुम्हारी समझ यानी, तुम्हारे अतीत से आए हुए संस्कार, तुम्हारी धारणाएँ, तुम्हारे शास्त्र। तुम्हारी समझ यानी क्या? धूल—जो तुमने इकट्ठी कर ली है—बिना अनुभव के। तुम्हारी समझ यानी तुम्हारा पांडित्य, तुम्हारा तर्क, तुम्हारा अहंकार, तुम्हारी बुद्धिमत्ता। तुमने पढ़ी जो बातें, सुनी जो बातें, उन सबका जो संग्रह तुम्हारे भीतर पड़ा है—वही तुम्हारी समझ है।

नहीं, परमात्मा तुम्हारी समझ में न आएगा। परमात्मा इतना छोटा नहीं है कि तुम्हारी मुट्ठी में आ जाए, कि तुम रेखाबद्ध कर लो उसे, कि उसकी परिभाषा कर सको। जब परमात्मा आएगा, सब परिभाषाएँ उखड़ जाएँगी; सब रेखाएँ अस्त-व्यस्त हो जाएँगी। तुम्हारे बनाए गए धारणाओं के भवन ऐसे गिर जाएँगे, जैसे पत्तों के मकान गिर जाते है। और तुम्हारे शास्त्र ऐसे डूबने लगेंगे, जैसे कागज की नाव डूब जाती है।

शास्त्र हैं भी कागज की नावें। उनमें बैठकर कभी यात्रा न हुई है, न हो सकती है। हाँ, जिन्हें कभी जाना ही न हो यात्रा पर, वे मजे से किनारे पर बैठकर कागज की नाव तैराते रहें; रंग-बिरंगी नावें—हिंदू की, मुसलमान की, जैन की, ईसाई की नावें—और विवाद करते रहें और एक-दूसरे के सिर तोड़ते रहें, कि किसकी नाव सुंदर है और किसकी नाव ज्यादा रंगीन है और किसकी नाव ले जानेवाली हैं। कोई नाव पर तो बैठता नहीं। नाव का विवाद चलता है। लेकिन जिस दिन उसकी आँधी आनी शुरू होती है, ये सब नावें उलट जाती है; फिर न तुम हिंदू रह जाते, न मुसलमान, न ईसाई।

मीरा कौन है? हिंदू और मुसलमान है कि ईसाई है? मीरा कोई भी नहीं। मीरा बस 'उसकी' है। 'उसका' होना ही बस उसकी विशेषता है।

समझ में नहीं आएगा। और जब समझ में न आएगा, तब यह घटना घटेगी। जिसने भी प्रश्न पूछा—**'स्वामी** यशभारती' ने—यह प्रश्न बौद्धिक नहीं है। यह प्रश्न बिलकुल ठीक है; जैसा घटता है वैसा है। पहले खलबली मचती है, फिर कुछ समझ में नहीं आता। फिर आँसू बहे चले जाते हैं। जब समझ में न आएगा, जब बुद्धि थकी हो जाएगी—तो हृदय खुलेगा, आँसू बहेंगे। समझ में आ जाएगा तो फिर आँसू नहीं बहेंगे, फिर जरूरत न रही; तुमने हिसाब-किताब लगा लिया! बुद्धि ने काम कर दिया; निबटा दिया बुद्धि के बाहर-ही-बाहर। आया था मेहमान, चौकीदार ने ही निबटा दिया; घर के मेजबान को पता ही न चला। उसने ही वही सब समझा-बुझा दिया कि सब ठीक है, कोई जरूरत नहीं भीतर जाने की। मैं पहुँचा दूँगा खबर; मैंने सब ठीक से समझ लिया है; आपने जो कहा, बिलकुल समझ में आ गया है; मालिक तक पहुँचा दूँगा। मालिक भीतर सोया है, उसे पता ही नहीं चला।

आँसू तो तभी आएँगे, जब चौकीदार समझ नहीं पाएगा। थोड़ी अड़चन आएगी चौकीदार को। उसकी बुद्धि की पकड़ में नहीं आएगा, कि यह क्या कह रहे हो, यह क्या है! आ जाए समझ में, तो निश्चितता वहीं से निबटा दें। वही बुद्धि का काम है। इसलिए बुद्धि समझने को बड़ी आतुर होती है। जो समझ में आ गया, उसे बुद्धि से पार जाने की जरूरत नहीं रहती।

तो उस क्षण में जब तुम्हें कुछ समझ में न आता हो, स्वभावत: हृदय बहेगा। आँसू आएँगे।

आँसू तुम्हारी प्रार्थनाएँ हैं। और ध्यान रखना : तुम्हारे कृत्य तुम्हें शुद्ध नहीं कर पाएँगे; तुम्हारे आँसू ही तुम्हें शुद्ध करेंगे। तुम्हारे आँसुओं की बाढ़ में ही तुम्हारे पाप बहेंगे। तुम्हारे आँसुओं की बाढ़ में ही तुम्हारा अंधकार बहेगा। ये आँसू ही तुम्हें फिर कुँआरा करेंगे। ये आँसू ही तुम्हें फिर निर्मल और पवित्र करेंगे। भक्ति के शास्त्र में आँसू उपाय है—आँसू ही एकमात्र उपाय है। इसलिए जो रो नहीं सकता, वह भक्त नहीं हो सकता। जिसकी आँखें पत्थर हो गई हैं और जिसका हृदय पथरा गया है, और जिसमें आँसू नहीं खिलते—वह भक्त नहीं हो सकता। भक्त होने की क्षमता उसी की है जिसकी आँखें सरलता से गीली हो सकती हैं; जिसका हृदय आँसू उँड़ेल सकता है। जिसके भीतर भावना है, वही भक्त हो सकता है। जिसके भीतर भाव है, वही भक्त हो

सकता है। और भाव के पास शब्द नहीं हैं। भाव के पास आँसू हैं। भाव के पास तर्क नहीं है। भाव के पास नाच है, गीत है, गान है।

इसलिए तो मीरा नाची, रोई, गाई।

आने दो उन आँसुओं को। सहयोग करना। रोकना मत। तुम्हारी जड़ धारणाएँ कहेंगी कि क्या करते हो! मर्द होकर और रोते हो! पुरुष होकर रोते हो! यह तो स्त्रियों का काम है।

इस तरह की मूढ़तापूर्ण बातों में मत पड़ना, क्योंकि परमात्मा ने आँखें तुम्हें दी हैं—चाहे तुम पुरुष हो, चाहे स्त्री। और आँखों के पीछे उतनी ही आँसुओं की ग्रंथियाँ दी हैं, चाहे स्त्री हो, चाहे पुरुष, कुछ भेद नहीं किया है।

मनुष्य-जाति में एक जो बड़ी-से-बड़ी भ्रांति फैली है, वह यह है कि मनुष्य में विभाजन है—स्त्री और पुरुष का। कोई विभाजन नहीं है। जहाँ तक परमात्मा को पाने का संबंध है, जरा भेद नहीं है। जहाँ तक जीवन की किसी भी गहरी सच्चाई का संबंध है, कोई भेद नहीं है। अगर भेद है तो बहुत शारीरिक है, जैविक है।

तुम्हारी आँखों के पीछे 'यश' उतने ही आँसू की ग्रंथियाँ हैं जितनी किसी स्त्री के पीछे। तो तुम्हारी धारणा अगर कहे कि रोओ मत, मर्द होकर रोते हो, कोई क्या कहेगा...।

छोटे-छोटे बच्चों से हम कहने लगते हैं कि 'अरे तू रो रहा है! अब तू बड़ा हो गया!' छोटे-छोटे बच्चों से हम कहने लगते हैं कि 'तू लड़का होकर रो रहा है! यह क्या लड़कियों जैसी, लड़कियाना बात!' बेचारा छोटा-सा बच्चा रोक लेता है अपने आँसू, पी जाता है आँसू। घोंट देता है आँसुओं की गरदन को पकड़कर वहीं, दबा लेता है।

तुम चकित होओगे यह जानकर कि मनस्विद इस नतीजे पर पहुँचे है, दो गुने मनुष्य आत्महत्याएँ करते हैं स्त्रियों के मुकाबले। दोगुने पुरुष आत्महत्याएँ करते हैं! दुगने पुरुष पागल होते हैं स्त्रियों की बजाय। और उनमें से एक कारण, बहुत कारणों में एक कारण यह है कि पुरुष रोना भूल गया है। क्योंकि भाव की उमंग नहीं उठती, धीरे-धीरे जड़ होता जाता है। एक दिन पागलपन आएगा, या एक दिन आत्महत्या आएगी, या एक दिन हत्या करेगा। और यह तो संख्या में उनकी गिनती की गई है जो आत्महत्या करते हैं, पागल हो जाते हैं; उनकी क्या कहो, जो बड़े-बड़े युद्ध लड़ते हैं! स्त्रियों ने तो कोई युद्ध लड़ा नहीं। स्त्रियों के ऊपर और कोई लांछन हो, यह लांछन नहीं है।

हर दस साल में पुरुषों को एक बड़ा युद्ध लड़ना पड़ता है, जिसमें कि लाखों लोग काटे-पीटे जाते हैं। यह काट-पीट भी मनस्विद कहते हैं कि आदमी के भीतर जो भाव नहीं बहता, उसका ही परिणाम है। अगर लोग थोड़े रोने लगें, थोड़े हँसने लगें, थोड़े नाचने लगें, थोड़ी बाँसुरी बजाने लगें, थोड़ी कृष्ण की सुनें, थोड़ी मीरा की सुनें—तो युद्ध कम हो जाएँगे; तो हिंसा कम होगी; तो विक्षिप्तता कम होगी।

मगर आदमी की विक्षिप्तता बढ़ती चली जाती है। एटमबम बनाया, हाईड्रोजन बम बनाया; अब कहते हैं न्यूट्रॉन बम बना लिया। न्यूट्रॉन बम बड़ा अदभुत है। उसकी सबसे बड़ी खूबी यह है कि उसमें मकान नहीं खराब होंगे, दुकानें नहीं जलेंगी, सड़कें नहीं टूटेंगी, आदमी-भर मरेगा। पशु-पक्षी, आदमी—जीवन-भर मरेगा। न्यूट्रॉन बम की यही खूबी है। यह बड़े मजे की बात है—जैसे कि मकान बचाने को हैं; आदमी मारने को हैं। मकान बचाकर क्या करोगे? जरूर राजनीतिज्ञों को यह चिंता लगी रहती है कि इतना नुकसान हो जाता है, मकान गिर जाते हैं, फिर बनाने पड़ते हैं। आदमी का क्या है! आदमी तो राजनीतिज्ञों को बनाने नहीं पड़ते; वह परमात्मा जाने। पशु-पक्षी मर जाएँ, किसको क्या लेना-देना है!

तो न्यूट्रॉन बम आदमी की आखिरी बुद्धिमत्ता का परिणाम है। एक वर्गमील में कोई जीवन नहीं बचेगा—चींटी से लेकर मनुष्य तक। किसी तरह का जीवन नहीं बचेगा। वृक्ष भी मर जाएँगे, क्योंकि वे भी जीवित हैं। जो भी जीवित है, मर जाएगा। सिर्फ मुर्दा चीजें बचेंगी—रास्ते, दुकानें, सामान, मकान। जीवन तिरोहित हो जाएगा, लाश पड़ी रह जाएगी। अगर बंबई पर गिरे न्यूट्रॉन बम तो बस लाश पड़ी रह जाएगी। बड़े-बड़े मकान खड़े रहेंगे, दुकानें सजी रहेंगी। एक चीज भी नष्ट नहीं होगी, क्योंकि न्यूट्रॉन बम सिर्फ जाकर जीवन पर सीधा हमला करता है। वह तरंग-मात्र है। कपड़ा नहीं जलेगा। कार नहीं जलेगी, सिर्फ जाकर हृदय एकदम से दग्ध होकर रह जाएगा। और किसी को पता भी नहीं चलेगा कि कब घटना घट गई। ये आदमी की विक्षिप्तता का सबूत है।

शुभ है तुम्हारी आँखों में आँसू आ रहे हैं। सदियों के गलत शिक्षण ने भी तुम्हारे आँसू समाप्त नहीं किए। इनका सहयोग करना, आनंद-भाव से सहयोग करना। संकोच नहीं करना।

तुम पूछते हो कि 'क्या प्राण लेकर ही रहेंगे?' प्यार से ही पूछा है।

अहोभाव से ही पूछा है।

प्राण लिए बिना कोई उपाय नहीं। प्राण दिए बिना कोई उपाय नहीं।

चढ़ा दो जो तुम्हारे पास है प्रभु के चरणों में! और तुम सब पा लोगे—जो तुम सदियों से पाना चाहते हो और पा नहीं पा सके हो।

मिटे बिना पाने का कोई उपाय नहीं।

दूसरा प्रश्नः *आपने कहा कि नारद ने भक्ति का शास्त्र दिया और मीरा ने भक्ति का गीत। भक्ति के शास्त्र और भक्ति के गीत में क्या फर्क है? और क्या भक्ति का शास्त्र संभव है?*

पहली तो बात, भक्ति का शास्त्र संभव नहीं है; फिर भी शास्त्र बनाना पड़ा है। बहुत-सी बातें संभव नहीं हैं; फिर भी करनी पड़ती हैं। जैसे परमात्मा को नहीं कहा जा सकता; फिर भी कहना पड़ता है। कोई कहने का उपाय नहीं है। जो भी हम कहेंगे गलत होगा। कहा नहीं, कहते ही गलत हो जाएगा।

सत्य को कहा ही नहीं जा सकता। सत्य तो मौन में अनुभव होता है; मौन में ही संवादित होता है। लेकिन फिर भी सदा से सत्य को पाए व्यक्तियों ने, चेष्टा की है कहने की। क्योंकि अगर वे चुप रह जाएँ, तब तो समझोगे ही नहीं। चिल्ला-चिल्लाकर मर जाते हैं, तब नहीं समझते, तो चुप रह जाने पर तो कैसे समझोगे?

बुद्ध चालीस साल बोलते रहे—सुबह-साँझ, सतत—तब नहीं समझे। तो बुद्ध चुपचाप अपने बोधिवृक्ष के नीचे बैठे-बैठे विदा हो जाते, तो तुम कैसे समझते?

जीसस अपने शिष्यों से कहते हैं कि जाओ, चढ़ जाओ, चढ़ जाओ मकानों की मुंडेरों पर और चिल्लाओ, क्योंकि लोग बहरे हैं। हालांकि जीसस यह भी कहते हैं कि जो है उसे कहा नहीं जा सकता। ये दोनों बातों में विरोधाभास मालूम होगा। नहीं, विरोधाभास नहीं है।

सत्य नहीं कहा जा सकता, लेकिन लोग बहरे हैं; उनको चिल्लाना तो पड़ेगा। सत्य को कहने का कोई उपाय नहीं है, लेकिन चिल्ला-चिल्लाकर लोगों को जगाने का उपाय है।

भक्ति का शास्त्र नहीं हो सकता, लेकिन नारद ने अपूर्व प्रयास किया है; जो नहीं हो सकता उसको करीब-करीब करके दिखाया है। 'करीब-करीब' है। हो तो सकता ही नहीं। हम बिलकुल भक्ति को शास्त्र में तो बाँध नहीं

सकते; क्योंकि भक्ति भाव है; शब्द नहीं, विचार नहीं, तर्क नहीं।

शास्त्र का अर्थ होता है: तर्क, विचार, व्यवस्था। भक्ति तो भाव-दिशा है; आँसुओं को कैसे शास्त्र बनाओगे! हृदय में उठती हुई तरंगों को कैसे शब्दों में ढालोगे! प्रेम को कैसे उतारोगे कागज पर! वह ढाई आखर प्रेम का उतरता ही नहीं। लेकिन फिर भी हम शोरगुल मचा सकते हैं। शोरगुल मचाने से लोगों को सत्य समझ में आ जाएगा, ऐसा नहीं; शोरगुल मचाने से यह समझ में आ जाएगा कि जो हमें नहीं मिला है, वह किसी को मिला है। उससे प्यास जगेगी।

मैं तुमसे रोज बोलता हूँ। इसमें कभी भी यह भ्रांति मेरे मन में नहीं है कि मुझे सुन कर तुम सत्य को समझ लोगे। यह भ्रांति का तो सवाल ही नहीं उठता। फिर मैं क्यों बोलता हूँ रोज? बोलता इसलिए हूँ कि सत्य तो तुम्हें मुझे सुनकर समझ में नहीं आएगा; लेकिन मुझे सुनकर सत्य को समझना है, यह आकांक्षा जग सकती है। फिर आकांक्षा के सहारे तुम चलोगे अपने भीतर, तो किसी दिन सत्य भी समझ में आएगा।

इसलिए सत्य के संबंध में जो बातें कही जाती हैं, अंतत: सत्य तक ले जा सकती हैं—मगर बड़े घुमाव से, बड़े परोक्ष रूप से, प्रत्यक्ष सीधे-सीधे नहीं। ऐसा नहीं कि मैंने कहा और तुम समझ गए और बात खत्म हो गई। मैंने जो कहा, अगर वह तुम समझे तो बात शुरू हुई, खत्म नहीं। यात्रा आरंभ हुई। फिर बहुत होने को है।

जिन्होंने भी भक्ति के शास्त्र निर्मित किए हैं, उनमें नारद ने बड़ी कुशलता से, असंभव को संभव करके दिखाया है। लेकिन बस 'करीब-करीब' सत्य के पहुँचते है।—भनक—आभास।

ऐसा ही समझो कि मेरा कोई चित्र उतारे, तो तुम यह तो नहीं कहोगे कि मेरा चित्र मैं हो गया। कोई तुम्हें मेरा चित्र दे दे, तो चित्र ही दिया उसने; मुझे तो तुम्हें नहीं दे दिया। तुम चित्र को अपनी जेब में रख लोगे, अपने घर ले जाओगे, सँभालकर रख लोगे; लेकिन फिर भी उस चित्र में मैं नहीं हूँ। यह तो तुम्हें भी समझ में आता है कि चित्र में मैं कैसे हो सकता हूँ। कागज पर पड़े हुए सफेद और काले धब्बो में मैं कैसे हो सकता हूँ! जीवन को ऐसे नहीं पकड़ा जा सकता। लेकिन फिर भी चित्र मेरा है। चित्र किसी और का नहीं है। यह भी सच है।

और फिर चित्र उतारने में भी कुशलता हो सकती है। दस लोग चित्र उतारेंगे तो सभी इतनी कुशलता से नहीं आ जाएँगे। दस चित्रों में तुम कहोगे:

यह चित्र सबसे ज्यादा ठीक। क्यों? क्योंकि सत्य के सबसे ज्यादा करीब पहुँचता है। यद्यपि फिर भी सत्य नहीं है।

ऐसे नारद का सूत्र है। बड़े करीब पहुँचता है, यद्यपि स्वयं भक्ति नहीं है। भक्ति के सम्बन्ध में बुद्धि जितना सोच-विचार कर सकती है, उसका सार-संक्षिप्त है।

फिर मैंने कहा कि नारद ने तो शास्त्र दिया भक्ति का और मीरा ने गीत दिया। गीत ज्यादा करीब पहुँचता है; शास्त्र से ज्यादा करीब। क्योंकि शास्त्र होता है तर्कबद्ध। गीत को कोई तर्कबद्धता नहीं होती। गीत होता है मुक्त। शास्त्र में तुम्हारी बुद्धि को समझाने का उपाय होता है; गीत में तुम्हारे हृदय को सहलाने का। शास्त्र तुम्हारे विचार को प्रभावित करता है; गीत तुम्हारे हृदय को आंदोलित करता है। ये दोनों अलग प्रक्रियाएँ हैं। क्योंकि हृदय और बुद्धि अलग-अलग हैं।

तुम नारद का शास्त्र समझकर पारंगत हो सकते हो, फिर भी उससे तुममें भक्ति की कोई शुरूआत होगी, नहीं कहा जा सकता। हो सकता है तुम सिर्फ किसी विश्वविद्यालय में पी.एच.डी. की उपाधि लेने के लिए नारद के सूत्र पढ़ो और उनकी ठीक-ठीक सम्यक् व्याख्या और विश्लेषण करो; उनके लिए ठीक-ठीक तर्क, संदर्भ जुटाओ। और तुम बड़े पंडित हो जाओ। मगर उससे कुछ भाव पैदा नहीं हो जाएगा।

मीरा का गीत ज्यादा कारगर हो सकता है, क्योंकि यह तीर सीधा हृदय के लिए है।

जब मैंने कहा कि मीरा भक्ति की साकार प्रतिमा है, तो मीरा को समझने के लिए तुम्हें ज्यादा निकट आना पड़ेगा। नारद को समझना हो तो नारद की किताब पर्याप्त है; नारद के पास जाने की कोई खास जरूरत नहीं है। लेकिन मीरा को समझना हो तो मीरा का गीत काफी नहीं है; गायक के पास जाना पड़े।

तुमने कभी यह बात ख्याल की: एक ही राग को दो वीणावादक बजाएँ तो भी उसमें भेद होता है। एक ही राग, मगर दो वीणावादक बजाएँ तो भेद होता है। एक ही गीत को दो गायक गाएँ, तो भेद होता है। एक ही गीत है, एक ही राग में बाँधा है, एक ही व्यवस्था से गाया गया है; फिर भी दो गायकों में भेद हो जाएगा, क्योंकि कंठों का भेद होगा, प्राणों का भेद होगा।

तुम देखे, 'तरु' सूत्र गाती है, तो डूबकर गाती है! जैसे मीरा ने गाए

होंगे, वैसे गाती है। पीछे खड़े होकर, अलग होकर नहीं गाती। रसविभोर हो जाती है। तो तुम्हारे हृदय को छूता है।

गीत को समझना हो तो गायक के पास आना पड़े। नृत्य को समझना हो तो नर्तक के पास आना पड़े। ध्यान को समझना हो तो, ध्यानी के पास आना पड़े। शास्त्र को समझना हो तो शास्त्र के पास जाना पड़ता है; शास्त्रकार के पास जाने की कोई जरूरत नहीं हैं।

मीरा जीवंत है। मीरा में डूबोगे तो समझोगे। मगर मीरा से स्वाद मिल सकता है। नारद से सिद्धांत मिलेगा; मीरा से स्वाद मिल सकता है। और स्वाद ही अंततः निर्णायक है।

तीसरा प्रश्न: *आप रोज नई-नई बातें कहे जाते हैं, इससे उलझन बढ़ती है। क्या पुराने शास्त्र और उनकी सिखावन पर्याप्त नहीं है?*

उलझन बढ़ सकती है, अगर पुराने शास्त्रों पर बहुत पकड़ हो। अगर सत्य की खोज हो तो जरा भी उलझन न बढ़ेगी। क्योंकि जो मैं कह रहा हूँ, वह सभी शास्त्रों का सार है।

मेरे शब्द नए हो सकते हैं, लेकिन सार वही है। और शब्द हमेशा नए चाहिए। क्योंकि पुराने शब्द पिट जाते हैं; जैसे पुराने सिक्के घिस जाते हैं। जितना शब्द बहुत दिन चल चुकता है, उतना ही अर्थहीन हो जाता है; पिटा-पिटाया हो जाता है। बार-बार सुनते-सुनते उसकी चोट चली जाती है। इसमें तो आघात था, जो तुम्हारी हृदय-तंत्री को छेड़ देता-वह नहीं रह जाता।

धर्म को रोज-रोज नए शब्द की देह लेनी पड़ती है। वेद ने कुछ कहा था; जब कहा था तब मालूम कितने हृदयों की वीणा उनसे छिड़ गई होगी और न मालूम कितने जीवन में सुवास उठी होगी! फिर पंडित दोहराता रहा, सदियाँ बीत गईं-फिर सब जड़ हो गया: दोहराते-दोहराते, पंडित को सुनते-सुनते। जिन्होंने पहली दफा कहा था, वे पंडित नहीं थे, वे प्रज्ञावान पुरुष थे। उन्होंने अनुभव किया था। उन्होंने ईश्वर को देखा था। वे प्रत्यक्षदर्शी थे। वे गवाह थे। वे साक्षी थे। उन्होंने जाना था, जिया था, अनुभव किया था। उनके शब्दों में एक जीवंतता थी, एक ज्योति थी। मिट्टी का दीया था जरूर, लेकिन दिए में ज्योति भी थी।

फिर ज्ञानी, ऐसे ज्ञाता गए, उनके शब्द पंडितों के हाथ में पड़ गए। यह हमेशा ही होगा। इससे बचा नहीं जा सकता। अंततः शब्द पंडित के हाथ में

पड़ ही जाएगा। क्योंकि पंडित शब्द की तलाश में है।

समझो, मुझे तुम यहाँ सुन रहे हो। मैं जो कह रहा हूँ, वह दो तरह के लोगों के हाथ में पड़ेगा। एक तो वे, जो मेरी बात को समझेंगे, जीएँगे, डुबकी मार जाएंगे। और दूसरे वे, जो मेरे शब्द को पकड़ेंगे, संग्रह करेंगे, शब्द का विश्लेषण करेंगे, व्यवस्था जुटाएँगे—पंडित हो जाएँगे। इन दोनो का मार्ग अलग हो जाएगा। मेरे साथ जो रस में डूबेंगे, वे एक। और मेरे शब्द को पकड़कर जो संग्रह करेंगे, वे दो।

और आश्चर्य की बात यह है कि जो रस में डूबेंगे, उनका इतना प्रभाव दुनिया में नहीं होगा। रस में डूबने वाले आदमी को प्रभाव की चिंता भी नहीं होती। वह अपनी मस्ती से जी लेता है और विदा हो जाता है। मगर जो पंडित है, जिसको रस तो कुछ मिला नहीं, जिसने शब्द की ही संपदा इकट्ठी की है, वह शब्द को उछालता फिरेगा। वह सब जगह समझाता फिरेगा, बताता फिरेगा। वह अपने शब्द का फायदा उठाएगा। अपने शब्द से अपने अहंकार को भरेगा। फिर पंडित विवाद करेंगे: कौन ठीक, कौन गलत। और वे निर्णायक हो जाएँगे। जिसने सच में भोगा था रस को, वह तो किनारे से दूर हट जाएगा, अपनी पगडंडियों पर विलीन हो जाएगा। राजपथ बनाता है पंडित। फिर शब्द का मालिक हो जाता है। जब तक मैं हूँ तब तक तो वह मालिक नहीं हो सकता है; लेकिन जैसे ही मैं गया वह मालिक हो जाएगा। वह शब्द का धनी है। वह तर्क से सिद्ध कर सकता है; असिद्ध कर सकता है। उसके पास एक कुशलता है।

तो वेद, जिन्होंने परमात्मा जाना, उन्होंने गुनगुनाए। जल्दी ही पंडित के हाथ में पड़ गए। पंडित के हाथ में पड़े कि वह उनको दोहराने लगा; उछालने लगा, जगह-जगह फेंकने लगा। एक-दूसरे के ऊपर उनका उपयोग करने लगा।

पंडित तो शास्त्र का उपयोग शस्त्र की तरह करता है—दूसरों के अहंकार को गिराने; अपने अहंकार को बढ़ाने। तो ब्राह्मणों का एक बड़ा जाल पैदा हुआ। उस जाल में वेद को फाँसी लग गई। वेद को किसी ने मारा तो ब्राह्मण ने मारा।

मगर सदा ऐसा होता है। कुछ ऐसा नहीं हुआ, वेद के साथ हुआ, ऐसा नहीं। ऐसा सदा होता है, सब जगह होता है, सदा होगा है, सब जगह होगा। यह अनिवार्य दोष है; इससे बचा नहीं जा सकता।

तो फिर बुद्ध और महावीर को नए शब्द खोजने पड़े। फिर बुद्ध और महावीर को वेद को इंकार करना पड़ा, क्योंकि वेद के साथ जो पंडित खड़े थे उनको इंकार करने का और कोई उपाय नहीं था। इस बात को समझना। नहीं तो बुद्ध और महावीर साक्षी बनते वेद के, गवाह बनते वेद के। वे वैसे ही पुरुष थे, जैसे वेद के ऋषि थे। मगर उनको विरोध करना पड़ा वेद का, क्योंकि अब एक ही उपाय था। वेद की आत्मा को पंडितों से छुड़ाने का एक ही उपाय था, कि वेद के शब्दों का विरोध किया जाए, क्योंकि उसके तो मालिक तैयार हो गए थे! उन्होंने तो पूँजी बना ली थी! तो जैन और बौद्ध धर्म पैदा हुए, जो वेद-विरोधी धर्म हैं। और आश्चर्य की बात यह है कि उनमें जरा भी वेद-विरोध नहीं है। हो ही नहीं सकता। दो सत्य कभी एक-दूसरे के विरोध में नहीं होते, क्योंकि दो सत्य ही नहीं होते। सत्य की दो अभिव्यक्तियाँ-मात्र होती हैं। सत्य तो एक ही है।

लेकिन वही फिर महावीर-बुद्ध के साथ हो गया। पंडित आ गया। तुम्हें यह जानकर हैरानी होगी कि महावीर तो क्षत्रिय थे, लेकिन उनके जो ग्यारह गणधर हैं, वे सब ब्राह्मण हैं। जिन्होंने महावीर के शब्द को इकट्ठा किया, वे सब ब्राह्मण और पंडित। बुद्ध तो क्षत्रिय थे, लेकिन बुद्ध के जो बड़े शिष्य हैं, जिन्होंने बुद्ध का शास्त्र निर्मित किया, वे सब ब्राह्मण हैं। और ब्राह्मण से मेरा मतलब कुछ ब्राह्मण कुल में पैदा होने वाले आदमी से नहीं होता। जिसकी भी पकड़ शब्दों पर है, वह ब्राह्मण है। फिर वही जाल खड़ा हो गया। फिर ब्राह्मणों ने, फिर पंडितों ने बुद्ध-महावीर को मार डाला।

फिर आए कबीर, मीरा, दादू, नानक। फिर शब्द को मुक्त किया। फिर विरोध करना पड़ा उन्हें। और ऐसा निरंतर होगा।

तो मैं जब पुराने शब्दों का कभी विरोध करता हूँ तो इसीलिए ताकि पुराने शब्दों में पड़ी हुई आत्मा को मुक्त कर लूँ। शब्द का ही विरोध है; आत्मा को बाहर निकाल लेना है। जब तुम समझोगे मेरी बात तो तुम्हें यह बात भी समझ आएगी ही, निश्चित समझ में आएगी कि जिन्होंने भी जाना है, मैं उनकी ही बात कह रहा हूँ। लेकिन संदर्भ नया है; भाषा नई है; उपाय नया है। लोग नए है। परिस्थिति नई है। काल नया है, सब कुछ बदल गया है। जब सब बदल गया है तो पुराने शब्द काम के नहीं रह गए; वे संदर्भ के बाहर पड़ जाते हैं।

पाँच हजार साल पहले किसी ने कुछ बात कही थी। वह निश्चित ही

पाँच हजार साल पुरानी भाषा में आबद्ध है। अब न तो तुम बैलगाड़ी में चलते। अब तुम जेट हवाई जहाज में चलते हो। तुम्हारी भाषा जेट हवाई जहाज की भाषा है; बैलगाड़ी की भाषा नहीं है। लेकिन तुम्हारा सत्य अभी भी बैलगाड़ी की भाषा में आबद्ध है। उसे मुक्त करना होगा। तुम्हारे सत्य को भी जेट की यात्रा करानी होगी। संदर्भ बदलने होंगे।

सत्य को हमेशा नए शब्द का आवरण चाहिए; जैसे पुराने वस्त्र जीर्ण-शीर्ण हो जाते हैं, फिर हम उन्हें बदल देते हैं; नए वस्त्र पहन लेते हैं। तुम सत्य को पुराने ही वस्त्र पहनाए रखोगे सदा-सदा?

वेद ने संस्कृत के शब्द दिए सत्य को, बुद्ध ने पाली के शब्द दिए, मीरा ने हिंदी-शब्द दिए। भाषा बदल गई, ढंग बदल गया, क्योंकि लोग बदल गए थे। और अगर तुमने जिद्द की कि तुम पुराने को पकड़कर वैसे ही चलोगे जैसा पुराना था, तो तुम अकसर पाओगे कि तुम समसामयिक नहीं हो; और अकसर तुम झंझटों में पड़ोगे।

कल मैं एक कहानी पढ़ रहा था। मैं चाहूँगा इस पर तुम ध्यान करो।

एक बड़े मियाँ, जिन्होंने अपनी जिंदगी में बहुत कुछ कमाया-बनाया था, आखिर बीमार हुए। मृत्यु-रोग में गिरफ्तार हुए। उन्हें कोई फ़िक्र थी तो बस यही एक कि उनके पाँच बेटों की आपस में नहीं बनती थी। गाढ़ी क्या, पतली भी नहीं छनती थी। लड़ते ही रहते थे। कभी किसी बात पर इत्तफाक न होता था। हालाँकि इत्तफाक में बड़ी बरकत है। आखिर बड़े मियाँ ने एकता और इत्तफाक की खूबियाँ बेटों के दिल में उतारने के लिए एक पुरानी तरकीब ख्याल में लाई। पढ़ी होगी ईसप की किताब में या पंचतंत्र में या लुकमान के वचनों में।

पुरानी तरकीब है, तुमने भी सुनी है, पढ़ी है कि कोई बाप मर रहा था। उसने पाँच लकड़ियाँ एक गट्ठे में बाँध दीं, और अपने बेटों को कहा– तोड़ो। उन्होंने तोड़ने बड़ी की कोशिश की, लेकिन गट्ठर नहीं टूट सका। पाँच लकड़ियाँ इकट्ठी मजबूत थीं। फिर उसने गट्ठर खोल दिया, और एक-एक लकड़ी बेटों को दे दी और कहा– अब तोड़ो। उन्होंने तत्क्षण लकड़ियाँ तोड़ दीं। और बाप ने कहा कि देखो, पाँच इकट्ठे होते हैं तो शक्ति होती है; पाँच अलग-अलग हो जाते हैं तो निर्बल हो जाते हैं। यही मेरा तुमसे आखिरी निवेदन है।

ऐसा कहकर बाप मर गया। बड़े मिया को यह कहानी याद आई। सोचा

कि उसी कहानी का उपयोग कर लें।

बड़े मियाँ ने अपने बेटों को पास बुलाया और कहा– देखो, अब मैं कुछ ही दिन का मेहमान हूँ। सब जाकर एक-एक लकड़ी लाओ।

एक ने कहा : लकड़ी! आप लकड़ियों का क्या करेंगे?

जमाना बदल गया; पुरानी कहानी में यह बात आती नहीं कि 'आप लकड़ियों का क्या करेंगे?' वह जमाना और था। बाप ने कहा, 'लकड़ियाँ लाओ' लड़के लकड़ियाँ ले आए थे। एक लड़के ने पूछा कि लकड़ी! आप लकड़ियों का क्या करेंगे? दूसरे ने आहिस्ता से कहा– बड़े मियाँ का दिमाग खराब हो रहा है। लकड़ी नहीं, शायद ककड़ी कह रहे हैं। ककड़ी खाने को जी चाहता होगा।

तीसरे ने कहा– नहीं कुछ सर्दी है, शायद आग जलाने को लकड़ियाँ माँग रहे हैं।

चौथे ने कहा– बाबूजी, कोयले लाऊँ?

पाँचवे ने कहा– नहीं जी, कोयल से क्या होगा, उपले लाता हूँ। वे ज्यादा अच्छे रहेंगे।

बाप ने कराहते हुए कहा– अरे नालायको, मैं जो कहता हूँ, वह करो।

क्योंकि उसको तो एक सिद्धांत सिद्ध करना था। तो कोयले से तो होगा नहीं सिद्ध, उपले से होगा नहीं सिद्ध–यह तो बात ही इन्होंने बदल दी; सब कहानी खराब किए दे रहे हैं। और वह कहानी की बात भी नहीं कह सकता पहले से कि मैं वह पुरानी कहानी....नहीं तो मतलब ही खतम हो गया। उसको तो छिपाकर रखनी है; वह तो सिद्धांत निकालना है।

बाप ने कराहते हुए कहा– अरे नालायको, मैं जो कहता हूँ, वह करो। कहीं से लकड़ियाँ लाओ, जंगल से।

एक बेटे ने कहा– यह भी अच्छी रही, जंगल यहाँ कहाँ? और महकमा-जंगलात वाले लकड़ी कहाँ काटने देते हैं! सजा करवाओगे?

दूसरे ने कहा– अपने आपे में नहीं है बाबूजी। बक रहे हैं जूनून में, क्या-क्या कुछ!

तीसरे ने कहा– भाई, लकड़ियों वाली बात अपनी समझ में तो बिलकुल नहीं आती।

चौथे ने कहा– बड़े मियाँ ने उम्र-भर में एक ही तो ख्वाहिश की है, उसे पूरा करने में हर्ज भी क्या है? ले भी आओ। दिमाग तो मालूम होता है

खराब हो गया है; मगर क्या बिगड़ता हैं, पाँच लकड़ियाँ ले ही आओ!

पाँचवे ने कहा– अच्छा मैं जाता हूँ, टाल पर से लकड़ियाँ ले आता हूँ।

चुनाँचे वह टाल पर गया, टालवाले से कहा– खान साहब, जरा पाँच लकड़ियाँ तो देना। अच्छी मजबूत हों।

टालवाले ने लकड़ियाँ दीं। हरेक खासी मोटी और मजबूत थी। बाप ने देखा तो उसका दिल बैठ गया, क्योंकि लकड़ियाँ इतनी मजबूत थीं कि एक-एक भी नहीं तोड़ी जा सकती थीं, तो पाँच को तोड़ने का तो सवाल ही क्या था, यह बताना तो मतलब के खिलाफ ही था कि लकड़ियाँ क्यों मँगवाई गई हैं और उससे क्या नैतिक परिणाम निकालने की आकांक्षा है। आखिर बेटों से कहा– कि ठीक अब तुम जब इन लकड़ियों को ले ही आए तो गट्ठा बाँधो। बेटों में फिर खुसर-पुसर होने लगी।

'गट्ठा! वह क्यों? अब रस्सी कहाँ से लाएँ? भई बहुत तंग किया इस बुड्ढे ने!'

आखिर एक ने अपने पाजामे से इजारबंद निकाला और गट्ठा बाँधा।

जमाना बदल गया, तुम कहाँ की पुरानी कहानी लिए बैठे हो!

बड़े मियाँ ने कहा– अब इस गट्ठे को तोड़ो। बेटों ने कहा– लो भाई, यह भी अच्छी रही, कैसे तोड़ें! कुल्हाड़ा कहाँ से लाएँ। अरे इस बूढ़े के दिमाग को हुआ क्या है? मरना हो तो मर ही जाओ। अब और तो न सताओ।

बाप ने कहा– कुल्हाड़े से नहीं, हाथों से तोड़ो, घुटने से तोड़ो। बाप ने देखा, हाथ से तो टूटनेवाली नहीं है। यह कहानी सब गड़बड़ ही हुई जा रही है। तो उसने कहा– हाथ से न टूटे तो घुटनों से तोड़ो, मगर तोड़ो।

बाप का हुकम सिर-आँखों पर। पहले एक ने कोशिश की, फिर दूसरे ने, फिर तीसरे ने, फिर चौथे ने, फिर पाँचवे ने। लकड़ियों का बाल भी बाँका न हुआ। सब ने कहा– बाबूजी, हमसे नहीं टूटता यह लकड़ियों का गट्ठा। बाप ने कहा– अच्छा, अब इन लकड़ियों को अलग-अलग कर दो। इनकी रस्सी खोल दो। एक ने जलकर कहा– रस्सी कहाँ है, मेरा इजारबंद है। अगर आपको खुलवाना ही था तो गट्ठा बँधवाया क्यों था? तुम होश में हो कि तुम्हारा होश बिलकुल खराब हो गया है? लाओ भाई कोई पेंसिल दो, मैं इजारबंद अपने पायजामे में वापिस डाल दूँ।

खैर, बाप की भी कुछ समझ में नहीं आ रहा था कि करना क्या है? कहानी तो पुरानी थी और बड़े मतलब की थी। मगर वक्त बदल गया, लोग

बदल गए, ढँग बदल गया, सोचने के हिसाब बदल गए। फिर बाप ने कहा– अच्छा, जब लड़के ने अपना इजारबंद निकाल लिया, तो कहा– इनको, एक-एक लकड़ी को एक-एक करके तोड़ो। लकड़ियाँ मोटी-मोटी और मजबूत, बहुत कोशिश की, किसी से नहीं टूटी। आखिर में बड़े भाई की बारी थी, उसने एक लकड़ी को घूटने का पूरा जोर डाला, और तड़ाक की आवाज आई, बाप ने नसीहत करने के लिए आँखें एकदम खोल दीं। बाप तो तैयारी में था कि नसीहत करने के लिए एकाध तो टूट जाए, क्या देखता है कि बड़ा बेटा बेहोश पड़ा है। लकड़ी सही सलामत है, उसकी टाँग टूट गई।

एक लड़के ने कहा– यह बुड्ढा बहुत जाहिल है।

दूसरे ने कहा– अड़ियल! जिद्दी!

तीसरे ने कहा– खूसट! सनकी! अकल से पैदल! घामड़!

चौथे ने कहा– सारे बुड्ढे ऐसे ही होते हैं। कमबख्त मरता भी नहीं।

बुड्ढे ने इत्मीनान की साँस ली कि बेटे कम-से-कम एक बात पर एकमत तो हुए। इसके बाद आँखें बद कीं और बड़ी शांति से जान दे दी।

और तुम पूछते हो कि पुराने को मैं नए-नए शब्द क्यों दिए जाता हूँ। सत्य को नए शब्दों की सदा जरूरत है। सत्य पुराने शब्दों में, पुराने ढाँचों में आबद्ध होकर मर जाता है। सत्य को नई उद्‌भावना चाहिए; नई तरंग चाहिए; नए गीत चाहिए–तो ही सत्य हृदय तक पहुँचता है। और जब ताजा-ताजा होता है, तभी पहुँचता है; बासा हो जाता है, फिर अर्थहीन हो जाता है।

सुनी-सुनाई बातों को जब तुम बार-बार सुनते हो तो सुनने की जरूरत ही नहीं रह जाती है। क्या सुनना है! कितनी बार तो तुम सुन चुके हो! पहले भी सुनने से कुछ नहीं हुआ; अब क्या हो जाएगा? तुम उसी किताब को पढ़ते रहते हो, पाठ करते रहते हो, रोज-रोज–कल भी किया था, आज भी कर लोगे, परसों भी कर लोगे–न कल कुछ हुआ था, न आज कुछ हुआ है, न परसों कुछ होगा। धीरे-धीरे तुम जड़ हो जाओगे।

मगर मैं समझता हूँ कि तुम्हारी तकलीफ क्या है? तुम पूछते हो– क्या पुराने शास्त्र और उनकी सिखावन पर्याप्त नहीं है?

सिखावन तो पर्याप्त है, लेकिन उस सिखावन को आज के लिए मौजूँ बनाना होगा; तभी वह सिखावन होगी, नहीं तो सिखावन नहीं होगी।

जैसे आदमी जिंदगी-भर जी लेता है, शरीर पुराना हो जाता है, तो आत्मा उड़ जाती है उस शरीर से; फिर उस शरीर को हम दफना देते हैं, जला

देते हैं। फिर आत्मा नया गर्भ लेती है। ऐसा ही सत्य भी बार-बार पुराने शास्त्रों में उड़ जाता है; फिर नया जन्म लेता है; फिर किसी के गर्भ में पैदा होता है।

बुद्धपुरुष सत्य के लिए गर्भ बनते हैं; फिर से जन्म होता है सत्य का।

तुम्हारी अड़चन सत्य के नए शब्दों के कारण नहीं है; तुम्हारी अड़चन यह है कि तुम पुराने को खूब जकड़े बैठे हो। तुम पुराने से खूब उलझे हो। यद्यपि पुराने से कुछ लाभ भी नहीं हो रहा है। लाभ ही होता, तो फिर ठीक था; तो फिर कोई बात ही न थी; फिर मेरे पास आने की कोई जरूरत भी न थी। अगर पुराने से लाभ हो रहा हो तो मेरे पास आओ भी मत। फिर क्यों उलझन लेनी? पुराने से ही रास्ता बन जाएगा। जाना है परमात्मा तक, रास्ते थोड़े ही देखने हैं कि कहाँ से तुम गए! पहुँचना है उस तक। कैसे पहुँचे, तुम फिक्र कर लो। अगर पुराना काम न दे रहा हो तो मेरी बात सुनो।

मैं वही कर रहा हूँ, जो पुराने में ह; लेकिन मेरा ढंग अपना है। मेरा अंदाजे-बयाँ अपना है। और कुछ फर्क नहीं है।

चौथा प्रश्न *: कई संत-महात्मा कहते हैं कि, क्योंकि मीराबाई कृष्ण के सगुण रूप से बंधी रही, इसलिए वह मुक्ति और परमपद को उपलब्ध न हो सकी।*

इन संत-महात्माओं को कुछ भी पता नहीं है। ये संत-महात्मा निर्गुण शब्द से बँधे हैं। कम-से-कम मीरा तो सगुण कृष्ण से बँधी थी--कम-से-कम जीवंत कृष्ण! ये तुम्हारे तथाकथित संत-महात्मा सिर्फ निर्गुण शब्द से बँधे हैं। इनकी अड़चन यही है कि शब्दों का जाल इन्होंने फैला रखा है कि निर्गुण से मुक्ति होगी, सगुण से कैसे होगी? लेकिन सगुण में भी परमात्मा है और निर्गुण में भी परमात्मा है। वे उसके ही रूप हैं। आकार में भी वही है, निराकार में भी वही है। अगर आकार में भी वही है तो आकार से मुक्ति क्यों नहीं होगी? परमात्मा मुक्तिदाई है। तुम कहीं से भी प्रवेश करो, मुक्ति होगी ही। किस द्वार से प्रवेश करोगे, इससे कुछ फर्क नहीं पड़ता।

लेकिन संत-महात्माओं को तो आँखें नहीं हैं देखने की। मीरा को नहीं देखेंगे। यह मीरा में जो बरस रहा है अमृत, यह बिना मुक्ति के बरस ही नहीं सकता। यह जो मीरा के घुँघरुओं की झंकार है, यह परम आनंद के बिना हो ही नहीं सकती। और इन संत-महात्माओं में तुम कोई भी झंकार न पाओगे। जरा गौर से देखना : जो संत-महात्मा ऐसा कहता हो कि मीरा परमपद को नहीं

पहुँची, पहले जरा इसकी तरफ देख लेना कि ये सज्जन किस पद तक पहुँचे हैं। जरा इनको हिला-डुलाकर देख लेना, ठोंक-बजाकर देख लेना। आदमी दो पैसे की हंडी भी बाजार से खरीदता है तो ठोंककर खरीदता है, इतनी जल्दी से मत खरीद लेना। ठीक से ठोंक-बजाकर देख लेना। और तुम बड़े हैरान होओगे कि परमपद की तो दूर बात, इन्हें सुगंध भी नहीं मिली उस फूल की। मगर बड़ी आसान है यह बात कह देना कि इसको नहीं मिला, क्यों नहीं मिला!

निर्णायक बनने में बड़ा मजा है। क्योंकि निर्णायक बनने में ऐसा लगता है कि हम ऊपर हो गए। जिसमें थोड़ा भी संतत्व पैदा हुआ होगा, पहले तो वह इस तरह का निर्णायक नहीं बनेगा। वह थोड़ा झिझकेगा। मीरा जैसे व्यक्तित्व पर वक्तव्य देने के लिए थोड़ा झिझकेगा, थोड़ा संकोच करेगा; इतनी निर्लज्जता नहीं करेगा।

और यही संत-महात्मा कहते-फिरते हैं कि सब रूपों में वही है, सब आकारों में वही है; कण-कण में वही है। जब वही है पत्ते-पत्ते में, तो फिर पत्ते से भी मुक्ति हो सकती है। गोपाल की तो बात छोड़ो। अगर वही है तो कहीं से भी पकड़ लो उसका हाथ, वहीं से मुक्ति हो सकती है।

सितारों के जहाँ तक आ गए हैं
गुबारे कारवाँ तक आ गए हैं।
तलाशे आस्ताने यार में हम
जमीं से आस्माँ तक आ गए हैं।
मकान अपना मुअय्ययन है न मंज़िल,
कहें क्या हम कहाँ तक आ गए हैं।
फलक की वुसअतों से गुज़रकर,
हदूदे ला-मकाँ तक आ गए हैं।
ये माना हमने वाइज और मोमन
सभी बागे-जनाँ तक आ गए हैं।
मगर ऐसे भी हैं गुमगश्ता कुछ लोग,
जो रब्बे दो जहाँ तक आ गए हैं।
ये माना हमने वाइज और मोमन
सभी बागे-जनाँ तक आ गए हैं।

यह माना कि पंडित, पुरोहित, साधु, तथाकथित सज्जन, संत, वे एक

स्वर्ग तक आ गए हैं—यह माना हमने। उन्होंने पुण्य के सुख को पा लिया है, यह माना हमने। लेकिन मगर ऐसे भी हैं गुमगश्ता कुछ लोग। मगर कुछ ऐसे भूले हुए लोग भी हैं, भटके हुए लोग भी हैं—'जो रब्बे दो जहाँ तक आ गए हैं'—जो कि दोनों जहान का जो परमात्मा है, उस तक आ गए हैं, ऐसे कुछ भूले हुए लोग भी हैं। उन्हीं भूले हुए लोगों का नाम प्रेमी है। ऐसे कुछ आशिक भी हैं।

समझदार पहुँचते हैं—'स्वर्ग से आगे तक नहीं। स्वर्ग यानी सुख। समझदार ज्यादा-से-ज्यादा सुख तक पहुँचता है। नासमझ दुःख में पड़ जाता है; समझदार सुख तक पहुँच जाता है। लेकिन एक और भी समझदारी है, जो समझदारी से भी पार है। इसलिए उसको कहा 'गुमगश्ता कुछ लोग.' कुछ भूले-भटके लोग, जिनको समझदार भी नहीं कह सकते, नासमझ भी नहीं कह सकते—इतने भूले-भटके लोग! ऐसे पागल दीवाने! ऐसे कुछ लोग हैं, जो उस परमात्मा तक पहुँच जाते हैं। परमात्मा यानी सच्चिदानंद।

इस फर्क को समझो।

दुःख का अर्थ है— तुमने जीवन को बड़ी मूढ़ता से जीया। दुःख का अंतिम रूप नर्क है। सुख तो तुम पाना चाहते थे, लेकिन तुम इतनी मूढ़ता से जिए कि सुख कभी हो न पाया। सुख यानी स्वर्ग; अंततः जो स्वर्ग बन जाए। सुख का अर्थ होता है— बड़ी बुद्धिमत्ता से जिए। ऐसी बुद्धिमत्ता से जिए कि दुःख जहाँ था वहाँ से बचाया; सुख जहाँ था वहाँ अपने को सरकाया; जीवन की शैली ऐसी बनाई; जीवन को ऐसा ढंग और साँचा दिया कि सुख-ही-सुख हुआ। लेकिन इन दोनों की स्थितियाँ एक-दूसरे से बँधी हैं, क्योंकि सुख और दुःख एक ही सिक्के के दो पहलू हैं।

नर्क और स्वर्ग दूर-दूर नहीं है, जैसा आमतौर से तुम सोचते हो—कि स्वर्ग ऊपर और नर्क नीचे। स्वर्ग और नर्क पड़ोसी हैं। और बीच में दरवाजा है दोनों के; आना-जाना जारी रहता है। पुराने शास्त्र भी कहते हैं कि स्वर्ग जो जाता है, जब उसका पुण्य चुक जाता है तो फिर वापिस दुनिया में गिर जाता है। सुख कमा लिया था, वह चुक गया। तुमने दस-पाँच दिन मेहनत की, दस-पच्चीस रुपए कमा लिए, फिर चले गए पहाड़ पर, एक-दो-चार दिन आराम कर लिया, वे चुक गए—फिर वापिस। सुख चुक जाता है।

और जहाँ तक सुख हैं, वहाँ तक दुःख की छाया बनी ही रहेगी। और जहाँ तक दुःख है, वहाँ तक सुख की आशा भी बनी रहेगी। इन दोनों के पार

हो जाने की जो अवस्था है, उसको हम आनंद कहते हैं। आनंद का अर्थ सुख नहीं होता। खूब समझ लेना। भाषा-कोश में कुछ भी लिखा हो, भाषा-कोश से मुझे कुछ लेना-देना नहीं है। जीवन के कोश में आनंद का अर्थ सुख नहीं होता। आनंद का अर्थ होता है– सुख-दुःख, दोनों के पार। परमात्मा को पाने का अर्थ होता है आनंद को पा लिया; परम शांति को पा लिया। अब न दुःख बचा, न सुख बचा। न पाप बचा, न पुण्य बचा। गए सब द्वंद्व, गए सब द्वैत, गई दुई। अब एक बचा।

ये माना हमने वाइज और मोमन
सभी बागे-जनाँ तक आ गए हैं।
मगर ऐसे भी हैं गुमगश्ता कुछ लोग
जो रब्बे दो जहाँ तक आ गए हैं।

उन भूले-भटकों में मीरा बड़ी अप्रतिम है। उन थोड़े-से भूले-भटके लोगों में एक है–जिसने न पुण्य साधा; जिसने न विधि-विधान किए; जिसने न योगासन साधे; न तंत्र-मंत्र जपा; जिसने इस सबकी चिंता ही नहीं की; जो औपचारिकताओं में उलझी ही नहीं; जिसने प्यारे को याद किया। बस इतना ही काफी है। जिसने अपने गिरधर को पुकारा। जिसने इतना ही कहा कि 'मैं तो गिरधर के घर जाऊँ; मेरे तो गिरधर गोपाल, दूसरा न कोई रे!' जिसमें बस एक ही रटन...। पागल थी, दीवानी थी। खुद भी मानती है कि दीवानी है। बार-बार कहती है– मीरा भई दीवानी रे।

ये जो गुमगश्ता लोग हैं, तुम संत-महात्माओं को इनकी मत पूछना। संत-महात्माओं को इनका पता भी क्या! इनकी पूछना हो तो गुमगश्ता लोगों से पूछना। इनकी पूछना हो तो दीवानों से पूछना। वे दीवाने कुछ ऐसे रास्तों से जाते हैं, जो राजपथ नहीं हैं।

एक तो आदमी होता है, जो सामने के दरवाजे से आता है, घंटी बजाता है, अपने विजिटिंग कार्ड भेजता है, पहले से फोन करके समय लेता है; और एक आदमी चोर की तरह रात में आता है, खिड़की से छलाँग लगाकर। ये गुमगश्ता लोग ऐसे हैं, जो परमात्मा में कहीं से भी छलाँग लगा जाते हैं। ये न कोई खबर देते पहले से कि हम आते हैं–न कोई समय माँगते हैं; न ये कहते हैं कि हमारी कोई पात्रता है, न दावा करते हैं। ये तो बस चले जाते हैं। ये तो कहते हैं– हमें तेरी करुणा का भरोसा है, और कोई भरोसा नहीं।

फर्क समझ लेना। यह संत-महात्मा दावा करता है कि मैंने इतना तप

किया, इतना जप किया, इतनी पूजा, इतना पाठ—इतना सब लेकर आ रहा हूँ कमाई अपनी; सब खाते-बही मैंने तैयार रखे हैं, तुम देख लो। मैं हकदार हूँ—

संत-महात्मा दावेदार होता है। भक्त दावेदार नहीं होता। भक्त कहता है: 'मेरे पास क्या! मेरे पास कुछ भी नहीं है। तूने जो जीवन दिया था, वह भी लुटा दिया है व्यर्थता में। तूने जो संपत्ति दी थी, वह भी गवाँ दी है। सब तरह के पाप कर लिए हैं। सब तरह की भूलें कर ली हैं। मगर मुझे भरोसा है तो इस बात का कि मेरे पाप कितने ही हों, तेरी क्षमा मेरे पापों से बड़ी है।' बस भक्त का इतना भरोसा है।

इसलिए स्वभावतः अगर तुम किसी जैनमुनि से जाकर पूछो कि मीरा पहुँची मोक्ष, तो वह कहेगा : 'कहाँ की बातें कर रहे हो? इसने उपवास कितने किए? पहले उपवास का तो पक्का करो!' याद ही नहीं मीरा ने कभी उपवास किया हो, कहीं उल्लेख नहीं। मीरा उपवास करे भी क्यों? न तो मीरा कोई सत्याग्रही है, न मीरा कोई मोरारजीभाई देसाई है, कि वह कोई उपवास करे कि यह करे कि वह करे, कि किसी तरह घुसो, कि कहीं सत्ता में पहुँच जाओ। मीरा को किसी का मन बदलने की भी कोई जरूरत नहीं है कि सत्याग्रह करो, कि अनशन करो, कि जबरदस्ती करो दूसरों पर। क्योंकि ये उपवास तो सब जबरदस्तियाँ हैं।

गांधीजी ने उपवास को बड़ा हिंसा का उपाय बना दिया। जिसको भी हिंसा करनी है, उपवास करो। उपवास का मतलब ही यह है कि दूसरे से जबरदस्ती करवा लेंगे। जबरदस्ती यानी हिंसा। समझाने-बुझाने की बात ठीक है, लेकिन आप किसी के सामने छाती पर छुरा लेकर खड़े हो गए, कि हम अपनी छाती में छुरा मार लेंगे अगर हमारी न मानोगे...। अब यह भी कोई बात हुई? इसको अहिंसा कहते हो कि हम छुरा मार लेंगे, अगर हमारी बात न मानी! मतलब : बात हमारी माननी ही पड़ेगी, नहीं तो हम छुरा मारते हैं। अब अगर उस आदमी में थोड़ी भी दया-ममता हो, या थोड़ी भी सज्जनता हो तो वह कहेगा— भई ठहरो, इतनी-सी बात के लिए ऐसा मत करो।

डा. अंबेडकर हरिजनों को हिंदुओं से निकाल लेना चाहते थे। गांधी ने अनशन कर दिया। इसी पूना में; और कहा कि मेरी बात नहीं मानोगे तो मैं मर जाऊँगा—आमरण अनशन। अब यह कोई दलील हुई? इसको तर्क कहते हैं, इसको दलील कहते हैं? यह तो सज्जनता भी नहीं है। और अगर अंबेडकर राजी हो गए देखकर कि गांधी मर जाएँगे, तो मैं मानता हूँ कि अंबेडकर के

मन में कहीं ज्यादा करुणा है बजाए गांधी के। नहीं तो क्या जरूरत थी राजी होने की। अंबेडकर कहते कि ठीक है, मरना हो तो मरो, तुम्हारी मरजी! तुम्हारी बात तुम्हारे मरने से सही सिद्ध नहीं होती। वैसे तुम्हारी मरजी, किसी को आत्महत्या करनी हो तो करे।

पर अंबेडकर ने सोचा कि इस आदमी का मरना देश के लिए महँगा होगा। और मेरी जिद्द के कारण कोई मरे, यद्यपि मेरी बात सही है...।

अंबेडकर की बात बिलकुल सही है। हरिजनों को हिंदुओं के साथ रहने का कोई कारण नहीं है। उन्हें कभी का अलग हो जाना चाहिए था। सिवाय अपमान और सिवाय दुर्दशा के वहाँ कुछ भी नहीं है। अंबेडकर बिलकुल ठीक कह रहा था। और हिंदुओं को अगर कभी कोई बुद्धि आएगी तो वह तभी आएगी, जब सारे हरिजन एक दफा इकट्ठे होकर अलग हो जाएँ, तो ही इनको कुछ बुद्धि आ सकती है, नहीं तो बुद्धि आ भी नहीं सकती। अभी भी हरिजन जलाए जा रहे हैं, अब भी मारे जा रहे हैं।

दलील तो अंबेडकर की ही ठीक थी, तर्कयुक्त थी, विचारपूर्ण थी। लेकिन गांधी .... जिद्दी! मगर लगता ऐसा है कि गांधी कोई अहिंसात्मक आंदोलन कर रहे हैं। यह अहिंसात्मक नहीं है; यह बिलकुल शुद्ध हिंसा है।

तो न तो मीरा कोई सत्याग्रही थी, अनशन क्यों करे! और जैन मुनि हैं; उसका जो अनशन है, उसका जो उपवास है, वह भी अपने को कष्ट देने की व्यवस्था है। मान्यता यह है कि जितना तुम अपने को कष्ट दोगे, उतने पुण्यात्मा हो जाते हो। यह संतत्व नहीं है : यह केवल रुग्ण दशा है। अपने को कष्ट देना रोगी चित्त का लक्षण है। मनोवैज्ञानिक उसको खास नाम देते हैं; वे कहते हैं : मैसोचिज्म।

पश्चिम में एक आदमी हुआ : मैसोच। वह अपने को मारता था कोड़ों से। काँटे चुभो लेता था अपने शरीर में। उसने कई औजार बना रखे थे। जैसे डाक्टर एक बक्सा रखता है न, ऐसा वह अपना बक्सा अपने पास रखता था, उसमें कई तरह के औजार थे–खुद को सताने के लिए। कीलें कान में डाल लेगा, छेद कर लेगा। वह मैसोच उसका नाम था। उसके नाम पर मैसोचिज्म मनोवैज्ञानिकों ने बना लिया। ऐसे लोग हैं, जो अपने को सताने में मजा लेते हैं।

अब यह जो जैन मुनि है, भूखा मर रहा है ...। दिगंबर जैन मुनि होते हैं, जो अपने बाल लोंचते हैं। बाल कटवा नहीं सकते; लोंचते हैं; उखाड़ते हैं और जब जैन मुनि बाल उखाड़ता है तो बड़ा जलसा होता है। केश-लोंच हो

रही है! सारे भक्तजन इकट्ठे होते हैं; कहते हैं : 'अहो!' अब यह पागलपन का लक्षण है। पागलों में एक खास किसम का पागलपन होता है, जिसमें लोग अपने बाल लोंचते हैं।

तुमको भी पता होगा। तुम्हारी पत्नी कभी-कभी लोंचने लगती है बाल। वह कोई बड़ी शांति की अवस्था नहीं है। वह सिर्फ क्रोध है। वह जीवन में एक तरह के विषाद, हताशा का लक्षण है। मगर उसको गुण माना जाता है।

तो निश्चित ही, अगर तुम दिगंबर से जाकर पूछोगे, वह पूछेगा : मीरा ने कितनी दफा केश-लोंच किया? बिलकुल नहीं किया, तो फिर कैसे मोक्ष जाएगी? उपवास कितने किए? बिलकुल नहीं किए हैं। तो कैसे मोक्ष जाएगी?

उपवास मीरा करे क्यों? केश-लोंचे क्यों? कारण क्या है? ये तो रोग के लक्षण हैं। ये कोई साधनाएँ नहीं हैं। यह कहीं-न-कहीं मन में कोई विकृति है।

दूसरों को चोट करने में जैसी हिंसा है, वैसे ही अपने को चोट करने में भी हिंसा है। और ध्यान रखना, दूसरे को चोट करने में तो एक सुविधा है, कि दूसरा अपनी रक्षा भी कर सकता है, जवाब भी दे सकता है; खुद को चोट करने में तो तुमने बिलकुल ही हालत खराब कर ली है, अब तो कोई बचानेवाला भी नहीं है, कोई रक्षा करनेवाला भी नहीं है।

दुनिया में दो तरह के हिंसक लोग हैं। एक वे, जो दूसरों की हिंसा करते हैं। वे इतने खतरनाक नहीं हैं। क्योंकि दूसरे भी तो हैं, वे अपनी रक्षा कर लेंगे। कानून है, पुलिस है, अदालत है—हजार उपाय हैं सुरक्षा के। दूसरे वे लोग, जो अपनी हिंसा करते हैं। इनके साथ कोई उपाय नहीं है। न अदालत इनको दंड देती है। अगर मेरा बस चले तो जो आदमी अपनी हिंसा करता है उसको सजा मिलनी चाहिए, क्योंकि यह शरीर का अपमान कर रहा है। यह देह परमात्मा की उतनी ही है, जितनी कोई और देह है। अगर मैं तुम्हें चाँटा मारूँ तो अदालत में मुकदमा चल सकता है और खुद को चाँटा मार लूँ तो कोई अदालत मुझ पर मुकदमा चला नहीं सकती। यह बात ठीक नहीं है। क्योंकि इस देह को भी उतना ही दर्द होता है, जितना तुम्हारी देह को होता है। इससे क्या फर्क पड़ता है कि देह मेरी है कि तुम्हारी है?

जैन-शास्त्रों में तो आत्महत्या की भी व्यवस्था है। जैन मुनि चाहे तो आमरण अनशन करके मर जाए; मर सकता है—उसकी आज्ञा है। निश्चित ही ऐसे लोग कहेंगे : यह मीरा कहाँ से पहुँचेगी?

फिर जैनों ने तो कृष्ण तक को नर्क में डाला है। मीरा को तो कैसे

पहुँचने देंगे परमपद! कृष्ण को नरक में डाले हुए हैं, जिनकी यह पूजा कर रही है; उनकी पूजा करके तो यह महानर्क में जाएगी। इनके गुरु ही नर्क में डाले हुए हैं। कृष्ण को नर्क में डालना पड़ा है उन्हें, क्योंकि जैन साधुता के हिसाब से कृष्ण साधु नहीं ठहरते। ये कैसे साधु! मोर-मुकुट बाँधे खड़े, सुंदर वस्त्र पहने हैं रेशम के, हाथ में बाँसुरी ली है! और इतना ही नहीं, इतना ही करो, अकेले रहो तो भी ठीक है; गोपियाँ नाच रही हैं पास में! यह तो बरदाश्त के बाहर है। तो कृष्ण को नर्क में डाला है।

तुम तो कहते हो मीरा को परमपद नहीं मिला। मीरा को तो मिलेगा कैसे, उनके गोपाल भी नर्क में पड़े हैं! उन्हीं के साथ वह भी पड़ी होगी।

नहीं, ये दृष्टियाँ गलत हैं। ये दृष्टियाँ भ्रांत हैं। अभी तक धर्म ने जीवन की स्वस्थता को ठीक-ठीक अंगीकार नहीं किया। जीवन स्वस्थ होना चाहिए, संगीतपूर्ण होना चाहिए, सहज होना चाहिए, समर्पित होना चाहिए। साधना का अर्थ होना चाहिए : अहंकार का विसर्जन, न कि आत्मदमन! साधना का अर्थ होना चाहिए : प्रभु के चरणों में समर्पण। जहाँ बिठाए, बैठे; जहाँ उठाए, उठे। अपना कर्ता-भाव खो जाए। बस यही परमपद है।

पूछा है तुमने : 'कई संत-महात्मा कहते हैं, क्योंकि मीराबाई कृष्ण के सगुण रूप से बँधी रही, इसलिए वह मुक्ति और परमपद को उपलब्ध न हो सकी।'

न तो वे कहनेवाले संत हैं और न महात्मा हैं। निर्गुण तो आगे का कदम है; वह तो सगुण की ही पराकाष्ठा है। इनमें कुछ विरोध थोड़े ही हैं। सगुण तो ऐसे है जैसे तुम एक नाव पर बैठे और उस पर पार गए। निर्गुण ऐसे है कि उस पार नाव छोड़ दी और उतरकर चले गए।

निर्गुण सगुण के आगे का कदम है। वह सहज है। मगर जो आदमी डर रहा है सगुण से, वह इसी पार अटका रह जाएगा।

तुम्हारे महात्मा इत्यादि इसी पार बैठे हैं—धूनी रमाए हुए। मीरा उस पार गई। उसने सगुण की नाव बना ली। मगर उस पार जाकर तो फिर नाव भी छूट जाती है। कोई नाव में ही थोड़े बैठे रहना है। जब तक गोपाल से दूर थी, तब तक गोपाल से दूर थी, नाची, गुनगुनाई। यह तो नाव है। यह नाम-स्मरण तो नाव है। फिर जब गोपाल में प्रविष्ट हो गई, फिर कैसी पुकार! फिर तो दुई न रही तो पुकारेगा कौन किसको! फिर तो कैसा रूप! यह तो अभी कहती है कि नैनन बसो मेरे नंदलाल! यह तो ... अभी, क्योंकि दूरी है। इस पार है

और प्रभु उस पार, और बड़ी दूरी है—तो पुकारती है कि 'मेरी आँखों में बस जाओ। मेरे हृदय में रम जाओ। मुझे सँभालो। मुझे पकड़ लो। मेरे हाथ-को-हाथ में ले लो।' यह तो अभी इस किनारे की बातें हैं, जैसे ही करीब आने लगेगी वैसे-वैसे ये बातें छूटती जाएँगी। जिस दिन हृदय में प्रविष्ट हो जाएगी, जिस दिन दो ज्योतियाँ मिलकर एक हो जाएँगी, फिर कौन किसको पुकारेगा! फिर जब पुकार न रही तो सगुण न रहा। निर्गुण अपने-आपसे फलित होता है।

निर्गुण का फल सगुण के ही बीज से लगता है। इनमें भेद है। जिन्होंने भेद किया वे कोरे पंडित हैं; दो कौड़ी की उनकी बातें हैं।

ये जामो-सबू दे उठा मेरे साक़ी,
अब आँखों से अपनी पिला मेरे साक़ी।
पिलाता चला जा, जो पीना खता है,
तो होती रहे यह खता मेरे साक़ी।
मेरी तश्नगी फैज तक तेरे पहुँचे,
बढ़ा और उसको बढ़ा मेरे साक़ी।
बकाए हयाते-खिरद से चला ले,
मुझे बख़्श कैफ़े फ़ना मेरे साक़ी।
यही आरजू ख़त्मे सद आरजू है,
मुझे ऐसा बेख़ुद बना मेरे साक़ी।
यही मेरी मंज़िल, यही मेरा हासिल,
तू क़दमों में दे दे मुझको जाँ मेरे साक़ी।

मीरा की अब यही पुकार है। भक्त की यही पुकार है सदा से।

ये जामो-सबू दे उठा मेरे साक़ी।

भक्त कहता है कि क्या प्यालों में भर-भर मुझे दे रहा है। ऐसी भी क्या कंजूसी!

ये जामो-सबू दे उठा मेरे साक़ी,
अब आँखों से अपनी पिला मेरे साक़ी।

वह जो मीरा कहती है : 'मोहनी मूरत साँवली सूरत, नैना बने विशाल। आन बसो नंदलाल। मेरे नैनों में! मेरी आँखों में! मेरी आँखों में! वे तुम्हारी जो बड़ी-बड़ी आँखें हैं, वे मेरी आँखों में झुकाओ।' 'अब आँखों से अपनी पिला मेरे साक़ी।'

पिलाता चला जा, जो पीना खता है..

और अगर कोई कहता हो कि यह पीना जुर्म है, अपराध है, पाप है–'तो होती रहे यह खता मेरे साक़ी।' भक्त कहता है : तो फिर मुझे फिक्र नहीं है। 'होती रहे यह खता मेरे साक़ी!'

मेरी तश्नगी फ़ैज़ तक तेरे पहुँचे,
बढ़ा और उसको बढ़ा मेरे साक़ी।

और मेरी प्यास को ऐसा बढ़ा, ऐसा बढ़ा कि मैं तेरे पूरे सागर को पीने में समर्थ हो सकूँ।

बकाए हयाते-खिरद से बचा ले!

यह प्यारा वचन है, खयाल रखना।

बकाए हयाते-खिरद से बचा ले

मुझे बुद्धि से बचा ले, हे परमात्मा!

मुझे बख़्श कैफ़े फ़ना मेरे साक़ी।

मुझे, समर्पित हो सकूँ, तुझमें लीन हो सकूँ, तल्लीन हो सकूँ–ऐसा आशीष दे।

बकाए हयाते-खिरद से बचा ले
मुझे बख़्श कैफ़े फ़ना मेरे साक़ी,
यही आरजू ख़त्मे सद आरजू है,
मुझे ऐसा बेखुद बना मेरे साक़ी।

भक्त यही माँगता है कि मुझे बेखुद बना दे। मुझसे मेरा-पन ले ले। मेरा अहंकार छीन ले। मुझमें 'मैं' का भाव न रह जाए।

यही मेरी मंज़िल, यही मेरा हासिल

एक ही मेरी मंजिल है, और एक ही मेरी आकांक्षा है :

तू क़दमों में दे दे मुझको जाँ मेरे साक़ी

तेरे कदमों में मुझे जगह मिल जाए, तेरे चरणों में जगह मिल जाए।

लेकिन चरणों में जगह मिलना तो बस नाम की ही बात है अभी। जैसे ही चरणों में जगह मिली, जैसे ही दीए इतने करीब आए, ज्योतियाँ एक हो जाती हैं। जिसने चरण पकड़े परमात्मा के, जल्दी ही उसके हृदय में प्रविष्ट हो जाता है।

कहीं से पकड़ो उसे। चरण से पकड़ो–मगर पकड़ो। उससे जुड़े कि एक हुए। उससे जुड़े तो दो नहीं रह सकते।

परमपद, भक्त उसकी आकांक्षा भी नहीं करता है। वह तो कहता है– तेरे चरणों में पड़ा रहूँ। मगर इन्हीं चरणों में पड़ने के कारण पहुँच जाता है, परमपद उपलब्ध हो जाता है।

प्रेम मुक्ति; भक्ति मोक्ष है। और जो प्रेम-रहित हैं और निर्गुण की बकवास में लगे है और निराकार की बातें कर रहे हैं–उनसे सावधान रहना। जिन्होंने अभी सगुण को भी नहीं जाना, वे निर्गुण को क्या खाक जानेंगे? जो अभी आकार को नहीं पहचान सके, वह निराकार को कैसे पहचानेंगे? पहले आँखों को, आकार को पहचानने के योग्य बनाओ, फिर निराकार भी आता है। क्योंकि निराकार आकार के पीछे छिपा है।

पाँचवाँ प्रश्न *: मैं हार गया, तब भार गया; और झुक गया तो रुक गया। अब आप मिले, प्रभु साथ करें!*

पूछा है चंद्रकांत ने! प्रश्न ही नहीं है–चंद्रकांत की पूरी आत्मकथा है। ऐसे वर्षों से मुझसे लड़ते हैं और जुड़ते हैं। लड़-लड़कर पाया है कि लड़ने में कुछ सार नहीं। जो लड़ता है, वही पाता है कि लड़ने में कुछ सार नहीं। लड़-लड़कर चिंता ही पैदा होती है।

मुझसे लड़ना–तुम अपने से ही लड़ रहे हो। मुझसे लड़ना छोड़ देना, अंततः तुम्हारे भीतर की सारी लड़ाई की समाप्ति हो जाएगी।

यह प्रश्न नहीं है–चंद्रकांत की पूरी आत्मकथा है। और यह सबके लिए उपयोगी हो सकता है। क्योंकि कुछ-न-कुछ लड़ाई जारी रहती है। क्योंकि कुछ-न-कुछ अहंकार सभी के भीतर है।

तुम जब आकर मुझसे कहते भी हो कि सब छोड़ दिया, तब भी कहाँ सब छोड़ते हो–कहते ही हो। कहते हो 'सब समर्पित किया', तब भी कहाँ करते हो! वह भी औपचारिक है। मंशा है, भाव है और भाव अच्छा है, मगर स्थिति बनते-बनते देर लगेगी। और मैं यह भी नहीं कहता कि लड़ना मत। लड़ने की थोड़ी भी वृत्ति शेष हो, उसे निकाल ही लेना; लड़ ही लेना। और लड़ने से कोई हानि भी नहीं है, क्योंकि जो न कहना जानता है, कभी जब हाँ कहेगा तो उसकी 'हाँ' का मूल्य होता है।

चंद्रकांत में बड़ी संभावना है। और चंद्रकांत को मुझ तक आने में औरों से कहीं ज्यादा कठिनाई हुई है। चंद्रकांत बुनियादी रूप से कम्युनिस्ट थे। कम्युनिस्ट से संन्यासी तक लाना मैं भी जानता हूँ लंबा मामला है। मगर

हिम्मत उन्होंने नहीं छोड़ी। संदेह थे, शक-शुबहे थे। मगर कुछ भी रहा हो और कितना ही मेरी बात जँची हो, न जँची हो कभी—एक बात उन्होंने नहीं छोड़ी : लड़ते रहे, मगर मुझे छोड़ा नहीं। पीछे तो लगे ही रहे। लड़ाई जारी रखी। विवाद जारी रहा मन में। जब-तब मुझे पत्र भी लिखते रहे। मगर एक मुझसे जो लगाव था, उसमें कोई कमी नहीं आई। मेरी बात से राजी हुए, न राजी हुए; कभी मेरी बात ठीक लगी, कभी नहीं ठीक लगी। मगर मैं जो ठीक लग गया था, उसमें कभी कोई कमी नहीं पड़ी। इसलिए मैं जानता था कि धीरे-धीरे क्रांति तो घटने ही वाली है। जो इतनी हिम्मत से लगा रहा है और हिम्मत होती है तो ही लगा रह सकता था; नहीं तो हजार मौके थे, जब मुझसे छिटक जाते। और बहुत उन जैसे मित्र थे, जो छिटक गए।

एक समय था, मेरे पास बहुत से कम्युनिस्टों का आना-जाना था। अधिक उनमें से छिटक गए। चंद्रकांत इस अर्थ में अनूठे हैं।

'मैं हार गया, तब भार गया'—ठीक कहा है। ठीक कहा है हारोगे, तभी भर जाएगा और हार में जीत है। और हार में जीत है—यही तो सारी शिक्षा है। यही तो सारी सिखावन है—सब संतों की। यही तो मीरा कहती है। वही तो कबीर कहते हैं।

मैं हार गया, तब भार गया; और झुक गया तो रुक गया।

और रुक जाओ तो सब हो जाए। भागे-भागे हो—तर्क में, विचार में, संदेह में, चिंतन में। रुक जाओ तो ध्यान हो जाए।

'अब आप मिले' रुकोगे तो ही मैं मिल सकता हूँ; क्योंकि मैं रुका हूँ और तुम भाग रहे हो, तो मिलन कैसे हो! मैं हाथ बढ़ाए खड़ा हूँ, लेकिन तुम रुकते नहीं एक क्षण, तुम भागे जाते हो। तुम तो चकरी की तरह घूमते हो! मैं रुका हूँ और तुम भाग रहे हो तो दोस्ती कैसे हो? कभी-कभी भागते-भागते करीब भी आ जाते हो, फिर दूर निकल जाते हो।

मैं निर्भार हूँ और तुम अगर भारी हो, तो साथ कैसे बने? कुछ-कुछ मेरे-जैसे होने लगोगे तो ही साथ बनेगा। अगर थोड़ा-सा भार गया है और हार में रस आना शुरू हुआ है और अगर झुकने का मजा समझ में आया है .. और झुकने में मजा है, क्योंकि जो झुका वही सम्राट् हो गया है। और जो रुका, वही पहुँच गया है।

लाओत्से का प्रसिद्ध वचन है : 'खोजो और खो दोगे। रुक जाओ और पा लोगे।' क्योंकि खोजने वाले को दौड़ना पड़ता है। भागता है यहाँ-वहाँ। यहाँ

खोजूँ, वहाँ खोजूँ; इस दिशा में, उस दिशा में! जब सारी खोज छोड़कर कोई बैठ जाता है, जहाँ बैठे, वहीं सब हो गया।

वह कल कहा नहीं मीरा ने : 'जहाँ बिठाए तित बैठूँ!' जहाँ बिठा दिया वहीं बैठ गए, तो सब हो जाएगा। कुछ करना नहीं पड़ता, बिना किए हो जाता है।

यही तो चमत्कार है इस अस्तित्व का कि यहाँ जो पाना चाहते हैं, नहीं खोज पाते। और जो पाने तक की आकांक्षा छोड़कर बैठ जाते हैं, उन्हें मिल जाता है।

और झुक गया तो रुक गया। अब आप मिले।

ठीक है चंद्रकांत, अब थोड़ा मिलन हो रहा है। अब थोड़ी-थोड़ी शांति बैठ रही है। अब थोड़ा-थोड़ा मेरे हाथ में तुम्हारा हाथ रुक रहा है।

सावधान रहना। पुरानी आदतें मजबूत होती हैं। सावधान रहोगे तो ही धीरे-धीरे वे विदा होंगी। सावधान रहोगे तो विदा हो ही जाएँगी। लेकिन यह जो नया अनुभव हो रहा है झुकने का, निर्भार होने का, रुकने का—इसको थोड़ा मौका देना, क्योंकि अभी यह नया पौधा है, ताजा पौधा है, कोमल है—पुराना झाड़ इसे नष्ट न कर दे! इसकी सुरक्षा करना। पुराने की जड़ काटते रहना। पुराने की शाखाएँ काटते रहना। और पुराने को काट-काटकर इस नए पौधे की जड़ में खाद की तरह डालते रहना, तो यह नया पौधा मजबूत होगा। इस नए पौधे में तुम्हारी सारी पुरानी आदतों को खाद की तरह डाल दो। जल्दी ही यह भी एक बड़ा वृक्ष बन जाएगा। जल्दी ही इसमें फूल आएँगे। जल्दी ही इस पर पक्षी बसेरा करेंगे। जल्दी ही इसके नीचे यात्री बैठकर विश्राम करेंगे।

एक बड़ा वृक्ष होने की संभावना सभी को है। मगर हम गलत से जुड़े रह जाते हैं। अहंकार से जुड़े अर्थात् गलत से जुड़े। मुझसे जुड़ना है तो अहंकार तो छोड़ना ही होगा।

छूट रहा है धीरे-धीरे। पहली-पहली किरणें आने लगी हैं। प्राची लाल हो गई है। पहली झलक सुबह की करीब है। इसका स्वागत करना।

अब आप मिले, प्रभु साथ करें।

मैं तो बहुत दिन से साथ किए हूँ। तुम्हीं साथ नहीं थे, चंद्रकांत। अब तुम भी साथ हो गए तो बात खतम हो गई।

आखिरी प्रश्न : *मैं जो पा रहा हूँ, उसे बाँटना चाहता हूँ। लेकिन शब्द*

नहीं जुड़ते हैं। मैं क्या करूँ?

स्वाभाविक है। जो मिल रहा है वह ऐसा नहीं, जिसे तुम आसानी से शब्दों में बाँध सको। लेकिन कोशिश करो। धीरे-धीरे कुशलता आएगी। नए-नए अनुभव हैं तो हमारे पास उन अनुभवों को प्रकट करने के शब्द नहीं होते।

जब पहली दफे तुम्हें ध्यान होता है तो बड़ी मुश्किल हो जाती है : कैसे कहें? क्या कहें? क्या हुआ है?

जब पहली दफे प्रेम होता है, तब भी मुश्किल हो जाती है। जबान लड़खड़ाती है : क्या कहें, कैसे कहें? और जो भी कहो, लगता है कुछ पूरा नहीं। जो भी कहो, लगता है कि निशाना नहीं लगा।

मगर धीरे-धीरे कोशिश करो। मेरे पास जिन मित्रों को भी कुछ हो रहा है, उन सभी को बाँटना है। बाँटना ही है, क्योंकि तुम अगर बाँटोगे, तो ही यह बढ़ेगा। तुम बाँटोगे तो और मिलेगा। तुम जितना बाँटोगे उतना मिलेगा। अगर तुमने जरा कंजूसी की और बाँटा नहीं, या जरा सुस्ती की और बाँटा नहीं—तो तुम पाओगे कि बढ़ना बंद हो गया। यह कुआँ ऐसा है कि जितना उलीचोगे, उतने ही नए झरने इसको भरते जाएँगे। मगर तकलीफ तो होती है।

मेरी आँखों ने जो देखा है, दिखलाया नहीं जाता,
मेरे दिल ने जो समझा है, वो समझाया नहीं जाता।
मेरे सर में अजल से गूँजता है राग वहदत का,
मगर कुछ बात है ऐसी, अभी गाया नहीं जाता।
मेरी आँखों में है जल्वा तेरा, दिन में तेरा मसकन,
मगर मुश्किल तो ये है, फिर भी तू पाया नहीं जाता।
है तेरे हुस्ने-आलम ताब से मुझको शिकायत तो,
मगर हरफे शिकायत लब पे भी लाया नहीं जाता।
तेरे दम से हुई कायम शबाबो-शेर की दुनिया,
शबाबो-शेर में लेकिन मुझे पाया नहीं जाता।

कठिनाइयाँ हैं। जो खूब कहने में कुशल हैं, वे भी सफल नहीं हुए।

रवींद्रनाथ मर रहे थे और किसी ने कहा कि आप तो धन्यभागी हैं, आपने छः हजार गीत लिखे हैं। इतने गीत दुनिया में किसी और महाकवि ने नहीं लिखे हैं। पश्चिम में बड़ा महाकवि हुआ शेली, उसने भी तीन हजार लिखे हैं। और आपके सब गीत ऐसे हैं कि संगीत में बँध जाते हैं। आप अपूर्व

हैं। आप शांति से विदा लें।

लेकिन रवींद्रनाथ ने आँख खोली और कहा : 'कैसी शांति? मैं तो परमात्मा से प्रार्थना कर रहा हूँ कि हे प्रभु, यह तू क्या कर रहा है? अभी तो मैं साज बिठा पाया था और यह मेरे जाने की घड़ी आ गई! किन गीतों की बात कर रहे हो? अभी तो मैं साज बिठा पाया था और यह मेरे जाने की घड़ी आ गई! किन गीतों की बात कर रहे हो? जो गीत मैंने गाए, वे, वे गीत नहीं हैं, जो मैं गाना चाहता था। जो मैं गाना चाहता था, वह तो अभी भी अनगाया मेरे भीतर पड़ा है। जो मैं गाना चाहता था, वह अभी भी मैं गाना चाहता हूँ। अभी कहा, कहाँ!'

रवींद्रनाथ कहते हैं : 'अभी तो मैंने साज बिठाया था। अभी यह जो ठोंक-पीट, तबला इत्यादि जो ठोंक रहा था, तार कस रहा था, इसकी जो आवाज हो रही थी-यही वे छः हजार गीत हैं। अब तार कस गए थे, तबला ठीक बैठ गया था, अब घड़ी करीब आ रही थी कि लगता था, अब गा सकूँगा, जो गाना है, और यह जाने की घड़ी आ गई।'

लेकिन मैं तुमसे कहना चाहूँ कि रवींद्रनाथ अगर और भी सौ साल जी जाते तो भी बात ऐसी-की-ऐसी रहती; क्योंकि जो गाना है, वह तो कभी गाया ही नहीं जाता। हमेशा ऐसा ही लगता है कि बस साज तैयार है, अब तैयार है, अब तैयार है, और तैयार हो गया। बस साज तैयार होता जाता है, लेकिन जो कहना है, वह कहा नहीं जा सकता।

तो तुम्हारी अड़चन मेरी समझ में है। रवींद्रनाथ जैसे व्यक्ति की भी अड़चन थी-जो कहने में बड़ा कुशल था; जो गाने में कुशल था, जिसकी अभिव्यक्ति अपूर्व थी, जिसकी अभिव्यक्ति वैसी ही थी जैसे वेद के ऋषियों की है। उतनी ही कुशलता। उतना ही माधुर्य। लेकिन वे भी इतना ही कहते हैं कि मैं साज बिठा पाया था।

तो गा तो तुम न पाओगे, मगर फिर भी गाना है। और नाच तो तुम न पाओगे, फिर भी नाचना है। इसकी फिक्र मत करना कि तुम्हारा नाच कितना कुशल है। तुम इसकी ही फिक्र करना कि तुम्हारे नाच को देखकर किसी को नाचने की धुन आ जाए। बस पर्याप्त हो गया।

तुम यह मत सोचना कि मेरा गीत कितना पूर्ण है। और गीत पूर्ण नहीं है। 'पूर्ण' भाषा में आता ही नहीं। तुम इतनी ही फिक्र करना कि तुम्हें गीत गाते देखकर किसी का कंठ खुल जाए। इतनी ही फिक्र करना कि तुम्हारा गीत

किसी पर चोट कर दे; किसी के तार कँपा दे। तुम्हारे गीत की लय में बँधकर कोई उसी खोज पर निकल जाए, जिस खोज पर तुम मेरा गीत सुनकर निकल गए हो।

जिसको भी मिले, उसके लिए यह अनिवार्य शर्त है कि वह बाँटे। जितना मिले उतना बाँटे। जिस तरह बन सके उस तरह बाँटे। कोई नाचकर बाँटे, कोई गाकर बाँटे। कोई चुप होकर बाँटे। कोई शांत होकर बाँटे। मगर बाँटे। अपना रास्ता खोजे। क्योंकि बाँटने से बढ़ती है यह संपदा; न बाँटने से घट जाती है।

संसार की संपदाएँ बाँटने से घट जाती हैं; न बाँटों तो इकट्ठी होती हैं। परमात्मा की संपदा बिलकुल उलटी है— बाँटने से बढ़ती है, न बाँटों तो घट जाती है।

आज इतना ही।

पग घुंघरू बांध मीरा नाची रे

5

माई री मैं तो लियो गोबिंदा मोल।
कोई कहै छाने कोई कहै चौड़े, लियो री बजंता ढोल।
कोई कहै मँहगो, कोई कहै सुहंगो, लियो री तराजू तोल।
कोई कहै कारो, कोई कहै गोरो, लियो री अमोलिक मोल।
याही कूँ सब लोग जाणत हैं, लियो री आँखी खोल।
मीरा को प्रभु दरसण दीज्यो, पूरब जनम के कौल।

मैं गोविंद गुण गाणा।
राजा रूठै नगरी राखै, हरि रूठ्या कहँ जाणा।
राणा भेजा जहर पियाला, इमरत करि पी जाणा।
डिबिया में भेज्या ज भुजंगम, सालिगराम करि जाणा।
मीरा तो अब प्रेम दीवानी, साँवलिया वर पाणा।

पग घुँघरू बाँध मीरा नाची रे।
मैं तो मेरे नारायण की आपहि हो गई दासी रे।
लोग कहै मीरां भई बावरी, सास कहैं कुलनासी रे।
विष का प्याला राणा भेज्यां, पीवत मीरां हाँसी रे।
मीरां के प्रभु गिरधर नागर, सहज मिले अविनासी रे।

पग घुंघरू बांध मीरा नाची रे

परमात्मा की खोज में तो बहुत लोग निकलते हैं, लेकिन खोज नहीं पाते, क्योंकि मूल्य चुकाने की तैयारी नहीं होती; मुफ्त पाना चाहते हैं, बिना कुछ दिए पाना चाहते हैं; जरा-सी भी आँच न आए, और पाना चाहते हैं; एक काँटा पैर में न चुभे, और पाना चाहते हैं। इसलिए पाने की आकांक्षा भी होती है, फिर भी हाथ कुछ नहीं लगता है। और जब हाथ न लगे तो आदमी का अहंकार बहुत कुशल है। जब परमात्मा हाथ नहीं लगता तो फिर उनका तर्क वही होता है, जो लोमड़ी का तर्क : जब अंगूर हाथ नहीं लगते, लोमड़ी कहती है, खट्टे हैं।

जब परमात्मा हाथ नहीं लगता तो लोग **सोचने** लगते हैं, परमात्मा है ही नहीं, होता तो हाथ लगता। लोग नास्तिक बन जाते हैं। आस्तिक बनने के लिए कोई कीमत नहीं चुकाई। और जब बिना कीमत चुकाए परमात्मा की कोई खबर नहीं मिलती तो नास्तिक बन जाते हैं।

जब भी मैं किसी नास्तिक को देखता हूँ, तो मैं हारे हुए आस्तिक को पाता हूँ। किसी जन्म में, किसी यात्रा में उसने बड़ी कोशिश की होगी; मगर कोशिश ऐसी रही होगी कि अपने को बचाकर की होगी। पूजा का थाल सजाया होगा। पूजा के थाल में दीया जलाया होगा; लेकिन अपने को नहीं जलाया। और तुम्हारा पूजा का थाल व्यर्थ है, अगर तुम्ही उसमें नहीं जल रहे हो। फूल चढ़ाए होंगे; लेकिन वे फूल अपने प्राणों के नहीं थे, वे किन्हीं वृक्षों पर खिले फूल थे। स्वयं में खिले फूलों को जो चढ़ाता है, वही पाता है। गीत भी गुनगुनाया होगा, भजन भी किया होगा, कीर्तन में भी सम्मिलित हुए होओगे; लेकिन उस कीर्तन में तुम्हारे अपने स्वर नहीं थे; सब उधार था, बासा

था। औपचारिकता थी, हार्दिकता नहीं थी, दीवानापन नहीं था।

और जब तक प्रेमी पागल न हो, तब तक प्रेम ही नहीं; पागल होकर ही प्रेम का पद पाता है। प्रेम बिना पागलपन के घृणा से भी बदतर है क्योंकि थोथा और नपुंसक होगा। घृणा में तो कुछ बल होता है। और जब नहीं मिलता परमात्मा, तो विषाद की उन घड़ियों में मन अपने को यही समझाकर सांत्वना देता है कि होता तो मिलता; है ही नहीं। फिर एक इनकार पैदा होता है। एक नास्तिकता का जन्म होता है। फिर आदमी यही कहे चला जाता है कि ईश्वर है ही नहीं; प्रमाण कहाँ है?

प्रमाण का प्रश्न ही नहीं है। मूल्य जिसके पास है, उसके लिए प्रमाण है। जो देने को राजी है, वह पाएगा। और देना भी ऐसा नहीं है कि थोड़ा-बहुत देने से चल जाए, पूरा-ही-पूरा देना होगा। क्योंकि परमात्मा अखंड है, उसके टुकड़े नहीं हो सकते। ऐसा नहीं है कि हम आधा देते हैं तो थोड़ा-सा परमात्मा मिल जाए। परमात्मा के खंड नहीं हो सकते। तो तुम जब तक अखंड ही समर्पित न होओगे, तब तक उसे न पाओगे। तुम्हारी समग्रता ही चढ़नी चाहिए। शहीद हुए बिना परमात्मा को कोई पाता नहीं।

इसलिए सूफी फकीरों ने 'शहादत' शब्द के दो अर्थ लिए हैं–और बड़े मूल्यवान अर्थ है। शहादत का एक तो अर्थ होता है– जो शहीद हो गया और एक अर्थ होता है– जो परमात्मा का साक्षी हो गया। शहादत का अर्थ होता है– साक्षी। और दोनों बातें जुड़ी हैं। दोनों एक ही घटना के हिस्से हैं, पहलू हैं। जो परमात्मा के चरणों में शहीद हो गया, वही उसका गवाह होता है, वही उसका साक्षी होता है, वही उसे देख पाता है। जो मिटता है वही देख पाता है। जिसने अपने को बचाया, वह कितना ही दौड़े, कितना ही शोरगुल मचाए– सब व्यर्थ है। वह कितना ही तर्क करे, विचार करे, पूजा, विधि-विधान करें, तंत्र-मंत्र, योग में उलझे–सब व्यर्थ है, सब असार जाएगा।

एक ही बात करने जैसी है–वह है– अपने सारे प्राणों को उसके चरणों में समर्पित कर देना। और निश्चित ही अभी उसका हमें पता नहीं है। इसलिए जो व्यक्ति अज्ञात के प्रति समर्पण कर सकता है, वही उसे पा सकता है। मिल जाए परमात्मा फिर से समर्पण करना बहुत आसान है। लेकिन अड़चन यही है कि मिलता तब है, जब समर्पण हो जाए। तो समर्पण तो जुआरी ही कर सकते हैं। जिन्हें लाभ इत्यादि की चिंता है, जो हिसाब-किताब कर रहे हैं–भक्ति का मार्ग उनके लिए नहीं। यह तो हिम्मतवर दुस्साहसियों का मार्ग है।

आज के सूत्र इसी दुस्साहस की तरफ खबर देने वाले सूत्र हैं।

माई री मैं तो लियो गोविन्दो मोल।

मीरा कहती है : मैंने तो खरीद लिया गोबिन्द को।

कैसे खरीदा मीरा ने? कोई कैसे खरीदता है परमात्मा को? मिटकर खरीदा। अपने को गँवाकर पाया। अपनी गर्दन रख दी, वहाँ उसके चरणों में। बस वही बाधा थी।

तुम्हारा सिर ही बाधा है। तुम्हारा अहंकार ही बाधा है। उसी को चढ़ा दिया, तो परमात्मा तुम्हारा हो जाता है।

फिर देखता हूँ तो तेरा रूप नज़र आता है
और सुनता हूँ तो आवाज़ तेरी सुनता हूँ
देखता हूँ तो तेरा रूप नज़र आता है
और सुनता हूँ तो आवाज़ तेरी सुनता हूँ
सोचता हूँ तो फ़कत याद तेरी आती है
जिक्र करता हूँ तो मैं जिक्र तेरा करता हूँ
ख़ामशी मेरी तेरा नगमाए-खाबीदा है
मेरी आवाज़? जो तू कहता है मैं कहता हूँ
जाँ तो जाँ, जिस्म भी रोशन है तेरी लौ से मेरा
तेरे ही नूर से मैं सिफ़्त जलता हूँ
भूख लगती है तो तेरे प्यार की भूख
चरण-अमृत से ही मैं प्यास बुझा सकता हूँ।

इधर तुम मिटे कि क्रांति हुई। तुम ही परदे की तरह पड़े हो अपनी आँख पर।

लोग मुझ से पूछते हैं कि परमात्मा पर परदा है ही नहीं। परमात्मा बेरपदा है। परमात्मा नग्न खड़ा है। तुम्हारी आँख पर परदा है। तुम्हारी आँख पर जाली है। तुमने आँख पर पत्थर के चश्मे लगा रखे हैं। धारणाएँ, सिद्धांत, शास्त्र, मंदिर-मस्जिद, पंडित-पुरोहित—सब तुम्हारी आँखों में भर गए हैं। और उनकी वजह से परमात्मा के लिए प्रवेश की कोई जगह नहीं है। तुम्हारी आँखें अतिशय से भरी हुई हैं।

यह गर्दन झुके, यह सिर चढ़े तो फिर...

देखता हूँ तो तेरा रूप नज़र आता है।

फिर जहाँ तुम देखोगे...आँख खोलोगे तो वही; आँख बंद करोगे तो वही।

और सुनता हूँ तो आवाज़ तेरी सुनता हूँ।

फिर पक्षियों की चहचहाहट में और आकाश से गुजरते हुए बादलों की गड़गड़ाहट में और वृक्षों से सरकती हुई हवाओं की ध्वनि में और पानी के झर-झर में—सब तरफ उसी की आवाज है। उसके अतिरिक्त कोई है ही नहीं। यही आश्चर्य है कि कैसे हम उसे देखने से वंचित हैं। जो सब तरफ मौजूद है वृक्षों की हरियाली में और आकाश की नीलिमा में और लोगों की आँखों में और लोगों के आँसुओं में और मुस्कराहटों में—सब तरफ जो मौजूद है। मेरे बोलने में और तुम्हारे सुनने में जो मौजूद है। इधर तुम्हें घेरे हुए है। तुम जहाँ रहो सदा तुम्हें घेरे हुए है। और आँख बंद करो तो भीतर भी वही है।

सोचता हूँ तो फ़कत तेरी याद आती है
ज़िक्र करता हूँ तो मैं ज़िक्र तेरा करता हूँ।

फिर तुम जो बोलोगे वह उसी का नाम है। जो बोलूँ सो हरि-कथा! फिर तुम जो बोलोगे, वही उसकी कथा है। अभी भी तुम जो बोल रहे हो, वह उसकी ही कथा है; सिर्फ तुम पहचानते नहीं।

ख़ामशी मेरी तेरा नग़माए-खाबीदा है।

फिर तुम बोलोगे तो उसकी कथा और तुम चुप रहोगे तो भी उसका गीत तुम्हारे भीतर गूँजेगा—उसका अनाहत नाद!

मेरी आवाज? जो तू कहता है, मैं कहता हूँ।

फिर तुम्हारी कोई आवाज न रह जाएगी। यह ढंग है गोविंद को मोल लेने का—जब तुम न रह जाओ; तुम्हारी आवाज न रह जाए, तुम्हारा अपना कुछ न रह जाए।

जाँ तो जाँ जिस्म भी रौशन है तेरी लौ से मेरा

प्राणों की तो बात छोड़ो, मेरी देह भी तेरी ही ज्योति से दीप्त है।

जाँ तो जाँ जिस्म भी रौशन है तेरी लौ से मेरा
तेरे ही नूर से मैं शमा सिफ़्त जलता हूँ।

और फिर तुम पहचानोगे कि तुम किसके नूर से जल रहे हो; कौन तुम्हारे इस मिट्टी के दीए में ज्योति बना है; यह तुम्हारी चेतना क्या है; यह तुम्हारा होश क्या है; यह तुम्हारा बोध क्या है? यह परमात्मा की किरण है तुम्हारे भीतर। यह तुम्हारी देह में जो चमक रहा है, यह तुम्हारी आँख से जो

झाँक रहा है, यह जो मुझे सुन रहा है इस क्षण खामोशी से—वही है।

जाँ तो जाँ जिस्म भी रौशन है तेरी लौ से मेरा
तेरे ही नूर से मैं शमा सिफ़्त जलता हूँ
भूख लगती है तो लगती है तेरे प्यार की भूख
चरण अमृत से ही मैं प्यास बुझा सकता हूँ।

लेकिन यह क्रांति तभी घटती है गोविंद को मोल लेने की, जब तुम अपने को बेच दो।

माई री मैं तो लियो गोविंदो मोल।

किसी ने इतनी हिम्मत से इस तरह की बात नहीं की कि मैंने परमात्मा को खरीद लिया। यह तो दीवाने ही कह सकते हैं। यह तो बावरे ही कह सकते है। यह दुकानदारों की बातचीत नहीं हैं। यह तो दुस्साहसी ही कह सकते हैं। यह तो वे ही कह सकते हैं, जिन्होंने अपने को समर्पित कर दिया और जिनके पास अहंकार का जरा-सा भी स्वर नहीं बचा है।

कोई कहै छाने कोई कहै चौड़े....।

कुछ लोग कहते हैं कि परमात्मा को पाना हो तो छिप-छिपकर पाना होता है। और कोई कहता है कि परमात्मा को पाना हो तो छिप-छिपकर कैसे पाओगे—मंदिर में, मस्जिद में! खुलेआम, लोगों के बीच में पाना होता है। कुछ लोग कहते हैं कि परमात्मा को अंतरतम में पाना होता है—छिप-छिपकर। और कुछ लोग कहते हैं कि परमात्मा को इस विराट् ब्रह्मांड में पाना होता है—खुलेआम।

'कोई कहै छाने'...कोई कहता है : छिपकर पाओ।
'कोई कहै चौड़े'... कोई कहता है : खुलेआम पाओ।
'कोई कहता है : बाहर पाओ। कोई कहता है : भीतर पाओ।

दो तरह के धर्म है पृथ्वी पर—एक अंतर्मुखी और दूसरे बहिर्मुखी। अंतर्मुखी धर्म कहते हैं : आँख बंद करो, अपने भीतर जाओ; बाहर नहीं है प्रभु—भीतर है। जैन, बौद्ध अंतर्मुखी धर्म हैं। ईसाइयत, हिंदू, इस्लाम बहिर्मुखी धर्म हैं। परमात्मा सब तरफ मौजूद है। आँख खोलो—पूरी आँख खोलो। ठीक से आँख खोलो और उसे पा लो।

कोई कहै छाने कोई कहै चौड़े...।

कोई कहता है : पास है परमात्मा, कहीं दूर नहीं जाना। कोई कहता है : दूर है परमात्मा, बड़ी यात्रा करनी होगी।

...लियो री बजंता ढोल।

और मीरा कहती है : मैंने न तो इसकी फिक्र की कि छिपकर पाऊँ—चोरी-चुपके, खामोशी में, मौन में, जंगल में भागकर, पहाड़ में छिपकर, किसी गुफा में बैठकर पाऊँ उसे; न मैंने मंदिर-मस्जिद, जो व्यावहारिक, समाजिक, औपचारिक व्यवस्था है, उसमें परमात्मा को खोजा। मैंने तो ढोल बजाकर खोजा। ...'लियो री बजंता ढोल'। न भीतर न बाहर; मैंने तो ढोल बजाकर खोजा। न छिपकर, न चोरी, न सामाजिक औपचारिक व्यवस्था, विधि-विधान से। मैंने तो बड़े अनूठे ढंग से उसको पाया। मैंने तो भीतर जो पड़ी थी मृदंग, उसको बजाकर पाया।

खयाल रखना, इसमें एक बड़ी अद्‌भुत बात मीरा कह रही है! जब भीतर का ढोल बजता है तो बजता है तो भीतर है, लेकिन बाहर भी सुनाई पड़ता है। जब भीतर कोई गीत पैदा हो जाता है तो बाहर प्रकट हो जाता है। गीत के माध्यम से बहिर्मुखता अंतमुर्खता जुड़ जाती है। गीत सेतु बन जाता है—बाहर-भीतर को जोड़ देता है।

इसीलिए मीरा कहती है : न तो मैंने बाहर परमात्मा को खोजकर पाया, न भीतर; मैंने तो इस ढंग से पाया कि बाहर-भीतर जुड़े थे। एक हो गए थे। न कुछ बाहर था, न कुछ भीतर था। एक ही था। वही भीतर था, वही बाहर था। ...'लियो री बजंता ढोल'।

और हम सब उस अपूर्व नाद को अपने भीतर लिए बैठे हैं। वही नाद बाहर भी बज रहा है। वही नाद तुम्हारे भीतर भी बज रहा है। एक ही नाद से सब जुड़ा है। लेकिन हम करीब-करीब मूर्च्छित हैं। हमें कुछ सुनाई नहीं पड़ रहा है; न हमें कुछ दिखाई पड़ रहा है। हमारी सारी संवेदनशीलता जड़ हो गई है। और तुम्हारे तथाकथित धर्मगुरुओं ने तुम्हारी संवेदनशीलता को एकदम नष्ट कर दिया है। क्योंकि वे कहते हैं : स्वाद लेना मत। वे कहते हैं—प्रेम से स्पर्श करना मत। वे सिखाते हैं तुम्हे एक ही तरह की उदासी; एक तरह की संवेदन-शून्यता, जड़ता। वे सिखाते हैं इंद्रियों को मारना—धीरे-धीरे। इंद्रियों में तुम्हारी चेतना का आवास है।

ठीक-ठीक जागा हुआ व्यक्ति स्वाद नहीं लेता, यह बात गलत है। ठीक-ठीक जागा हुआ व्यक्ति ही ठीक स्वाद लेता है। उसका स्वाद बड़ा गहरा हो जाता है। महात्मा गांधी के आश्रम में अस्वाद व्रत था। मेरे आश्रम में स्वाद व्रत है। गांधीजी के आश्रम में भोजन में स्वाद लेना पाप था। इस स्वाद से

बचाने के लिए वे साथ में नीम की चटनी भी रखवा देते थे, ताकि अगर कहीं बीच-बीच में स्वाद आने लगे, तो थोड़ी नीम की चटनी मुँह में डाल लो। नीम की कोई चटनी होती है? लेकिन यह जीभ को मारने का ढंग है।

पश्चिम का एक बड़ा विचारक लुई फिशर गांधी को मिलने आया था। भोजन करने बैठे, तो उसकी थाली में भी नीम की चटनी रखवा दी। उसे तो कुछ पता नहीं, उसने और चीजें चखीं तो वह भी चखी। वह तो घबड़ा गया कि यह जहर किस लिए है! उसने पूछा तो गांधीजी ने समझाया होगा : अस्वाद व्रत। उसने सोचा कि अब मेजबान का अपमान करना तो ठीक नहीं। तो उसने सोचा कि बजाय पूरे भोजन को खराब करने के एक बारगी इस गोले को ही गटक जाओ, पानी पी लो, फिर बाकी भोजन ठीक से करो; नहीं तो यह तो पूरा भोजन खराब कर देगा। तो वह पूरा गोला गटक गया। और गांधी ने तत्क्षण कहा अपने रसोइये को': 'और लाओ! लुई फिशर को चटनी बहुत पसंद पड़ी है।' उसने अपने संस्मरणों में लिखा है कि वह फिर चटनी बुला ली उन्होंने।

स्वाद मारा जा सकता है। जीभ को अगर जहरीली चीजें देते रहो, देते रहो, जीभ धीरे-धीरे संवेदन-शून्य हो जाएगी। संवेदन-शून्य जीभ हो जाएगी तो कुछ सौंदर्य न देखें, फूल न देखें, चाँद-तारे न देखें, सुंदर स्त्रियाँ, सुंदर पुरुष, सुंदर बच्चे...आंखों को धीरे-धीरे सौंदर्य से हटा लो...। सूरदास ने इसलिए आँखें फोड़ ली थीं कि सौंदर्य को देखने से कहीं वासना पैदा होने का डर बना रहता है। आँखें तो फोड़ लीं, लेकिन उसी के साथ आत्मा की एक क्षमता भी नष्ट हो जाएगी।

और यही आँखें, जो स्त्रियों का सौंदर्य देखती हैं, यही तो परमात्मा का सौंदर्य भी देखेंगी। और यही जीभ, जो भोजन का स्वाद लेती है, यही तो परमात्मा का स्वाद भी लेगी। और यही हाथ, जो लोगों को छूते हैं, यही तो उसके भी चरणों का स्पर्श करेंगे।

इंद्रियों को मारना मत। इंद्रियों को जगाना है। इंद्रियों को पूरी त्वरा देनी है, तीव्रता देनी है, सघनता देनी है, इंद्रियों को प्रांजल करना है, स्वच्छ करना है, शुद्ध करना है। इंद्रियों को कुँवारा करना है। आँखें ऐसी हो जाएँ, जहाँ भी तुम देखो, वहीं परमात्मा दिखाई पड़े।

यह फर्क समझ लेना तर्क का। यह विचार-भेद समझ लेना।

एक हैं जो डरते हैं कि कहीं सौंदर्य को देखा तो वासना न जग जाएँ,

तो फिर आँख ही फोड़ लो। भोजन में स्वाद आया, तो कहीं ऐसा न हो कि भोजन-पटुता पैदा हो जाए! तो जीभ ही मार डालो। यह जीवन निषेध है।

भक्त जीवन के प्रेम में है; जीवन के निषेध में नहीं। उसे कान बहरे नहीं करने है। और आँखें अंधी नहीं करनी हैं। उसे जीवन के रस को इस तरह पहचानना है, इस तरह जीवन के रस से संबंध जोड़ना है, इतनी प्रगाढ़ता से-कि जहाँ रूप दिखाई पड़े, वहाँ प्रार्थना पैदा हो। अभी रूप जहाँ दिखाई पड़ता है, वहाँ वासना पैदा होती है-यह सच है। अब दो उपाय हैं : रूप देखो ही मत, ताकि वासना पैदा न हो; और दूसरा उपाय है कि रूप को इतनी गहराई से देखो कि हर रूप में उसी का रूप दिखाई पड़े, तो प्रार्थना पैदा हो।

भक्त रूप में परम रूप देखने लगता है; सौंदर्य में परम सौंदर्य देखने लगता है; हर ध्वनि में उसी का नाद सुनने लगता है। फिर आँखें फोड़ने की जरूरत नहीं रहती और कान फोड़ने की आवश्यकता नहीं रहती; इंद्रियों को मारने की जरूरत नहीं रहती। और ईश्वर ने जो भेंट दी है इंद्रियों की, वह अगर मारने के लिए ही दी जाती तो दी ही न होती। इंद्रियों को मारने का अर्थ हुआ- तुमने उसकी भेंट इनकार कर दी। यह एक तरह की नास्तिकता है।

मैं गांधी को आस्तिक नहीं मानता। वह आस्तिकता बहुत ऊपरी है। आस्तिकता का तो अर्थ यह होता है- जो उसने दिया है, ठीक ही दिया होगा। हम शायद ठीक उपयोग न कर रहे हों, यह हो सकता है; मगर देने वाले की तरफ से भूल नहीं हो सकती।

तुम्हें कोई तलवार भेंट दे तो तुम चाहो तो किसी की हत्या भी कर सकते हो और चाहो तो किसी की होती हत्या बचा भी सकते हो। तलवार तो तटस्थ है। न तो तलवार कहती है हत्या करो और न तलवार कहती है कि किसी की हत्या होती हो तो बचाओ।

तुम्हें कोई धन दे तो तुम चाहो तो जहर खरीद लो, आत्महत्या कर लो अपनी; चाहो तो जीवन के लिए सहयोगी कुछ उपयोग कर लो। सब तुम पर निर्भर है। इंद्रियाँ भी उसी के लिए द्वार बन सकती हैं। और हर इंद्रिय प्रार्थना में संलग्न हो सकती है। और उसी को हम कलाकार कहेंगे, जो सारी इंद्रियों को परमात्मा में संलग्न कर दे; जो आत्मा से ही न पुकारे, देह से भी पुकारे। परमात्मा की रोशनी प्राणों में ही न जगमगाए, रोएँ-रोएँ में जगमगाए। आत्मा तो उसमें डूबे-ही-डूबे, यह देह भी उसी में डूब जाए। तुम्हारे प्राण तो उसमें नहाएँ-ही-नहाएँ, तुम्हारा तन भी उसमें नहा ले। तुम्हारी श्वास-श्वास उसमें

लिप्त हो जाए।

माई री मैं तो लियो गोविंदा मोल।
कोई कहै छाने, कोई कहै चौड़े, लियो री बजंता ढोल!

मीरा कहती है कि मैंने तो ये बँधी-बँधाई लकीरें नहीं सोचीं कि भीतर खोजें कि बाहर खोजें। मैंने तो ढोल बजाकर उसे ले लिया।

कौन-से ढोल की यह बात कह रही है! अनाहत! वह जो अनाहत नाद है, वह जो भीतर छिपा हुआ नाद है-उस पर चोट करती है। उस पर टंकार करती है। उसकी टंकार होते ही नाद बाहर भी फैल जाता है।

एक कंकड़ तुमने कभी झील में फेंककर देखा! जहाँ गिरता है, वहाँ तो लहर उठती है; लेकिन फिर लहर फैलती चली जाती है। दूर-दूर किनारों तक लहरें-ही-लहरें हो जाती हैं।

परमात्मा का पहला संस्पर्श तो भीतर ही होता है, क्योंकि वहीं से हम उसके निकटतम हैं। इस वृक्ष में परमात्मा को देखोगे, यह तो जरा दूर हो गई बात; अगर अपने में नहीं देखा है अभी तक तो फिर वृक्ष में कैसे देखोगे! चाँद-तारों में परमात्मा को देखोगे और अपनी हृदय की धड़कन में उसे अभी सुना नहीं। इतनी दूर कैसे देखोगे? पहचान तो पास से ही शुरू करनी होती है। चलना तो वहाँ से पड़ता है, जहाँ तुम हो।

'लियो री बजंता ढोल!
कोई कहै मँहगो, कोई कहै सुंहगो...।

कोई कहता है कि परमात्मा बड़ा महँगा है और कोई कहता है कि परमात्मा बड़ा सस्ता है। महँगा कहने वाले वे लोग हैं, जो कहते हैं : शरीर को तपाओ, शरीर को गलाओ, इंद्रियों को काटो। सब सुख छोड़ो। अपने जीवन में पीड़ा ही को सजाओ, उसी की आराधना करो। घाव बनाओ। किसी घाव को भरने मत दो। तपश्चर्या, उपवास, व्रत।

ये जो कृच्छ साधना वाले लोग हैं, जो अपने को सताने में रस लेते हैं, ये जो दु:खवादी लोग हैं-वे कहते हैं- परमात्मा को पाना बहुत महँगा है, क्योंकि बड़े कष्ट से मिलेगा; हजार-हजार नरकों से गुजरकर मिलेगा।

और कुछ लोग हैं, जो कहते हैं कि बिलकुल सस्ता है। जैसे महर्षि महेश योगी। वे कहते हैं : बिलकुल सस्ता है। एक दस मिनट सुबह मंत्र पढ़ लो, दस मिनट शाम मंत्र पढ़ लो-बात खतम हो गई; और कुछ करना नहीं है। एक है, जो कहता है- बहुत कठिन है। एक है, जो कहता है कि अपने

को बड़ा सताना पड़ेगा। दूसरा कहता है– कोई भी कठिनाई की बात नहीं है; तुम जैसे हो बिलकुल ठीक हो; बस जरा-सी यह तरकीब इसमें जोड़ लो। एक नुस्खा है, इसका उपयोग कर लो, परमात्मा को पा लोगे। यह रहा ताबीज, यह बाँध लो। यह रहा मंत्र, इसे दोहराने लगो। यह रहा मंदिर, रोज दो मिनट जाकर सिर पटक आना। यह रही मस्जिद, नमाज पढ़ लेना।

ये सस्ती बातें हैं। तुम्हें कुछ करना नहीं पड़ता। नमाज पढ़ने में तुम्हें क्या करना है। दो-चार दफे उठे-बैठे, थोड़ी कवायद की। मंदिर में गए, पत्थर की मूर्ति पर सिर झुका लिया। तुम्हें क्या करना पड़ता है? तुम जैसे हो वैसे-के-वैसे; जरा भी फर्क नहीं करना पड़ता है। न तुम्हें अपना जीवन बदलना होता है, न अपने जीवन की शैली में कोई तरह की क्रांति लानी पड़ती है। कुछ करना ही नहीं होता। मंदिर गए, सिर पटका, भागे–जैसे थे वैसे ही अंदर गए, वैसे-के-वैसे वापिस गए। तो मंदिर जाने वाले में और मंदिर न जाने वाले में कोई भेद देखते हो? दुकान पर दोनों को बैठे देखकर तुम यह पता लगा सकोगे कि कौन मंदिर जाता है, कौन नहीं जाता। हाँ, अगर तिलक इत्यादि लगाए बैठा हो तो पता चल जाएगा। बाकी बस उतना ही पता चलने वाला है। तिलक न हो तो पता नहीं चलेगा। मगर तिलक से कोई परमात्मा पाने वाला है!

एक तरफ लोग हैं, जिन्होंने एक अति कर दी है। वे कहते हैं– बड़ा कठिन है। दुकान पर रहते हो तो मिलेगा ही नहीं। घर में रहते तो मिलेगा ही नहीं। पत्नी-बच्चे छोड़ो, जंगल भागो, अपने को सताओ–गरमी भी हो तो भी चारों तरफ धूनी जमाकर बैठे रहो और ठंड भी हो तो नंगे खड़े रहो खुले आकाश के नीचे; बड़ी कठिनाई से मिलेगा। और एकाध जन्म की बात नहीं है; जन्मों-जन्मों तक मेहनत करनी होगी।

यह एक अति है। दूसरी अति है; वह कहती है– इस सबकी कोई जरूरत नहीं; तुम जैसे हो ठीक हो, वैसे ही। कुछ करना नहीं। यह माला ले लो; इसको रोज एक दफा घुमा लेना। जल्दी देर-अबेर जैसे बने, इसको जल्दी घुमा लेना।

तिब्बती हैं, उन्होंने तो प्रार्थना का चका बना रखा है। तो वे चके को घुमा देते हैं। चके पर प्रार्थना लिखी है। चका एक दफा घूम गया, एक प्रार्थना पूरी हो गई। ऐसा अपना काम भी करते रहते हैं; और जब मौका मिला तो एक धक्का मार दिया चके को। वह चका घूमता रहता है।

एक तिब्बती लामा मेरे पास मेहमान था। मैंने उससे कहा कि तुमको पता नहीं है, बिजली हो गई है; इसमें थोड़ा प्लग जोड़कर इसको बिजली में लगा दो। यह अपने-आप घूमता रहेगा, जैसे पंखा घूमता है। या पंखे पर ही लिख लो तुम्हारी प्रार्थना। चौबीस घंटे घूमता ही रहेगा; प्रार्थना-ही-प्रार्थना हो जाएगी; लाभ-ही-लाभ मिलेगा।

एक तरफ सस्ते उपाय खोजने वाले लोग हैं। राम नाम की चदरिया ओढ़ लो। तुम्हें कुछ कहने की जरूरत ही नहीं; राम-राम लिखा ही हुआ है।

ये दोनों ही बातें गलत हैं, मीरा कहती है।

कोई कहै मँहगो, कोई कहै सुहंगो, लियो री तराजू तोल।

मीरा कहती है : ये दोनों अतियाँ हैं। जहाँ तराजू समतौल हो जाती है ठीक मध्य में, न कठिन न सस्ता—न तो तपश्चर्या से मिलता है और न ऐसे बैठे-ठाले मंत्र जपने से मिलता है—जहाँ चित्त का तराजू समतौल हो जाता है; जहाँ अति नहीं रह जाती; जहाँ सम्यकत्व पैदा होता है; जहाँ समता आ जाती है; जहाँ समतुलता पैदा होती है। यह समझने की बात है ... 'लियो री तराजू तोल।'

तराजू में कभी एक पलड़ा भारी होता है तो दूसरा ऊपर उठ जाता है, एक जमीन से लग जाता है। कभी दूसरा पलड़ा भारी होता है तो वह जमीन से लग जाता है, पहला ऊपर उठ जाता है। लेकिन हर हालत में असंतुलन बना रहता है। जिसने समझा परमात्मा बहुत महँगा है, उसके जीवन में असंतुलन होगा। जिसने समझा बिलकुल सस्ता है, करना ही क्या है, एकाध दफा याद कर लेंगे, मरते वक्त भी याद कर लेंगे तो चल जाएगा। अजामिल ने मरते वक्त भी याद कर लिया और चल गया। और परमात्मा को याद भी नहीं किया था; अपने बेटे को बुला रहा था, जिसका नाम 'नारायण' था—और चल गया।'

एक तरफ ऐसे लोग हैं, जो परमात्मा के नाम पर व्यर्थ की झंझटें खड़ी कर लेते हैं, जिनका परमात्मा से कुछ लेना-देना नहीं है। और दूसरी तरफ ऐसे लोग हैं—जो कोई झंझट खड़ी नहीं करना चाहते; जो अपने में किसी तरह का भेद नहीं करना चाहते; जो कुछ भी चुकाने को तैयार नहीं हैं। ये दोनों अतियाँ हैं।

बुद्ध ने जिसको कहा है मध्यम मार्ग, 'मज्झिम निकाय'—मीरा की भाषा में वही है : 'लियो री तराजू तोल।' जहाँ तराजू समतुल हो जाता है, जहाँ चित्त अति नहीं करता।

और इस बात को समझना : जहाँ चित्त अति 'नहीं करता, वहीं चित्त मिट जाता है। चित्त अति में ही जीता है।

एक राजकुमार बुद्ध के पास दीक्षित हुआ। श्रोण उसका नाम था। वह भोगी था, महाभोगी था। उसके भोग की कथाएँ सारे देश में प्रचलित थीं। बुद्ध तक भी उसकी कथाएँ बहुत बार पहुँची थीं। उसकी भोग-ही-भोग की जिंदगी थी। रातभर जागता था—नाच-गाना, शराब; और दिनभर सोता था। सीढ़ियाँ भी चढ़ता था तो नग्न स्त्रियाँ सीढ़ियों के दोनों तरफ खड़ी कर रखी थीं, रैलिंग बना रखी थी उसने नग्न स्त्रियों की। उनके कंधों पर हाथ रखकर वह ऊपर जाता। वह कभी महल के बाहर नहीं निकला था, गद्दियों से नीचे नहीं चलता था। फूलों ही में जीया था; काँटों का उसे पता ही नहीं था।

फिर उसने बुद्ध को सुना। और लोग चमत्कृत हुए यही देखकर कि वह बुद्ध को सुनने आया पहले तो। और न केवल सुना, उसने तो खड़े होकर बुद्ध से प्रार्थना की कि मुझे दीक्षित करें; मैं भिक्षु होना चाहता हूँ। लोगों को तो भरोसा ही नहीं आया : कहीं ऐसा तो नहीं कि ज्यादा पी गया है कि अभी तक रात का खुमार नहीं उतरा है! उसके संगी-साथियों ने भी कहा कि आप क्या कह रहे हैं; सोच-समझकर कह रहे हैं?

उसने कहा : मैं थक गया हूँ, ऊब गया; देख लिया सब भोग। मैं दीक्षित होना चाहता हूँ।

वह लौटा ही नहीं महल। वह संन्यस्त हो गया। बुद्ध के भिक्षुओं ने बुद्ध से पूछा कि यह बड़ी चमत्कार की घटना है। आपने क्या किया? क्या जादू किया इस आदमी पर?

बुद्ध ने कहा : मैंने कुछ नहीं किया। यह है अतिवादी। यह एक अति से दूसरी अति पर डोल गया है; पेंडुलम जैसे डोलता है। यह बड़ा खतरनाक आदमी है। एक अति से थक गया, अब दूसरी अति पर चला।

और उन्होंने कहा : कुछ देर देखो, तब तुम समझोगे। पंद्रह दिन में ही सबको जाहिर हो गया। जो आदमी कभी गद्दियों से नीचे नहीं चला था, वह आदमी काँटों में चलने लगा। दूसरे भिक्षु तो पगडंडी पर चलते, बने हुए रास्ते पर चलते; वह काँटों में चलता। उसने पैर लहूलुहान कर लिए; पैरों में घाव हो गए। दूसरे भिक्षु तो धूप होती तो वृक्ष की छाया में बैठते, वह ठेठ धूप में ही खड़ा रहता। सर्दी होती तो दूसरे भिक्षु धूप में बैठते, वह जाकर छाया में बैठ जाता। वह उल्टा ही करता। भिक्षु तो एक बार भोजन करते दिन में, वह

दो-चार दिन भूखा रहता और एकाध बार दो-चार दिन में भोजन करता; बस सप्ताह में दो बार से ज्यादा भोजन न करता था। सूख गया। सुंदर उसकी देह थी, काला पड़ गया। शरीर से सब मांस-मज्जा चली गई, हड्डी-हड्डी हो गया। तब बुद्ध ने उसके द्वार पर एक दिन दस्तक दी, जिस झोंपड़े में वह ठहरा था। वह तो मरी हुई हालत में था बिलकुल।

बुद्ध ने उससे पूछा– श्रोण, मैं एक प्रश्न पूछने आया हूँ। मैंने सुना है कि तू जब राजकुमार था तो तू वीणा बजाने में बड़ा कुशल था। मैं यह तेरे से पूछने आया हूँ कि वीणा के तार अगर बहुत कसे हों तो वीणा बज सकती है?

उसने कहा : नहीं बजेगी, तार टूट जाएँगे।

और वीणा के तार अगर बहुत शिथिल हों तो वीणा बज सकती है?

उसने कहा : नहीं, तब भी नहीं बजेगी। बहुत शिथिल हों तो चोट ही पैदा नहीं होगी, स्वर पैदा नहीं होगा।

तो बुद्ध ने पूछा : वीणा कैसी होनी चाहिए कि संगीत पैदा हो? तो श्रोण ने कहा : तार कसना बड़ी कला की बात है। तार ऐसी स्थिति में होने चाहिए कि न तो ज्यादा कसे, न ज्यादा ढीले। एक ऐसी स्थिति भी है तारों की, जब हम कह सकते हैं कि अब न तो ज्यादा कसे हैं, न ज्यादा ढीले हैं; न कसे हैं न ढीले हैं–ठीक मध्य में, समतुल। और जब वीणा के तार ठीक मध्य में होते हैं, तभी महासंगीत पैदा होता है।

तो बुद्ध ने कहा : यही मैं निवेदन करने आया हूँ कि जो नियम वीणा के संबंध में सही है, वही नियम जीवन के संबंध में भी सही है। जीवन की वीणा में भी संगीत तभी पैदा होता है, जब तार न तो बहुत कसे हों, न ढीले हों।

'देख तेरे तार बहुत ढीले थे। तब संगीत पैदा नहीं हुआ। और अब तूने तार बहुत कस लिए, अब तार टूटे जा रहे हैं, वीणा को फाँसी लगी जा रही है, अब भी संगीत पैदा नहीं हो रहा है। तू एक मूढ़ता से दूसरी मूढ़ता पर चला गया।'

और मन यही करता है। ज्यादा भोजन कर लिया तो मन उपवास करने का विचार करने लगता है कि चलो उपवास कर लें, कि उर्लिकांचन चले जाएँ। फिर दो-चार दिन उपवास कर लिया तो अब मन विचार करने लगता है कि क्या-क्या भोजन करें। भोजन-ही-भोजन के विचार आने लगते हैं। यही

मन की अवस्था है। एक मूढ़ता से दूरी मूढ़ता पर छलाँग लगा लेता है; मगर बीच में कभी नहीं रुकता। तो या तो तुम्हें भोजन-भट्ट मिलेंगे या उपवास करने वाले लोग मिलेंगे; लेकिन सम्यक् भोजन करनेवाले लोग मुश्किल से मिलेंगे। सम्यक् भोजन का अर्थ है : न तो जरा ज्यादा, न जरा कम।

वही कला है। वही जीवन की वीणा से संगीत को उत्पन्न करने का शास्त्र है। और यही जीवन के समस्त पहलुओं पर लागू है।

या तो कुछ लोग धन के पीछे दीवाने होते हैं तो धन-ही-धन उनके मन में होता है। फिर एक दिन थक जाते हैं, तो धन छोड़कर भागने लगते हैं; फिर त्याग-ही-त्याग उनके मन में होता है। ये दोनों ही बातें अतियाँ हैं। आदमी को समझ होनी चाहिए मध्य में ठहरने की। धन जीवन का लक्ष्य नहीं है, लेकिन जीवन का साधन जरूर है। साध्य बिलकुल नहीं, लेकिन साधन जरूर है। तो धन-ही-धन इकट्ठा करने में जीवन को जो गँवाता है, वह नासमझ है; और जो धन को छोड़ने में ही समझता है कि परमात्मा को पा लेगा, वह भी नासमझ है। न तो धन-ही-धन को पाने से कुछ होता है, न धन को छोड़ने से कुछ होता है। एक सम्यकत्व होना चाहिए जितना जरूरी है, जितना जीवन की जरूरतों के लिए आवश्यक है, उतना कर लिया। और उतना सभी कर सकते हैं; क्योंकि जीवन की आवश्यकताएँ बहुत थोड़ी हैं। जरूरी आवश्यकताएँ तो बहुत थोड़ी हैं; गैरजरूरी बहुत हैं।

तो मैं तुमसे यह नहीं कहता कि सारी आवश्यकताएँ छोड़ दो, क्योंकि वह अति है। मैं तुमसे इतना ही कहता हूँ : गैरजरूरी छूट जाएँ तो बस पर्याप्त। जो बिलकुल जरूरी है, उसे निश्चित पूरा करना है। उसे पूरा करने में कोई कठिनाई भी नहीं है। और दुनिया में अगर सभी लोग जरूरत की जरूरतें ही पूरी करें तो किसी को कमी न रह जाए। लेकिन कुछ लोग पागल हैं। वे जरूरत से ज्यादा इकट्ठा करते चले जाते हैं। उसी इकट्ठे करने में कुछ लोगों की जरूरत की जरूरतें भी पूरी नहीं होतीं। फिर कलह है, संघर्ष है, वैमनस्य है, द्वंद्व है, हिंसा है।

दो अतियों के मध्य में ठहर जाना तराजू का तौल लेना है; दोनों पलड़े एक ही दशा में आए गए; तराजू का काँटा मध्य की सूचना देने लगा।

मध्य से ही द्वार है।

तो मीरा न तो तपस्वी है, न त्यागी है, न भोगी है। मीरा तो मध्य में ठहरी है। वही उसका सौंदर्य है। वही उसके संगीत का माधुर्य है। यह संगीत

का माधुर्य उसके जीवन से बहा है। यह उसके जीवन का ही स्वाद है, जो उसके संगीत में भी है।

माई री मैं तो लियो गोविंदा मोल।

मैंने परमात्मा को खरीद लिया—मीरा कहती है। हिम्मत का वक्तव्य है। किसी ने कभी कहा नहीं कि मैंने परमात्मा को खरीद लिया। और खरीदने की कला क्या है?

'लियो री तराजू तोल।' .. 'लियो री बजंता ढोल'।

'कोई कहै कारो, कोई कहै गोरो, लियो री अमोलिक मोल।'

कोई कहते हैं परमात्मा ऐसा; कोई कहते हैं परमात्मा वैसा। सभी व्याख्या करते हैं। कोई कहता है काला, कोई कहता है गोरा। कोई कहता है निर्गुण, कोई कहता है सगुण। कोई कहता है इतने हाथ, इतने सिर; कोई कहता है इतने सिर, इतने हाथ। अलग-अलग व्याख्याएँ हैं। कोई कहता है शून्य, कोई कहता है पूर्ण। ये सारी-की-सारी व्याख्याएँ मनुष्य-निर्मित हैं और ये उनके द्वारा निर्मित हैं, जिन्होंने जाना नहीं। जो जानते हैं वे कहते हैं : परमात्मा अव्याख्येय है; उसकी कोई व्याख्या नहीं; उसका कोई निर्वचन नहीं; उसके संबंध में कुछ भी नहीं कहा जा सकता। उसे जाना तो जा सकता है, लेकिन जनाया नहीं जा सकता।

कोई कहै कारो, कोई कहै गोरो'।

मीरा यंह कह रही है कि न तो वह गोरा है, न वह काला है; न वह ऐसा है, न वैसा है। वह तो बस अपने जैसा है। इसलिए उसे किसी व्याख्या में तुम न बाँध सकोगे। तुम जो भी कहोगे, वह सीमा हो जाएगी। और जो भी सीमा हो जाएगी, वह उसे नहीं घेर पाएगी। वह असीम है।

..लियो री अमोलिक मोल।

मीरा कहती है : मैं इतना ही कह सकती हूँ, उसके मूल्य आँकने का कोई उपाय नहीं; अमोलक है। उसको कसने की कोई कसौटी नहीं, और उसको तोलने का कोई तराजू नहीं। और तुम्हारे सारे शास्त्र और तुम्हारे सारे सिद्धांत दो कौड़ी के हैं। जो निर्गुण कहते हैं, वे भी बकवास करते हैं; जो सगुण कहते हैं, वे भी बकवास करते हैं। जहाँ विवाद है, वहाँ बकवास है और विवाद वहीं है जहाँ जाना नहीं गया है। जिसने जाना, वह तो जानने के कारण चुप हो जाता है। एकदम सन्नाटा हो जाता है। जिसने जाना, वह तो जानने के कारण चुप हो जाता है। एकदम सन्नाटा हो जाता है। उससे तुम पूछो :

परमात्मा कैसा है? तो वह कहेगा : मेरी आँख में झाँक लो। वह कहेगा : मेरा हाथ पकड़ लो। वह कहेगा : मेरे पास थोड़ी देर चुप बैठो, शायद पता चल जाए; मगर मैं क्या कहूँ परमात्मा कैसा है? कैसे कहा जा सकता है? परमात्मा बस परमात्मा जैसा है।

कोई कहै कारो, कोई कहै गोरो, लियो री अमोलिक मोल।

वह अमूल्य है। कोई उपाय नहीं कि हम निर्धारण कर सकें कि कैसा है। जो जाने सो जाने। जो जाने वही जाने। और उधार जनाने की कोई व्यवस्था नहीं हो सकती। मैंने जाना तो मैं तुम्हें नहीं जना सकता। मैं लाख सिर पटकूँ, मैं हजार विधि करूँ–तुम सुन भी लोगे, फिर भी कुछ पकड़ में न आएगा। क्योंकि शब्द तो मेरे तुम्हारे पास तक पहुँच जाएँगे, लेकिन अर्थ कैसे पहुँचेगा! अर्थ तो अनुभव से आता है।

मैंने कहा गुलाब का फूल; तुमने सुना और अर्थ भी आ गया। क्यों? क्योंकि गुलाब का फूल तुमने देखा है; तुम्हें पता है गुलाब के फूल का, मैंने कहा गुलाब का फूल तुम्हारी दृष्टि में आ गया। अगर तुम जरा संवेदनशील व्यक्ति होओ तो तुम्हें गुलाब का फूल बिलकुल यथार्थ होकर तुम्हारे हृदय में खड़ा हो जाए। मगर अगर तुमने गुलाब का फूल जाना ही नहीं, तुम किसी मरुस्थल से आते हो, जहाँ गुलाब का फूल होता ही नहीं और मैंने कहा गुलाब का फूल–तब भी शब्द तो तुम्हारे कानों में पड़ेगा, क्योंकि शब्द मैंने कहा तो पड़ेगा ही; लेकिन तुम्हें कुछ साफ नहीं होगा कि मैं क्या कह रहा हूँ? अर्थ प्रकट नहीं होगा।

शब्द से अर्थ नहीं होता; शब्द से, तुम्हारे भीतर अर्थ पड़ा हो, तो जग जाता है। अगर भीतर अर्थ न पड़ा हो तो शब्द कुछ भी नहीं कर सकता, शब्द खड़बड़ करके निकल जाता है।

अंधे आदमी से कहो– प्रकाश। सुनता है। बहरा तो है नहीं। सच तो यह है कि अंधे के कान बहुत अच्छे होते हैं, आँख वालों से; क्योंकि अंधे की आँख तो होती नहीं, तो आँख की जो ऊर्जा है, वह कान में ही संलग्न हो जाती है। और आँख में बड़ी ऊर्जा लगी है। अस्सी प्रतिशत ऊर्जा आँख से जा रही है। तो अस्सी प्रतिशत ऊर्जा बच जाती है; वह कान की तरफ मुड़ जाती है, क्योंकि नंबर दो की इंद्रिय कान है। तो जो ऊर्जा आँख से जाती थी, आँख से तो निकल नहीं सकती, वह अब कान से रास्ता खोजती है। वह द्वार बंद हो गया, दूसरा दरवाजा खोजती है। इसलिए अंधे की श्रवण-शक्ति तो

बहुत गहरी हो जाती है। इसलिए अंधे कुशल संगीतज्ञ हो जाते हैं, क्योंकि उनकी संगीत की पकड़ गहरी हो जाती है। ध्वनि का शास्त्र उन्हें सरल हो जाता है।

दूर से आते आदमी की पगध्वनि सुनकर अंधा पहचान लेता है, कौन आ रहा है; तुम नहीं पहचान सकोगे। आँख वाला नहीं पहचान सकता, आँख वाले ने कभी खयाल ही नहीं किया, इस बात का कि कोई आदमी चलता है तो उसकी आवाज कैसी होती है। लेकिन अंधा तो कान को ही आँख मानकर चलता है। आवाज ही उसकी जिंदगी है, आवाज की उसका अनुभव है। तुम बोलते हो तो वह पहचान लेता है, कौन बोल रहा है। जैसे हम चेहरे को पहचानते हैं कि कोई आ रहा है, तो चेहरा देखकर पहचान जाते हैं कि फलाँ आदमी आ रहा है–ऐसा अंधा ध्वनि को देखता है। चेहरे को तो नहीं देख सकता; स्वर सुन सकता है। तो अंधे के कान तो बहुत प्रगाढ़ रूप से संवेदनशील हो जाते हैं।

तो अगर मैं अंधे से कहूँ– प्रकाश तो वह तुमसे ज्यादा अच्छी तरह सुनता है, लेकिन इससे कुछ हल नहीं होता। कितनी ही अच्छी तरह सुने, प्रकाश का उसे कोई अनुभव नहीं है। उसके भीतर कोई भी अर्थ पैदा नहीं होगा। शब्द कोरा आएगा, कोरा चला जाएगा। शब्द खाली रहेगा, भर न पाएगा।

तुम उतना ही समझ सकते हो, जितना तुमने जाना हो। परमात्मा को मैं तुम्हें जना सकता हूँ अगर तुमने जाना हो; मगर तब तो जनाने की कोई जरूरत नहीं। तुमने नहीं जाना है तो कोई उपाय नहीं। इतना ही बता सकता हूँ कि मैंने जाना; मगर क्या जाना, उस संबंध में कुछ नहीं कहा जा सकता।

इसलिए समस्त ज्ञानियों के वचन विधि की बात करते हैं। कैसे जाना, क्या जाना–उस संबंध में चुप हैं। उस संबंध में कोई भी कुछ न कह सकेगा।

कोई कहे कारो, कोई कहै गोरो, लियो री अमोलिक मोल।

मीरा कहती है : मैं इस झंझट में नहीं पड़ी कि काला है कि गोरा, निर्गुण है कि सगुण; मैंने तो अमोलक को ही मोल ले लिया। मैं तो सीधी उसी तरफ चली गई। मैं विवाद में न उलझी। मैं पंडितों-पुरोहितों, संप्रदायों के जाल में न पड़ी। मैंने, इसको मानूँ कि उसको मानूँ, इस तरह की झंझट में अपने मन को नहीं उलझाया। मैं तो सीधी उसी की तरफ चली गई। और जाने की विधि थी कि समतुल हुई। जाने की विधि थी कि मैंने भीतर के स्वर को

जगाया। जाने की विधि थी कि भीतर जो पड़ी थी संभावना नाद की, उसे मैंने तलाशा।

मीरा स्वर से पहुँची थी परमात्मा तक, इसलिए उसके स्वरों में इतनी मिठास है।

याही कूँ सब लोग जाणत हैं, लियो री आँखी खोल।

और मीरा कहती है : सबके सामने मौजूद है वह। सबके बाहर-भीतर वही छाया है। सिर्फ इतनी ही अड़चन हो रही है कि लोग आँख ही नहीं खोल रहे हैं। मैंने आँखें खोलीं और पा लिया।

परमात्मा पर परदा नहीं है, जैसे मैंने तुमसे कहा; परदा आँख पर है। आँख खोलो और मिल जाता है। 'लियो री आँखी खोल।'

दर्शनशास्त्र में जाने की जरूरत नहीं है। दर्शन की क्षमता जगाने की जरूरत है—देखने की क्षमता!

मेरे तसव्वर में मेरे दिल में मेरी नज़र में समा रहे हैं,
वो जो हर जल्वाए हसीं को बहारे रंगीं बना रहे हैं।
वही बसे हैं सकूते लब में, सकूने दिल में, सरूरे जाँ में,
वो बनके इक मौजे बेखुदी मुझको अपनी सूरत दिखा रहे हैं।
मेरी ख़ामोशी की लै वही है, मेरी ग़ज़ल का वही तरन्नुम,
वो परदा-ए-साजे-दिल भी खुद हैं, वो इसपे नग़में भी गा रहे हैं।

वही है वीणा और वही है वादक। वही हैं जगाने वाले और वही हैं जागने वाले। जिस दिन जानोगे उस दिन पाओगे : परमात्मा के अतिरिक्त कुछ भी नहीं है।

'मेरी खामोशी की लय वही है ...' और जब तुम चुप होते हो, तब वही तुम्हारे भीतर चुप है। और मेरी गजल का वही तरन्नुम...और जब तुम गाते हो गीत तो तुम्हारे गीत की धुन भी वही है, तरन्नुम भी वही है।

'वो परदा-ए-साजे-दिल भी खुद है...' वह जो दिल का साज है, जो दिल का वाद्य है, वह जो हृदय की वीणा है—वही है। 'वो इसपे नग़में भी गा रहे हैं।' और इसी पर गीत भी गा रहे हैं।

अयाँ है वो मेरी खल्वतों में, निहाँ है वो अपनी जल्वतों में,
ये खेल गैबो नमूँ का यूँ ही, वो खेलते हैं, खिला रहे हैं।

वही उस तरफ, वही इस तरफ—दोनों किनारे उनके। खेलने वाले वही, खिलाने वाले वही। खेल उनका।

कभी वो मेरी रगों में शोला, कभी वो पलकों पे मेरी शबनम
कभी वो साहिल पे रक्स में हैं, कभी वो तूफ़ाँ उठा रहे हैं।

और यहाँ सब कुछ उन्हीं का है—अच्छा भी, बुरा भी; दिन भी, रात भी; जन्म भी मृत्यु भी।

कभी वो मेरी रगों में शोला, कभी वो पलकों पे मेरी शबनम

कभी आग की तरह भड़कते हैं तुम्हारे भीतर और कभी शबनम की तरह भी झरते हैं तुम्हारे भीतर।

'कभी वो साहिल पे रक्स में हैं...' और कभी किनारे पर नाच रहे हैं, रास हो रहा है। 'कभी वो तूफाँ उठा रहे हैं ...' और कभी आँधियाँ। इस जीवन का सभी कुछ परमात्मामय है। बस एक बात चाहिए; 'लियो री आँखी खोल'।

आँख न खुली हो तो हमें कुछ समझ में नहीं आता। आँख न खुली हो तो हम बड़े भेद कर लेते हैं। हम कहते हैं : यह अलग, वह अलग; हम हजार खंड कर लेते हैं। और यहाँ एक ही अखंड, अनवरत, एक का ही वास है।

कभी वो मेरी रगों में शोला, कभी वो पलकों पे मेरी शबनम,
कभी वो साहिल पे रक्स में हैं, कभी वो तूफ़ाँ उठा रहे हैं।
वही है कैफ़े-निशाते-हस्ती, वही है सोजे-गुदाजे-हस्ती,
कहीं बहाते हैं अश्के-खूँ वो, कहीं खड़े मुस्कुरा रहे हैं।
इधर ख़मोशी उधर ख़मोशी है गुफ़्तगू फिर भी हो रही है,
वो सुन रहे हैं बचश्मे-खंदा बचश्मे-नम हम सुना रहे हैं।
जो मुस्कुराहट से उनकी उठती हैं नग़माए बेख़ुदी की मौजें,
वही तो बनती हैं शेर मेरे जिन्हें वो ख़ुद गुनगुना रहे हैं
वो बात जिससे जहान सारा है आशना इसको दिल ही दिल में,
समझ के हम राज़े-नाशगुफ़्ता ज़माने-भर से छुपा रहे हैं।

आँख से जरा-सा परदा सरके और एक चमत्कार घटता है—एक चमत्कार कि परमात्मा के सिवाय और कुछ भी नहीं है। जब तक परदा उड़ा है, आदमी पूछता है : परमात्मा कहाँ है? जब परदा उठता है, आदमी पूछता है : परमात्मा के अतिरिक्त और तो कुछ नहीं है, और कुछ कहाँ है? परमात्मा के अतिरिक्त और कुछ कहाँ है? जब तक परदा है, तब तक आदमी पूछता है कि परमात्मा को कहाँ खोजूँ। जब परदा उठता है तो आदमी पूछता है : ऐसी कोई जगह है, जहाँ परमात्मा न हो? कहाँ परमात्मा को खोजूँ? किस जगह?

नानक के साथ वही हुआ। मक्का में पैर कर के सो गए एक साँझ–काबा के पत्थर की तरफ। पुरोहित नाराज हुए। पुरोहितों ने आकर नानक को कहा कि हमने तो सुना था कि तुम संत–फकीर हो, यह क्या तुम्हारा दुर्व्यवहार? पैर और पवित्र काबा की तरफ।

तो नानक ने कहा : तुम मेरे पैर उस तरफ कर दो, जहाँ परमात्मा न हो। मेरी बड़ी मुसीबत है। मैं भी नहीं चाहता कि परमात्मा की तरफ पैर करूँ। लेकिन कहाँ करूँ फिर? ऐसी कोई जगह है? तुम खुद ही मेरे पैरों को उस जगह कर दो।

कहानी बड़ी प्यारी है। यहाँ तक तो तथ्य मालूम होता है, इसके बाद काव्य है। मगर काव्य सूचक है, अर्थपूर्ण है। तथ्य न हो, मगर सत्य है। कहते हैं पुजारियों ने उनके पैर पकड़कर काबा के विपरीत मोड़ दिए और काबा भी उसी तरह मुड़ गया। यह काव्य है। तथ्य तो नहीं है, लेकिन मैं कहता हूँ सत्य है। क्योंकि जहाँ भी पैर मोड़ोगे, परमात्मा वहीं है, काबा वहीं है। यह काबा जो पत्थर है, यह न मुड़ा हो उस तरफ; मगर इस सत्य को कैसे झुठलाओगे कि जहाँ भी पैर मोड़ोगे वहीं परमात्मा है। वहीं काबा हे, वहीं काशी, वहीं कैलाश। आँख पर पर्दा हो तो परमात्मा दिखता नहीं; आँख से परदा उठे तो उसके सिवाए कुछ और दिखता नहीं।

याही कूँ सब लोग जाण हैं ...।

मेरा कहती है : मेरे देखे तो सभी इसको जानते हैं; मगर चमत्कार है कि कैसे भुला रहे हैं! कैसे अपने को भटका रहे हैं! कैसे अपनी आँखें बंद किए बैठे हैं!

'मीरा को प्रभु दरसण दीज्यो, पूरब जनम के कौल।'

यहाँ फिर मीरा याद करती है अपने पिछले जन्म की, जब वह 'ललिता' थीं और कृष्ण से वचन लिया होगा कि मुझे छोड़ मत देना। आगे भी मुझे मिलते रहना। मैं भूल भी जाऊँ। मैं भूल सकती हूँ–मैं नासमझ, अज्ञानी। तुम मत भूल जाना। आगे भी मैं भूल जाऊँ तो मुझे भुला मत देना। मै भूल जाऊँ तो भी मुझे याद दिला देना।

तो मीरा उसी कौल की याद दिलाती है। कहती हैं : तुमने जो वचन दिया था, वह भूल तो नहीं गया है? वह याद है न?

मीरा को प्रभु दरसण दीज्यो पूरब जनम के कौल।

यहाँ यह बात भी समझ लेनी जरूरी है कि मीरा यह नहीं कहती कि

मेरा कोई अधिकार है, कि मेरी कोई सामर्थ है, कि मेरी कोई पात्रता है। मीरा इतना ही कहती है कि तुम अपने वचन का खयाल रखना। मैं अपात्र हूँ, चलेगा; लेकिन तुम अपना वचन पूरा करना। तुम्हें अपने वचन का ध्यान है न!

और यह जो बात है, कई अर्थों में महत्त्वपूर्ण है। तुम भी न मालूम किन-किन जन्मों में, किन-किन सद्‌गुरुओं के पास रहे होगे। और तुमने भी उनसे आश्वासन लिए होंगे, वचन लिए होंगे कि हमें याद करना, हमें भूल मत जाना। लेकिन तुम यह बात भी भूल गए हो। इसकी तुम्हें कोई याद नहीं। और अगर आज किसी तरह परमात्मा तुम्हारी तरफ आने की कोशिश करे तो तुम हजार बाधाएँ खड़ी करते हो; तुम हजार तरह की अड़चनें खड़ी करते हो। जिन्होंने भी तुम्हें वचन दिया था, वे हर हालत में वचन पूरा करेंगे। वे चाहे उसी देह में वापिस न लौटें; वे किसी और देह से वचन पूरा करेंगे; वे किसी और के बहाने वचन पूरा करेंगे।

बुद्ध आज न हों, इससे क्या फर्क पड़ता है– तो रमण के बहाने पूरा करेंगे। महावीर आज न हों तो क्या फर्क पड़ता है–रामकृष्ण के बहाने पूरा करेंगे। क्योंकि सत्य तो एक है और सत्य में जागा हुआ भी उस एक के साथ एक हो जाता है।

दो बुद्धों में कुछ भेद नहीं। देह अलग-अलग होगी; मगर बुद्ध का तो अर्थ ही यह है कि जो देह से छूट गया; जिसको देह के पार का पता चल गया। उस देह के पार तो कुछ भेद नहीं। यह मकान अलग है, पड़ोस का मकान अलग है–मकान की तरह अलग है; लेकिन दोनों मकानों के भीतर जो आकाश भरा है, वह तो एक ही है।

तो मीरा यह कह रही है और भक्त सदा यही कहते रहे हैं कि हमें तो याद भी नहीं है और हमारी तो पात्रता भी नहीं है; मगर तुम अपना वचन मत भूल जाना और तुम अपनी करुणा मत भूल जाना।

आरजूए बका नहीं बाक़ी,
दिल में खौफे फना नहीं बाक़ी।
जल्वागर हर तरफ़ है तू-ही-तू,
कोई तेरे सिवा नहीं बाक़ी।
आलमे रंगो-बू नहीं क़ायम,
हस्तिए मासबा नहीं बाक़ी।

कारवाँ का पता न मंज़िल का,
राह गुम रहनुमा नहीं बाक़ी।

भक्त तो कहता है : हमें कुछ भी पता नहीं है। कारवाँ का पता न मंजिल का। हम़ कहाँ जा रहे हैं, क्यों जा रहे हैं, किसलिए जा रहे हैं—इसका भी कुछ पता नहीं। हम कहाँ से आ रहे हैं, क्यों आ रहे हैं, किसलिए आ रहे हैं, इसका भी हमें कुछ पता नहीं। हमें यह भी पता नहीं कि हम कौन हैं।

कारवाँ का पता न मंज़िल का
राह गुम रहनुमा नहीं बाक़ी।

रास्ते भी खो गए हैं, रास्ते को सुझाने वाला भी कोई नहीं।

ख़त्म क़िस्सा हुआ मनो तू का,
कोई भी माजरा नहीं बाक़ी।
हस्त-ही-हस्त का है इक एहसास,
अब शऊरे-फना नहीं बाक़ी।
तुझसे मैंने तुझे जो माँग लिया,
और कुछ इलतजा नहीं बाक़ी।
तुझसे मैंने तुझे जो माँग लिया,
और कुछ इलतजा नहीं बाक़ी।

भक्त कहता है : अब और कुछ माँगने को बचा भी नहीं।

तुझसे मैंने तुझे जो माँग लिया,
और कुछ इलतजा नहीं बाक़ी।
शौके दीदार तेज़तर कर दे,
और कोई दुआ नहीं बाक़ी।

भक्त कहता है : और जरा दिखाई पड़ और साफ दिखाई पड़! धुँधलके के बाहर आ, धुएँ के बाहर आ! मेरी आँखों को रोशन कर! मेरी आँखों को खोल! मेरे पर्दे को और उठा। 'शौके दीदार तेज़तर कर दे।' मेरी देखने की क्षमता को और चमका दे। 'और कोई दुआ नहीं बाकी।' और मेरी कोई प्रार्थना नहीं है।

मीरा कहती है :

मीरां को प्रभु दरसण दीज्यो, पूरब जनम के कौल।

मेरी कोई सामर्थ्य नहीं, मेरी कोई पात्रता नहीं। अपनी बात का खयाल

रखना, अपने वचन को मत भूल जाना।

मैं गोविंद गुण गाणा।
राजा रूठै, नगरी राख़ै, हरि रूठ्या कहँ जाणा।
राणा भेजा जहर पियाला, इमरत करि पी जाणा।
डिबिया में भेज्या ज भुजंगम, सालिगराम करि जाणा।
मीरां तो अब प्रेम-दीवानी, सांवलिया वर पाणा।
मैं गोविंद गुण गाणा।

मीरा कहती है : मेरी सामर्थ्य इतनी, मेरी योग्यता इतनी कि मैं तुम्हारे गुण गा सकती हूँ। मुझमें और कोई गुण नहीं है—तुम्हारे गुण गा सकती हूँ; तुम्हारी स्तुति कर सकती हूँ, तुम्हारे सामने नाच सकती हूँ। यह नाच भी मेरा कोई बहुत कुशल नहीं—आड़ा-टेढ़ा है। यह मेरा आँगन भी कुछ साफ-सुथरा नहीं; इरछा-तिरछा है। ये मेरे गीत भी कोई बहुत गीत नहीं—बस हृदय के भाव हैं—अनगढ़। न इनमें मात्रा है, न छंद है, न काव्य के नियमों का कोई हिसाब है। मगर मैं और कुछ कर भी नहीं सकती; और कुछ करना मेरी सामर्थ्य में नहीं है। मैं तुम्हारे गुण गाती रहूँगी। मैं तुम्हारे गुण गा सकती हूँ।

भक्तों ने परमात्मा के गुण गाने को बड़ी महत्त्वपूर्ण प्रक्रिया बनाया है। उसके गुण गाते-गाते तुम उनमें लीन हो जाते हो। उसके गुण गाते-गाते, उसकी याद करते-करते तुम मिटने लगते हो; वह होने लगता है। इसलिए भक्त कहते हैं : सत्संग। जहाँ चार दीवाने मिल बैठें, बात हो—परमात्मा की, उसके गुण की, उसके प्रेम की। चार लोग मस्ती में साथ-साथ डोलें, तो शायद पाँचवाँ भी कुछ छींटे पा जाए! इतनी वर्षा जहाँ हो, वहाँ पाँचवाँ भी बिलकुल बिना भीगे आ जाएगा—ऐसा कैसे हो सकता है। इसलिए भक्तों की जमात होती है—साधु-संगत।

जिन्होंने थोड़ा-सा पा लिया, वे उसका गुण गाते हैं। जिन्होंने उतना भी नहीं पाया हे, वे उसके गुण गाने में धीरे-धीरे डूबते हैं; एक-एक कदम आगे बढ़ते हैं।

मस्ती संक्रामक होती है। मीरा ने बहुत-से लोगों को दीवाना किया; अब भी करती है। अब भी उसके वचन बल रखते हैं। और वचन बड़े सीधे-सादे हैं। अब यह कोई बहुत बड़ी कविता है?—

मैं गोविंद गुण गाणा!
राजा रूठे, नगरी राखै, हरि रूठ्या कहँ जाणा

राणा भेज्या जहर पियाला, इमरत करि पी जाणा।
डिबिया में भेज्या ज भुजंगम, सालिगराम करि जाणा।
मीरां तो अब प्रेम-दीवानी, सांवलिया वर पाणा।

यह कोई कविता है? इसमें काव्य जैसा क्या है? तुकबंदी भी कहनी मुश्किल होगी। मगर यह महाकाव्य है, कविता हो या न हो। शब्दों की चिंता ही मत करना; इसमें शब्दों से ज्यादा कुछ मौजूद है; शब्दों के बीच-बीच में मौजूद है। खाली जगह में खोजना। यह प्रभु के गुणों का गान है।

मीरा कहती है कि राजा रूठ जाए तो प्रजा कहीं छिपा ले। राजा नाराज हो जाए तो प्रजा कहीं अपने घर में छिपा ले।

राजा रूठै नगरी राखै, हरि रूठ्या कहँ जाणा।

लेकिन तुम अगर रूठ गए तो कहाँ जाऊँगी? फिर तो कहीं कोई जगह छिपने को भी नहीं है। क्योंकि तुम तो सब जगह हो। तो तुम मत रूठ जाना। और मेरी कोई और कुशलता नहीं; सिर्फ तुम्हारे गुण गा सकती हूँ। मुझसे रूठ मत जाना। मेरी पात्रता का कोई दावा नहीं है; न साधुता का कोई दावा है; न चरित्र का कोई दावा है; न पुण्य का कोई दावा है। मेरे पास कर्त्तव्य के नाम पर कुछ भी नहीं, जो तुम्हारे सामने रख दूँ। मेरे पास कोई प्रमाणपत्र नहीं हैं संसार के। लेकिन कुछ प्रमाणपत्र हैं मेरे पास कि तुमने कभी-कभी मुझे याद किया है। वे घड़ियाँ मुझे याद हैं—मीरा कहती है। जब राणा ने जहर का प्याला भेजा था तो मेरे कारण तो अमृत नहीं हो गया था; तुमने ही किया होगा

राणा भेज्या जहर पियाला, इमरत करि पी जाणा।

यह मेरे कारण तो नहीं हो सकता। मैं तो तुम्हारा गुण गाने वाली हूँ। इससे ज्यादा मेरे पास कुछ है ही नहीं। तुमने ही कुछ किया होगा। मैं तुम्हें याद दिलाए देती हूँ कि तुम आए होओगे, तुमने छुआ होगा जहर को, तुमने बदल दिया होगा जहर को।

भक्त की निरहंकारिता अद्भुत है। भक्त अपने ऊपर कोई गुण लेता ही नहीं। सब गुण उसके हैं; सब दुर्गुण मेरे हैं—ऐसी भक्त की भावदशा है। भूल हो तो मेरी, ठीक हो तो उसकी। अगर मीरा जहर पीकर मर जाती, तो मीरा उसका गुण गाते ही मरती कि मेरी कुछ भूल हुई होगी, इसलिए जहर असर कर गया। जहर अमृत हो गया, मीरा नहीं मरी, जहर से बच गई—तो भी गुण उसका है। हर हाल उसका गुण है। मारे तो उसका गुण है : जिलाए तो उसका गुण है।

राणा भेज्या जहर पियाला, इमरत करि पी जाणा।

इसमें क्या खूबी है—मीरा कहती है। तुम पर भरोसा है, इसलिए अमृत समझकर पी गई। तुम्हारा भरोसा काम कर गया। तुम्हारे ऊपर श्रद्धा काम कर गई।

जीसस के जीवन में उल्लेख है कि एक स्त्री भागी हुई आई और उसने पीछे से जीसस का पल्ला पकड़ लिया। जीसस ने लौटकर देखा। वह स्त्री बीमार थी वर्षों से। चंगी हो गई थी। स्वस्थ हो गई थी। वह स्त्री पैरों में झुकी। उसने कहा : 'बहुत-बहुत धन्यवाद! तुमने मुझे ठीक कर दिया।'

जीसस ने कहा : 'क्षमा कर! ठीक करने वाला वही एक है। मैं कैसे ठीक करूँगा?'

किसी ने जीसस से कहा कि तुम बड़े महात्मा हो, संत हो, सात्विक हो। जीसस ने कहा : नहीं। वही एक! अगर कुछ खूबी मुझमें दिखाई पड़ती हो तो उसकी ही कोई बात झलकती होगी। मेरी अपनी कोई खूबी क्या हो सकती है!

भक्त की यह सतत भावभंगिमा है।

राणा भेज्या जहर पियाला, इमरत करि पी जाणा।
डिबिया में भेज्या ज भुजंगम, सालिगराम करि जाणा।

जिसको सब जगह परमात्मा दिखाई पड़ता हो, वह तो सर्प में भी परमात्मा को ही देखेगा। और तो कोई है ही नहीं। यह भी रूप उसी का है। वही आया है। और ऐसी भावदशा अगर प्रगाढ़ हो तो सर्प में भी वही है। है तो वही; सिर्फ हमारे पास आँख नहीं श्रद्धा की कि हम देख सकें।

साँप को देखकर तुम घबड़ा जाते हो, भाग खड़े होते हो। अश्रद्धा पैदा हो गई, भय आ गया—तो साँप है। और तुमने देखा, कभी-कभी रस्सी में भी साँप दिख जाता है।, फिर भय पैदा हो जाए तो! आदमी डरता हुआ अगर जा रहा है रास्ते से और किसी ने बता किया कि जरा सम्हल कर जाना, उस रास्ते पर साँप इत्यादि होते हैं—तो वह पहले से ही विचार करते जा रहा है कि अब होते ही होंगे साँप, निकलते ही होंगे साँप। और एक रस्सी पड़ी दिखाई पड़ जाए अँधेरे में—भागे, गिर पड़ो, हाथ-पैर टूट जाएँ! और वहाँ कोई साँप था नहीं। इस बात को समझना। साँप न हो तो भी आदमी हाथ-पैर तोड़ ले सकता है। साँप न हो तो भी आदमी घबराहट में मर सकता है।

मैं एक घर में मेहमान था। उन मित्र को रात कोई चीज काट गई। देखा

तो नहीं। बिस्तर पर सोए थे, बिस्तर पर ही काट गई। लेकिन पाँव में निशान था। मैंने कहा : होगा चूहा इत्यादि, तुम फिक्र छोड़ो। उन्होंने कहा– होगा; चूहे इस घर में हैं भी बहुत। साँप का तो खयाल भी न था, क्योंकि साँप उस घर में कभी दिखा भी नहीं था; चूहा ही हो सकता था। और लगता भी ऐसा था जैसे चूहे ने थोड़ी चमड़ी खींच ली हो। तीन दिन बीत गए, सब ठीक था; चौथे दिन एक साँप दिखाई पड़ गया घर में। बस वह साँप क्या दिखाई पड़ना था, वे तो बेहोश हो गए। उनके मुँह से फसूकर निकलने लगा। मैंने उनकी पत्नी को कहा–यह तो गजब हो गया। तीन दिन तक चूहा था तो सब ठीक चल रहा था। अब इतना तो पक्का ही है कि चाहे साँप ने ही काटा हो इनको, मगर तीन दिन से कोई गड़बड़ न हुई। तीन दिन के बाद थोड़े ही साँप का असर होता है? मगर भावदशा! पकड़ गई मन में बात।

सूफी कहानी है : जुन्नैद एक गाँव के बाहर ठहरा था। और उसने देखा कि रात मौत गाँव में आ रही है। तो उसने पूछा– कहाँ जाती है? तो उसने कहा– अब जाना पड़ रहा है गाँव में; पाँच सौ आदमियों को ले जाना है। मौत आ गई उनकी। उनका समय आ गया।

गाँव में महामारी फैली थी। मौत भीतर गई। जब सात दिन बाद वापिस लौटी थी, तो जुन्नैद ने फिर रोका कि रुक, मैं तो सोचता था कि कम-से-कम मौत झूठ न बोलेगी। क्योंकि आदमी झूठ बोलता है भय से; मौत के भय से ही झूठ बोलता है आदमी। मौत को किसका भय? तू किसलिए झूठ बोली? तूने कहा पाँच सौ ले जाना है, और पाँच हजार मर चुके हैं!

उसने कहा– मैं क्या करूँ? मैं तो पाँच सौ ही ले जा रही थी; साढ़े चार हजार अपने-आप मर गए–घबराहट में मर गए। उनको ले जाने का मेरे पास कुछ है ही नहीं, कोई लिस्ट भी नहीं है। पाँच सौ मैंने मारे हैं; साढ़े चार हजार अपने-आप मर गए। दूसरों को मरते देखकर मर गए।

यह रोज हो रहा है। यह कहानी अर्थपूर्ण है। बहुत कम लोग हैं, जो दूसरों से प्रभावित नहीं हो जाते। और प्रभाव का परिणाम होने वाला है। क्योंकि अंततः तुम्हारे चित्त में जो भाव बनता है, उसका ही परिणाम है। अगर रस्सी साँप बन जाती है तुम्हारे भाव में, तो जहर चढ़ जाएगा। और अगर साँप भी रस्सी समझ ली जाए तुम्हारे भाव में तो जहर नहीं चढ़ेगा। यह तो साधारण मनोविज्ञान की बात है। लेकिन उस मनोविज्ञान के लिए तो क्या कहना–जिसको परमात्मा ही दिखाई पड़ता हो।

तो मीरा कहती है—लेकिन मेरी इसमें कुछ खूबी नहीं है। मैंने तो पिटारी खोली यही सोचकर कि आए होओगे तुम्हीं, क्योंकि सदा तुम्हीं आते हो। किसी शक्ल में आए होओगे! तो मैंने तो जल्दी से उठा लिया साँप को—सालिगराम समझकर—कि अच्छे आए, भले आए, सिर आँखों पर। जहर आया था, मैंने समझा तुम्हीं ने भेजा होगा। राणा में भी तुम्हीं हो और जहर में भी तुम्हीं हो। सो अमृत हो गया। याद दिलाए देती हूँ कि मेरे पास कुछ और नहीं, सिवाय तुम्हारे गुण गाने के। लेकिन कभी-कभी तुम गुण गाते-गाते भी मेरे पास आए हो किसी बहाने से। मुझे तुमने कभी-कभी धन्य किया है।

मीरा तो अब प्रेम दीवानी...।

और तुम्हारी इन्हीं छोटे-छोटे उपकारों के कारण, इन छोटी-छोटी भेंटों के कारण मीरा प्रेम-दीवानी हो गई है। अब तो तुमने मुझे दीवाना कर दिया है। अब मुझे होश-हवास नहीं है।

... सांवलिया वर पाणा।

अब तो एक ही भाव है कि तुमसे कब मिल जाऊँ, कब आलिंगन हो जाए! अब दूर-दूर से नहीं चलेगा। अब दोस्ती-भर से नहीं चलेगा। अब तो कब तुमसे वरी जाऊँ, कब तुम्हारे और मेरे बीच के सब फासले गिर जाएँ, सब दूरियाँ गिर जाएँ, कब मैं तुममें हो जाऊँ और तुम मुझमें हो जाओ!

मीरा तो अब प्रेम दीवानी सांवलिया वर पाणा।
पग घुँघरू बाँध मीरा नाची रे।

इसी दीवानगी में मीरा फिर नाचने लगी। इसी दीवानगी से नाच उठा। इसी दीवानगी से उसमें उत्सव उठा।

पग घुँघरू बाँध मीरा नाची रे।
मैं तो मेरे नारायण की आपहि हो गई दासी रे।

और जहाँ प्रेम है, वहाँ समर्पण है। जहाँ प्रेम है, वहाँ द्वैत नहीं।

कोई तुम्हें दासी बनाए या दास बनाए, तब तो बगावत होती है, विद्रोह होता है; लेकिन तुम जब प्रेम में खुद ही दास या दासी बन जाते हो, तब बात ही अनूठी होती है। इन दोनों में बड़ा फर्क है। इन दोनों में जमीन-आसमान का फर्क है।

पति समझाता है पत्नी को कि मैं परमात्मा हूँ, तू मेरी दासी है। और पत्नी जानती है कि दास कौन है! चिट्ठी-पत्री में दस्तखत भी करती है कि—

'आपकी दासी!' लेकिन सभी को पता है कि मालिक कौन है।

मुल्ला नसरुद्दीन एक दिन पत्नी से झगड़ रहा है और पत्नी कलछी लेकर उसे मारने दौड़ी। तो वह घबड़ाकर एक बिस्तर के नीचे घुस गया। बड़ा पलंग! उसमें पीछे जाकर बैठ गया दीवाल पर सटकर। तभी किसी ने द्वार पर दस्तक दी। पत्नी ने जाकर दरवाजा खोला तो दो-तीन पड़ोस में से महिलाएँ उससे मिलने आई थीं। अब वह बड़ी घबड़ाई कि यह मुल्ला बैठा बिस्तर के नीचे। उसने उनको कहा जरा रुको, मैं अभी आई। मुल्ला से कहा कि जल्दी बाहर निकलो। मुल्ला ने कहा--नहीं निकलते! देखें हमें कौन निकाल सकता है। आज यह सिद्ध होना है कि कौन मालिक है इस घर में!

यह सिद्ध करने की तरकीब निकाली उसने कि नहीं निकलते। देखें, कौन निकाल सकता है?

उसने कहा-- धीरे बोलो पड़ोसिनें आई हैं।

उसने कहा-- सब आ जाएँ और देख लें कि घर का मालिक कौन है?

यह जो पति और परमात्मा और उनकी मालकियत है--वह जबरदस्ती हैं। जबरदस्ती है, इसलिए पत्नी उससे निरंतर संघर्ष में रहती है; निरंतर चेष्टा में लगी रहती है कि किसी तरह सिद्ध कर दे कि तुम मालिक नहीं हो, मैं मालिक हूँ! पत्नी की कलह पैदा होती है उसी भाव से, क्योंकि यह दासीपन जबरदस्ती थोपा गया है; व्यवस्था से थोपा गया है। लेकिन प्रेम का भी दासीपन होता है। ऊपर से कोई थोपता नहीं, भीतर से आता है। तब उसकी बड़ी अनूठी महिमा है। ऐसा नहीं कि जब प्रेम का दासीपन आता है तो तुम मालिक हो जाते हो और तुम्हें प्रेम करनेवाली स्त्री दासी हो जाती है। नहीं, दोनों ही दास हो जाते हैं प्रेम के; कोई एक-दूसरे का दास थोड़े ही हो जाता है। और एक-दूसरे को पता भी नहीं चलता; कानोंकान खबर नहीं होती।

मीरा कहती है:

पग घुँघरू बाँध मीरा नाची रे।
मैं तो मेरे नारायण की, आपहि हो गई दासी रे।

नारायण ने बनाया नहीं है मुझे दास, मैं अपने-आप हो गई हूँ। यह प्रेम से फला है।

लोग कहै मीरा भई बावरी, सास कहै कुलनासी रे।

स्वाभाविक है, परिवार के लोगों को नहीं जमेगा। कैसे जमेगा! यहाँ जो मेरे साथ धीरे-धीरे बावरे हुए जा रहे हैं, उनको पता है कि घर के लोगों को

कैसे जमेगा! घर के लोगों को अड़चन होगी।

मेरे एक मित्र ने पत्र लिखा है कि जबसे वे संन्यासी हो गए हैं, उनकी पत्नी को शक है कि वे पागल हो गए हैं। उनके बच्चों को भी शक है; बच्चे भी उनसे कहते हैं : 'डैडी, आपको क्या हो गया? पहले तो आप बिलकुल ठीक थे; अब आप यह क्या करते हो?'

और वे ऐसी मस्ती में हैं कि वे नाचते हैं, गाते हैं। उनके घर भक्तों की जमात इकट्ठी होने लगी है। वहाँ एक नई घटना घट रही है। लेकिन परिवार के लोग समझाने-बुझाने में लगे हैं कि किसी तरह होश में आओ। यह क्या कर लिया? यह तुम्हें कौन-सी सनक आ गई है? ऐसे तो तुम कभी न थे। पढ़े-लिखे आदमी हो, इज्जत-प्रतिष्ठा है। सब गँवा दोगे!

लेकिन एक ऐसी घड़ी आती है, जब ऊपर का धन बरसना शुरू होता है तो यहाँ सब कुछ गँवाने को आदमी राजी हो जाता है। वह दूसरों को तो दिखाई नहीं पड़ता, अड़चन यह है। मीरा क्यों नाच रही है? उसे क्या मिल गया है, यह तो सास को दिखाई नहीं पड़ता। उसे तो इतना ही दिखाई पड़ता है कि यह क्या हुआ! यह क्या अभद्रता! जारघर की बहू सड़कों पर नाच रही है! सामान्य जनों की भीड़-भाड़ खड़ी देख रही है।

सास को तो इतना ही लगता है कि मेरी बहू और बाजार में नाचे! उसे यह तो दिखाई नहीं पड़ रहा है कि बहू उस भीड़ में नाच ही नहीं रही है। बहू के सामने भीड़ है ही नहीं। बहू के सामने कृष्ण ही खड़े हैं—बहुत रूपों में। ये गोपाल ही आए हैं अलग-अलग रूपों में। यह बाजार नहीं है; यह उन्हीं का खेल है। वही दुकानदार हैं, वही ग्राहक हैं। बहू को तो कृष्ण-ही-कृष्ण दिखाई पड़ रहे हैं। सारा संसार कृष्णमय हो गया है। लेकिन यह तो बहू की आँख की बात है। सास कैसे समझे! सास के पास तो यह आँख नहीं है। बहू को क्या मिला है, उसे पता नहीं। उसे भी क्षमा करना। उस पर नाराज मत होना।

अकसर लोग सोचते हैं : सास दुष्ट रही होगी। ऐसा मत सोचना। गलत बात है। दुष्ट नहीं है; सामान्य है; साधारण है। ऐसी ही है जैसे लोग संसार में होते हैं। लोग सोचते हैं : यह राणा जो जहर भिजवाता है, देवर है मीरा का, यह आदमी शैतान है कि इसके सिर में शैतान सवार हो गया है कि यह ईश्वर का दुश्मन है, यह कृष्ण का विरोधी है? नहीं, ऐसी कुछ बात नहीं है। यह राणा भी कृष्णाष्टमी होती होगी तो मंदिर जाता होगा। इसके घर में भी

कृष्ण झूला झुलाया जाता होगा। इसके घर में भी कृष्ण की मूर्ति होगी। यह भी कभी दो फूल चढ़ा आता होगा। लेकिन बस यह औपचारिकता की बात है। यह सामान्य है; कोई शैतान नहीं है। लेकिन यह इसकी समझ के बाहर है कि प्रतिष्ठित कुल की बहू और बीच बाजार में निर्लज्ज होकर नाचे। उसको निर्लज्जता दिखाई पड़ेगी।

लोग कहैं मीरा भई बावरी, सास कहै कुलनासी रे।
विष का प्याला राणाजी भेज्या, पीवत मीरा हाँसी रे।

और मीरा हँसती है। यह जहर का प्याला आया तो हँसती है। क्योंकि जिसका परमात्मा से संबंध जुड़ गया, अब उसके लिए जहर है ही नहीं; मौत ही नहीं है। उसके लिए अमृत-ही-अमृत है। अब मृत्यु घट ही नहीं सकती। मृत्यु तो घटती है अहंकार के कारण। जिसने अहंकार छोड़ ही दिया; अब उसके पास मरने को कुछ बचा नहीं। जो मरना था, वह तो त्याग ही दिया। अब जो मिट नहीं सकता, वही शेष रहा। तो हँसी होगी कि जहर किसको भेजते हो।

मंसूर ने यही कहा था अपने हत्यारों को, कि तुम मार किसे रहे हो! जिसे तुम मार रहे हो, वह तो मैं पहले ही छोड़ चुका हूँ। और जो मैं हूँ, उसे तुम मार नहीं सकते; उसे कोई नहीं मार सकता।

यही तो सिकंदर से एक हिंदू संन्यासी ने कहा था। जब सिकंदर ने कहा– अगर मेरे साथ नहीं चलोगे तो गर्दन अलग कर दूँगा। उसने कहा– कर दो। मैं खुद ही पहले अलग कर चुका हूँ, अब गर्दन है कहाँ? तुझे गर्दन दिखाई पड़ती है?

सिकंदर ने तलवार खींच ली। वह कोई तत्त्व-चर्चा करने नहीं आया था। वह आदमी अपने ढंग का था। उसने कहा– अब ज्यादा बकवास की, गर्दन अलग कर दूँगा। वह फकीर हँसने लगा। उसने कहा– तू अलग कर ही दे। तू भी गिरते देखेगा गर्दन को, हम भी गिरते देखेंगे। गर्दन ही कटेगी; तू मुझे न काट सकेगा। 'नैनं छिंदंति शस्त्राणि' .. मुझे कोई शस्त्र काट नहीं सकते; नैनं दहति पावका ... मुझे कोई आग जला नहीं सकती। तू काट।

अगर सिकंदर किसी आदमी के सामने हार गया था, तो वह उसी फकीर के सामने। उसने तलवार वापिस रख ली। उस आदमी को काटने में कोई अर्थ न था। यह डरता ही न था। यहाँ कोई मौत का कारण ही नहीं था इसके पास। काटकर खुद ही पछताना पड़ेगा कि एक ऐसे प्यारे आदमी को काट दिया। उसने बहुत लोग देखे थे। उसने लोग देखे थे, जो उसकी तलवार

से भाग जाते, कँप जाते। उसने लोग देखते थे, जो उसकी तलवार देखकर अपनी तलवार निकाल लेते और जूझ जाते। मगर यह तीसरी तरह का आदमी था; न भागा, न जूझा। वहीं खड़ा हँसता रहा। और जब सिकंदर ने म्यान में तलवार डाल ली, उसने फिर कहा.. अरे, इरादा बदल दिया क्या? काटोगे नहीं? जो कट सकता है, वह मैं नहीं हूँ!

मीरा कहती है :

विष का प्याला राणाजी भेज्या, पीवत मीरा हाँसी रे।

मीरा हँसी। अब क्या जहर! अब क्या मृत्यु।

और जब लोगों ने कहा होगा :

'लोग कहै मीरां भई बावरी', तब भी मीरा हँसी होगी, तब भी हँसी होगी। लोगों को पता ही नहीं कि महाधन मिल गया! अमृत की वर्षा हो रही है। बसंत आया है! प्यारे का घर रोज-रोज करीब आता जा रहा है। और जब प्यारे का घर करीब-करीब आता जाता हो रोज-रोज तो, पैर में घुँघरू न बाँधोगे, नाचोगे न, तो करोगे क्या? मगर वह प्यारे का घर तो किसी और को दिखाई नहीं पड़ता; वह मीरा को दिखाई पड़ रहा है। लोगों को तो सिर्फ उसके पैर में बँधे घुँघरू दिखाई पड़ रहे हैं। लोग तो इतना ही देख रहे हैं कि वह नाच रही है। लोग भीतर नहीं देख पा रहे हैं कि कौन उसे नचा रहा है। नचाने वाले को नहीं देख रहे हैं; सिर्फ नाच देख रहे हैं।

मीरा के सामने लोग तो दूर हो गए हैं, अर्थहीन हो गए हैं, धुँधले हो गए हैं—कृष्ण प्रगाढ़ होने लगे। और ये दोनों बातें एक साथ होती हैं : जैसे-जैसे प्रगाढ़ होता जाता है परमात्मा का अनुभव, वैसे-वैसे संसार माया होता जाता है। जैसे स्वप्न में किसी ने कुछ कहा, ऐसी बात हो जाती है।

मीरा के प्रभु गिरधर नागर सहज मिले अनिवासी रे।

न तो दुनिया ही बदलती है न दुनिया वाले
फैज जल्वा से नज़र अपनी बदल जाती है।

परमात्मा के अनुभव से न तो दुनिया बदलती है न दुनियावाले, लेकिन उसके जल्वे को देखकर अपनी नजर बदल जाती है।

न तो दुनिया ही बदलती है, न दुनिया वाले,
फैज जल्वा से नज़र अपनी बदल जाती है।
न तअयुन है मकाँ को न जमाँ को है करार,
जिंदगी कैफ़े मुहब्बत से सम्हल जाती है।

बेखुदी में हमीं हो जाते हैं फितरत से बुलंद,
ये नहीं होता कि फितरत ही बदल जाती है
दूर तक फैले हैं आफ़ाक में ग़म के साए,
ज़िंदगी चीर के इन सबको निकल जाती है।
इश्क सद मेहरो दरकशाँ वो ख़ुदी बनती है,
शोलाए हुश्ने तजल्ली में जो ढल जाती है।

लोग नहीं बदलते, दुनिया नहीं बदलती; लेकिन जब तुम्हारी दृष्टि बदल जाती है तो सब बदल जाता है।

न तो दुनिया ही बदलती है, न दुनिया वाले
फैज जल्वा से नज़र अपनी बदल जाती है।

अब जहर जहर नहीं दिखाई पड़ता और साँप साँप नहीं दिखाई पड़ता। और लोग कहते हैं पागल हो गई है, तो इसमें कुछ अपमान नहीं मालूम होता। और सास कहती है कि कुलनाशी है, इसमें भी कुछ चोट नहीं पड़ती। इससे कुछ घाव नहीं लगते।

न तअयुन है मकाँ को न जमाँ को है करार
ज़िंदगी कैफ़े मुहब्बत से सम्हल जाती है।

फिर कोई चीज नहीं डिगाती। जब जिंदगी मुहब्बत से सम्हल जाती है। फिर कोई चीज नहीं हिलाती। फिर तूफान आएँ, अंधड़ आएँ, अपमान आएँ, क्रोध आए लोगों का, वैमनस्य-ईर्ष्या बरसे—कुछ भी नहीं होता।

ज़िंदगी कैफ़े मुहब्बत से सम्हल जाती है
बेखुदी में हमीं हो जाते हैं फितरत से बुलंद,
ये नहीं होता कि फितरत ही बदल जाती है।

जब आदमी बेखुदी में हो जाता है, परमात्मा में डूब जाता है, भूल जाता है अपने को—तो प्रकृति से बड़ा हो जाता है। ऐसा नहीं कि प्रकृति बदल जाती है, लेकिन आदमी प्रकृति से बड़ा हो जाता है।

परमात्मा से जुड़ते ही तुम प्रकृति से बड़े हो जाते हो। मालिक से जुड़ गए, चित्रकार से जुड़ गए तो चित्र से बड़े हो गए। कवि से जुड़ गए तो काव्य से बड़े हो गए।

बेखुदी में हमीं हो जाते हैं फितरत से बुलंद,
ये नहीं होता कि फितरत ही बदल जाती है।
इश्क सद मेहरो दरकशाँ वो ख़ुदी बनती है,

शोलाए हुस्ने तजल्ली में जो ढल जाती है।

जिस दिन तुम अपनी छोटी-सी ज्योति को उस परम ज्योति में मिला दोगे, उस दिन सब बदल जाता है। तब जीवन के नियम तुम पर काम नहीं करते। तब कभी जहर अमृत हो जाता है और कभी साँप 'सालिगराम' हो जाता है। तब जिंदगी के साधारण नियम तुम पर लागू नहीं होते। और ऐसा नहीं कि प्रकृति बदल जाती है; तुम ही बदल गए हो, इसलिए नियम लागू नहीं होते। प्रकृति तो जहाँ की तहाँ है, जैसी की तैसी है।

मीरा के प्रभु गिरिधर नागर सहज मिले अविनासी रे।

मीरा कहती है : यह जो मिलन है प्रभु का, सहज हो जाता है। इसके लिए कोई साधना नहीं करनी पड़ती। इसके लिए कोई जप-तप, व्यर्थ की परेशानियाँ नहीं उठानी पड़तीं। यह सहज हो जाती है बात क्यों?

सहज का मतलब यह मत समझ लेना कि सरलता से हो जाती है। 'सजह' का अर्थ 'सरल' नहीं होता। 'सहज' का अर्थ 'स्वाभाविक' होता है। सहज का अर्थ होता है- यह तुम्हारा स्वभाव ही है कि तुम परमात्मा के साथ एक हो सकते हो। जब तक तुमने तय किया नहीं होना है, तब तक रुके हो; जिस दिन तुमने ढील डाल दी, अपने अवरोध हटा दिए, द्वार-दरवाजे खोल दिए-सहज हो जाती है।

जैसे सुबह सूरज बाहर निकला है और तुम दरवाजे बंद किए भीतर बैठे हो और आँखें बंद किए हो-अँधेरी रात है तुम्हारे लिए, अमावस है। सूरज बाहर निकला है। मामला बिलकुल सहज है। तुम दरवाजा खोल दो, सूरज भीतर आ जाए। तुम आँख खोल दो, सूरज के दर्शन हो जाएँ। सरल नहीं है इसका अर्थ, क्योंकि अगर आँख बंद करने में तुम्हारा कुछ न्यस्त स्वार्थ है, तो आँख खोलना आसान नहीं होगा। या अगर तुम आँखें जन्मों-जन्मों से बंद किए हो तो आज एकदम से आँख खोलना आसान नहीं होगा। और दरवाजे अगर तुमने कभी खोले ही नहीं तो शायद वे अब तक दीवाल हो चुके होंगे; शायद उनको खोलना इतना आसान न हो।

समझना 'सहज' का अर्थ 'सरल' नहीं होता; 'सस्ता' नहीं होता। सहज का अर्थ होता है- स्वाभाविक है यह। ईश्वर से दूर होना अस्वाभाविक है। ईश्वर के पास होना स्वाभाविक है, क्योंकि ईश्वर हमारे प्राणों का प्राण है।

तेरे पास बैठके दो घड़ी तुझे हाले-दिल है सुना लिया
मुझे अपना मान न मान तू, तुझे मैंने अपना बना लिया

मुझे अपना मान न मान तू, तुझे मैंने अपना बना लिया
तेरे पास बैठके दो घड़ी तुझे हाले-दिल है सुना लिया
कई तेज गाम भटक गए कई बर्करो हुए लापता
तेरे आस्ताँ पै जो रुक गए, उन्हें आके मंज़िल ने पा लिया।

कई तेज गाम भटक गए...कुछ लोग बड़ी तेज चाल चलने वाले थे, वे भटक गए। बड़े तपस्वी!... बड़े संघर्ष वाले, बड़े संकल्प वाले!

कई तेज गाम भटक गए बर्करो हुए लापता
तेरे आस्ताँ पे जो रुक गए,...

लेकिन जिन्होंने तेरे चरणों में सिर झुका दिया ...

तेरे आस्ताँ पै जो रुक गए उन्हें आके मंजिल ने पा लिया।

—उन्हें मंजिल तक नहीं जानां पड़ा। उन्हें खोजती हुई मंजिल आ गई। सहज का यही अर्थ है।

ये नजर का अपनी कसूर है कि हिजाबे-जलवा की है खता
कोई एक किरन को तरस गया, कोई चाँदनी में नहा लिया।

कुछ लोग हैं, जो एक किरण तो तरस रहे हैं और कोई हैं कि चाँदनी में नहा रहे हैं। मामला क्या है? मामला कुछ भी नहीं है। जो सहज की गति चलेगा, वह चाँदनी में नहा लेगा। जो चेष्टा करेगा, अपने को सिद्ध करने का प्रयास करेगा—वह एक-एक किरण को तरस जाएगा।

कई तेज गाम भटक गए, कई बर्करो हुए लापता
तेरे आस्ताँ पै जो रुक गए, उन्हें आके मंज़िल ने पा लिया
ये नज़र का अपनी कसूर है कि हिजाबे-जलवा की है ख़ता
कोई एक किरन को तरस गया, कोई चाँदनी में नहा लिया
मेरे साथ होती न बेखुदी तो भटक गया होता मैं कहीं
मेरी लगजिशों ने क़दम-क़दम मुझे गुमरही से बचा लिया।

यह प्यारा वचन याद रखना! अगर मुझमें बेहोशी न होती, बेखुदी न होती; अगर मैं अपने को भूलकर तल्लीन होने का क्षमतावान न होता—तो कभी का भटक गया होता। यह मेरी बेखुदी और बेहोशी ने मुझे बचाया।

मेरे साथ होती न बेखुदी तो भटक गया होता मैं कहीं
मेरी लगजिशों ने कदम-कदम मुझे गुमरही से बचा लिया।

यह बेहोशी के कारण मैं जो लड़खड़ा-लड़खड़ाकर चल रहा हूँ, इस

लड़खड़ाने के कारण ही भटका नहीं, क्योंकि कई तेज गाम भटक गए!

भक्त कहता है : परमात्मा को पा लेना सहज है परमात्मा खुद आता है। तुम पुकारो-भर! तुम्हारी पुकार पूर्ण हो! तुम प्यासे-भर होओ! तुम्हारी प्यास-भर समग्र हो।

परमात्मा स्वभाव है; इसलिए सहज है। न तो सस्ता है न महँगा; अमोलक है। न तो कुछ करने से मिलता है, न बैठे-ठाले मिलता है। कुछ तीसरी बात चाहिए। हृदय की गहन प्यास चाहिए। कृत्य का सवाल नहीं है और बैठे-ठाले भी नहीं मिलता है। बैठे-ठाले का अर्थ है प्यास भी नहीं। और कृत्य का अर्थ है : बड़ा अहंकार है और बड़ा संकल्प है।

कई तेज गाम भटक गए कई बर्करो हुए लापता
तेरे आस्ताँ पै जो रुक गए, उन्हें आके मंज़िल ने पा लिया।

भक्त कहता है : परमात्मा तुम्हें खोज रहा है। तुम्हीं उसे खोज रहे हो, ऐसा नहीं है। इसलिए सहज है। अकेला आदमी खोजता तो पाता भी कैसे! कहीं भटक जाता। लेकिन उसका हाथ भी तुम्हारी तरफ बढ़ा हुआ है। वह तुम्हें तलाश रहा है।

और उसी क्षण मिलन हो जाएगा, जिस क्षण तुम्हारी प्यास तुम्हारे पूरे प्राणों को सुलगा देगी। एक भभक! एक लपट कि रोआँ-रोआँ उसमें सम्मिलित हो जाएगा। कण-कण उसमें समाहित हो जाएगा। तुम प्यास से अलग न बचोगे–तुम प्यास ही हो जाओगे। ऐसी प्रार्थना, ऐसी प्यास, ऐसी पुकार–बस इतना पर्याप्त है।

रोओ उसके लिए–वही प्रार्थना है
पुकारो उसके लिए–वही साधना है।

आज इतना ही।

जीवनी माला

अन्तरिक्ष में अद्भुत प्रयास
सुनीता विलियम्स
अम्बानी & अम्बानी
स्टील किंग
लक्ष्मी मित्तल
प्रस्तावना मुकेश अम्बानी
धीरुभाईज़्म
CORPORATE GURU
DHIRUBHAI AMBANI
राष्ट्र गौरव
रतन टाटा
क्रिकेट का महानायक
सचिन
राजशेखर मिश्र
सौरव दा
राहुल द्रविड़
वीरेंद्र सहवाग

डायमंड बुक्स में डॉ. भोजराज द्विवेदी की श्रेष्ठ पुस्तकें

डॉ. भोजराज द्विवेदी
भोज संहिता : सूर्य खण्ड

डॉ. भोजराज द्विवेदी
भोज संहिता : राहु खण्ड

डॉ. भोजराज द्विवेदी
भोज संहिता : केतु खण्ड

डॉ. भोजराज द्विवेदी
भोज संहिता : चन्द्र खण्ड

डॉ. भोजराज द्विवेदी
भोज संहिता : कुंडली खण्ड

डॉ. भोजराज द्विवेदी
भोज संहिता : मंगल खण्ड

डॉ. भोजराज द्विवेदी
भोज संहिता : बुध खण्ड

डॉ. भोजराज द्विवेदी
भोज संहिता : बृहस्पति खण्ड

डॉ. भोजराज द्विवेदी
भोज संहिता : शुक्र खण्ड

डॉ. भोजराज द्विवेदी
भोज संहिता : शनि खण्ड

डॉ. भोजराज द्विवेदी
अंकों का अद्भुत संसार

डॉ. भोजराज द्विवेदी
मंगलीक दोष कारण व निवारण

डॉ. भोजराज द्विवेदी
राहु-केतु एवं ग्रहण विचार

डॉ. भोजराज द्विवेदी
मंत्र शक्ति और साधना

डॉ. भोजराज द्विवेदी
अपनी जन्म पत्रिका आप बनाएं

डॉ. भोजराज द्विवेदी
शनि उपचार

डॉ. भोजराज द्विवेदी
तंत्र शक्ति और साधना

डॉ. भोजराज द्विवेदी
कालसर्पयोग

डॉ. भोजराज द्विवेदी
ज्योतिष और विवाह योग

डॉ. भोजराज द्विवेदी
ज्योतिष प्रश्नोत्तरी

डायमंड बुक्स डायमंड पॉकेट बुक्स X-30, ओखला इंडस्ट्रियल एरिया, फेज-II, नई दिल्ली-20,
फोन : 011: 40712100